Dagmar Beckmann
Christoph Potting

Wege zum Wasser

Dagmar Beckmann | Christoph Potting

Wege zum Wasser
Lago Maggiore – Lago d'Orta

Rotpunktverlag.

Rotpunkt-Wanderbücher stets aktuell

Für Rückmeldungen, Korrekturen und Hinweise aller Art sind wir dankbar.
Bitte schicken Sie festgestellte Veränderungen an redaktion@wanderweb.ch oder nutzen Sie das Forum unter forum.wanderweb.ch

Der Rotpunktverlag wird vom Bundesamt für Kultur mit einem Strukturbeitrag für die Jahre 2021–2024 unterstützt.

© 2023 Rotpunktverlag, Zürich
www.rotpunktverlag.ch
www.wanderweb.ch

Umschlag: Christoph Potting

Bild S. 2/3: Die Borromäischen Inseln, Foto: Ticino Turismo

Lektorat: Karin Steinbach

Korrektorat: Sylvia von Piechowski

Karten: Melchior Grab und Patrizia Grab
Datengrundlage für Karten: Bundesamt für Landestopografie swisstopo

Gestaltung: Patrizia Grab

Bildbearbeitung: typopoint, Ostfildern

Druck und Bindung: PNB Print Latvia

ISBN 978-3-85869-983-1
1. Auflage 2023

Inhalt

9 Vorwort

Lago Maggiore

Rund um Locarno

15 An der Goldküste: Seeblick um jeden Preis

20 **Weg zum Wasser 1.1:** Von Brissago über Ronco sopra Ascona zum Monte Verità

27 Landschaft im Fluss: Im Vallemaggia

31 **Weg zum Wasser 1.2:** Rundtour von Someo in die Maggia-Auen

37 Heilsames Wasser, tödliches Wasser: Im Valle Onsernone

41 **Weg zum Wasser 1.3:** Von Spruga zu den Bagni di Craveggia

Hintergrund: Wasserkraft Schweiz

44 Am Anfang war das Wasser

Rund um Cannobio, Cannero und Oggebbio

53 Auf den Maultierpfaden der Via delle Genti über dem See

57 **Weg zum Wasser 2.1:** Von Cannero Riviera nach Cannobio

63 Wasser im Überfluss: Bei Oggebbio

66 **Weg zum Wasser 2.2:** Rundtour bei Oggebbio

73 Rund um Trarego Viggiona

76 **Weg zum Wasser 2.3:** Rundtour von Trarego zum Wasserfall mit Madonna

Im Fokus

81 Die Nessies im Lago Maggiore
Fabelwesen im Monstersee

Rund um Verbania

83 Mehr Licht! Rund um den Rio San Bernardino bei Verbania

87 **Weg zum Wasser 3.1:** Von Cossogno über Miunchio zum Ponte Casletto

93 Spur der Steine: Der Lago di Mergozzo

98 **Weg zum Wasser 3.2:** Rundtour um den Lago di Mergozzo

103 An den Rändern des Val Grande

106 **Weg zum Wasser 3.3:** Von Scareno zum Ponte del Dragone

Hintergrund: Umweltgeschichte
108 Grenzwertig

Von Stresa nach Arona

119 Im Zeichen des Einhorns: Rund um Stresa und Arona

122 **Weg zum Wasser 4.1:** Höhenpfad über den See: Auf dem Kastanienweg

129 Torf und Teiche: Im Naturpark bei Arona

131 **Weg zum Wasser 4.2:** Ein Spaziergang im Parco Naturale dei Lagoni di Mercurago

135 Im hügeligen Hinterland von Arona

138 **Weg zum Wasser 4.3:** Rundtour zum Wasserfall Tina Bautina

Hintergrund: Fischerei am Lago Maggiore
142 Heute kein Fisch

Im Fokus
153 Flower-Power
Kamelien, Azaleen und andere Blütenträume

Von Angera bis Sesto Calende

157 Immer im Fluss: Im Parco del Ticino

160 **Weg zum Wasser 5.1:** Unterwegs rund um das Stauwehr Panperduto

Hintergrund: Seemanagement
163 Das pegelt sich nicht ein

173 Den See unter Kontrolle: Rund um die Rocca di Angera

176 **Weg zum Wasser 5.2:** Rundtour um den Monte San Quirico und zur Burg von Angera

181 Zum Lago di Varese

185 **Weg zum Wasser 5.3:** Von Gavirate zum Isolino Virginia

Rund um Laveno

189 Weißer Stein: Kalksteinabbau am südlichen Seeufer

194 Weg zum Wasser 6.1: Auf dem *Anello delle Fornaci* in Ispra

199 Einsiedelei über dem Wasser: Zum Kloster
Santa Caterina del Sasso

202 Weg zum Wasser 6.2: Rundwanderung bei Cerro

207 Faszination Wasserfall: Im Hinterland von Laveno

210 Weg zum Wasser 6.3: Wasserfallhüpfen: Eine Tagestour nach Castelveccana, Cuvio und Cittiglio

Hintergrund: Schifffahrt
214 Maschinenzeiten

Rund um Luino und Maccagno

223 Wasser, Wald und Wild: Im Valle Veddasca

227 Weg zum Wasser 7.1: Spaziergang zu den Mulini di Piero an der Giona und hoch nach Monteviasco

231 Luino: Mehr als ein Markt am Seeufer

235 Weg zum Wasser 7.2: Belvedere: Auf dem Giro del Sole bei Agra

239 Die Kraft des Wassers: Der legendenumrankte Lago Delio

242 Weg zum Wasser 7.3: Von Musignano zum Lago Delio

Im Fokus
246 Steife Brise
Das Windregime des Lago Maggiore

Rund um Gambarogno

249 Über der Riviera del Gambarogno

252 Weg zum Wasser 8.1: Von Maiensäß zu Maiensäß

257 Mitten im Grenzland: Im Delta von Ticino und Verzasca

260 Weg zum Wasser 8.2: Unterwegs in den Bolle di Magadino

265 Fluss in der Landschaft: Unterwegs im Val Verzasca

270 Weg zum Wasser 8.3: Von Sonogno zum Ponte dei Salti in Lavertezzo

Im Fokus
274 Klare Verhältnisse
Outdoor im und unter Wasser

Lago d'Orta

Rund um Orta und Pella

279 Romantisch und spirituell: Am Lago d'Orta
284 **Weg zum Wasser 9.1:** Auf dem *Anello Azzurro* rund um Orta San Giulio
290 **Weg zum Wasser 9.2:** Rundwanderung von Crabbia zum Pescone-Wasserfall und zurück
295 **Weg zum Wasser 9.3:** Auf dem *Anello Azzurro* von Lagna am See entlang zum Lido di Gozzano
300 **Weg zum Wasser 9.4:** Von Ronco auf dem *Anello Azzurro* am See entlang nach Omegna
Hintergrund: Lago d'Orta
305 H₂Orta: Ich war richtig sauer

Bei Omegna

315 Ein Schmankerl zum guten Schluss: Von Omegna ins Tal der wilden Strona
319 **Weg zum Wasser 10:** Entlang der Strona von Forno nach Campello Monti

Anhang:

324 Nützliche Informationen und Kontakte
326 Lesetipps
326 Quellen- und Rechercheliteratur
327 Dank
327 Bildnachweis

Vorwort

Plantschen, schwimmen, tauchen, an Flüssen und Bächen entlangwandern, über Uferpromenaden flanieren, am See träumen, in Teichen baden und sich in der Sommerhitze unter einem Wasserfall erfrischen – Wasser verführt. Seinem Zauber ist es zu verdanken, dass der Süden am Lago Maggiore beginnt. Und es ist kein Wunder, dass an seinen Ufern einst der Tourismus in Europa die ersten Schritte machte.

Am besten erlebt man ihn zu Fuß. Der zweitgrößte See Italiens mit seiner Alpenfrische und seinem mediterranen Flair sowie der benachbarte romantische Lago d'Orta bieten Hunderte von attraktiven Wander- und Spazierwegen. Aus der großen Vielfalt haben wir 29 Wege zum Wasser rund um die beiden Seen ausgewählt: an Flüssen entlang, zu Wasserfällen, Bergseen, Brunnen und Quellen oder mit einzigartigen Seepanoramen. An unterschiedlichen Startpunkten beginnen mal kürzere, mal etwas längere Genusstouren, für die man nicht auf hohe Berge kraxeln und auch nicht schwindelfrei sein muss. Eines ist gewiss: Rund um den Lago Maggiore und den Lago d'Orta kann man vom Wasser wirklich nicht genug bekommen.

Mit dem Wasser nahm alles seinen Anfang – auch am Lago Maggiore. Es waren Gletscherkräfte vom Gotthard- und vom Monte-Rosa-Massiv, die vor Millionen Jahren das Seebecken ausgruben. Das gefrorene Wasser bereitete dem flüssigen das Bett. Seither fließen im Lago Maggiore die lebensspendenden und die zerstörerischen Kräfte zusammen. Ganz sicher ist es ein Genuss, in diesen Voralpenseen zu baden, erst recht in einem milden Klima, in dem Palmen und Zitronen, Azaleen und Kamelien prächtig gedeihen und Parks und Palazzi, Gärten und Villen in botanische Kleinode verwandeln. Auf der anderen

Mit dem Wasser nahm alles seinen Anfang

Seite können Unwetter und Starkniederschläge aus Bächen reißende Zuflüsse machen, Schlammlawinen und Überschwemmungen auslösen. Oder aber es kommt umgekehrt zu drastischen Dürrezeiten, die den Anwohnern des Sees und der großen Region, die von seinem Wasser abhängt, zu schaffen machen und vor Augen führen, dass es ohne Wasser kein Leben gibt.

Die extreme Trockenperiode des Jahres 2022 hat gezeigt: In Zeiten des Klimawandels wird der Lago Maggiore zu einem Brennpunkt beim Streit um das Wasser. Denn der See ist ein natürliches, aber zugleich auch durch ein Wehr im Süden von Menschenhand gestautes und reguliertes Gewässer, an dem unterschiedliche Nutzende um den Zugang zum Wasser rivalisieren.

Zuletzt sind die beiden Voralpenseen noch für einige Überraschungen gut. Zum Beispiel die Tatsache, dass der Lago Maggiore ein See unter wissenschaftlicher Beobachtung ist:

Nur für wenige Binnengewässer existieren weltweit so viele detaillierte Daten und Forschungsergebnisse. Oder die Begegnung mit dem Wels, einem Raubfisch, der im Lago Maggiore seit einiger Zeit sein Unwesen treibt und die Fischbestände gefährdet. Und schließlich die Erkenntnis, dass das Seewasser dank Kläranlagen inzwischen zu sauber ist, um eine große Fischpopulation zu ernähren, was die noch verbliebenen Fischer vor Probleme stellt.

Und dann gibt es noch den kleinen Bruder des Lago Maggiore, den Lago d'Orta, der eine ganz eigene, erstaunliche Geschichte zu erzählen hat. Machten ihn einst die Produktionsabfälle der lokalen Industrie zum weltweit sauersten Gewässer, so hat er heute, dank einer spektakulären und erfolgreichen Renaturierung, wieder Trinkwasserqualität. Einmalig.

All diese Themen und Geschichten in unserem Buch halten sich nicht an nationale und regionale Schranken. Denn Wasser kennt keine Grenzen – wie unsere Wanderungen, die in die Schweiz und nach Italien, in die Lombardei und ins Piemont, führen.

Wir wünschen viel Spaß beim Entdecken!

Dagmar Beckmann und Christoph Potting
Januar 2023

Bitte beachten: Die Zeit- und Entfernungsangaben zu unseren Genusswanderungen und -spaziergängen sind lediglich Anhaltspunkte, um den Aufwand für die Touren besser einschätzen zu können. Denn jede und jeder hat ein eigenes Tempo und macht mal kürzere, mal längere Pausen an den attraktiven (Wasser-)Orten.

Wasserzeichen
Landmarke
Seitensprung

Rund um Locarno

Ein Panoramaweg über dem See nach Ascona, ein Spaziergang in der Auenlandschaft der Maggia und ein Wannenbad im wilden Valle Onsernone

Route 1.1 Brissago – Ronco sopra Ascona – Monte Verità

An der Goldküste: Seeblick um jeden Preis

Hier beginnt der Süden. 2000 Sonnenstunden zählt man in der Region von Locarno und Ascona durchschnittlich im Jahr. An den Seepromenaden wachsen Palmen, Zitronenbäume und Kamelien, in den Eisdielen türmt sich knallbunt das *gelato*. Während die Sonne in Locarno auf die belebte Piazza Grande brennt, das Herz der Stadt, auf das alle Gassen der Altstadt zulaufen, zieht es in Ascona die Touristen ans Seeufer, wo die Terrassen der Cafés bis auf den letzten Platz besetzt, die Eiskugeln noch etwas knalliger und die Sonnenbrillen noch ein wenig größer sind. Nur einen Katzensprung entfernt geht es ein Stück bergauf zum Monte Verità, zum legendären Berg der Wahrheit oder »Zauberberg der Gegenkultur«, wie ihn der Schriftsteller Heiner Boehnke genannt hat. Zwischen 1900 und 1920 ein brodelndes und letztlich zum Scheitern verurteiltes Laboratorium auf einem sonnenverwöhnten Hügel, wo Anarchisten auf Künstler und Literaten, Freigeister auf Bohemiens und Vegetarier trafen – bis heute ein magischer Ort.

Balkon über dem Lago Maggiore

»Lass uns träumen am Lago Maggiore«, sang Rudi Schuricke in den 1950er Jahren, und die Wirtschaftswunder-Deutschen trieben ihre Käfer über die Alpen dem Süden entgegen. *Ein Balkon über dem Lago Maggiore* ist der Titel eines Reisebuchs von Jonny Rieger, dem welthungrigen Schriftsteller aus Berlin, der damals ein paar Sommermonate hoch über Ascona in Fontana Martina

verbrachte. »Hier bin ich nun und habe einen Balkon über dem Lago Maggiore, wo er am allerschönsten ist, auf dem Stück Erde zwischen Ronco und Brissago«, notierte Rieger begeistert nach seiner Ankunft. »Wie in einem Schwalbennest hänge ich auf meinem Balkon, hoch oben in der Luft, unter dem blauen Dach des Himmels und über der blauen Fläche des Wassers. Unter mir fällt der Berg mehrere hundert Meter steil ab, und dann breitet sich dort die riesige Fläche des Lago Maggiore.«

Schicke Zweithäuser

Tatsächlich sind die Ausblicke von hier oben spektakulär, man überblickt fast den gesamten See, sieht Inseln, Buchten, das Delta der Maggia, die Berglandschaft auf der anderen Seeseite. Fontana Martina gehört zu Ronco sopra Ascona, dem Dorf mit einem der schönsten Kirchenvorplätze am Lago Maggiore – und einem besonders hohen Anteil von Zweithäusern, schick, fast zu schick herausgeputzt, die meisten nur im Sommer bewohnt. Auf den Steinbänken vor der Chiesa di San Martino lässt es sich genüsslich vespern, den blau blitzenden See in der Tiefe vor Augen, wo Strömungen und Winde Kreise und Linien auf das Wasser zeichnen, Segelboote sich so schief legen, als würden sie im nächsten Moment kentern, Motorboote weiße Heckwellen auftürmen und altmodische Ausflugsdampfer zu den Brissago-Inseln schippern.

Con vista lago

Das ist die Goldküste. Zwischen Brissago und Locarno wird in Alpendollar gezahlt, hier läuft die Immobilienbörse auf Hochtouren. Viele der 6000 Einwohner von Ascona sind sehr wohlhabende – und oft deutschsprachige – Zugezogene. Der Südhang des Monte Verità ist das teuerste Wohngebiet des Tessins, die Preise bewegen sich fast immer in Millionenhöhe, zuweilen mehrstellig, vor allem wenn die Villen *vista lago*, also Seeblick haben, und den haben sie da oben am Hang meistens. Hier gilt, was schon der französische Schriftsteller Stendhal einst so beschrieb: Wer ein empfindsames Herz hat, verkauft

Traumort Isola di Brissago

Die Goldküste zwischen Brissago und Locarno

auch sein letztes Hemd, um den Lago Maggiore zu sehen. Auf dem Höhepunkt des Baubooms in den Sechzigerjahren – zwischen 1946 und 1966 entstanden auf dem Gemeindegebiet von Ronco 345 Neubauten – tauften die Ortsansässigen das ganze Gebiet *Nuova Germania*.

Und ist es hier denn wirklich schön? Ja doch, jedenfalls ganz sicher im Licht sonniger Frühlingstage und im milden Dunst der Herbsttage, und morgens, wenn die Sonne über dem See aufgeht. Aber wo sind die Palazzi und Grandhotels geblieben, die den Charme des Südens verbreiteten? Zum Beispiel das Grand Hotel Brissago, in dessen Glanzzeit bis zum Zweiten Weltkrieg Thomas Mann und Tucholsky, Kästner und Remarque unter den Gästen waren, das aber 1971 schließen und einem charakterlosen Fünfsternehotel weichen musste. Von Locarno spricht manch einer inzwischen schon als der *città imbruttita*, so sehr hat der spekulative Erneuerungswahn alte Bausubstanz hinweggefegt und durch kastenförmige, sündhaft teure Apartmenthäuser ersetzt. Den Hang weiter oben verunstaltet eine besonders beliebte architektonische Spielart der Schweiz, das an den Hang wie Schichtkuchen gestapelte, in die Breite gehende Terrassenhaus – natürlich mit *vista lago*.

Das Dasein von oben herab

Jonny Rieger auf seinem Balkon in Fontana Martina machte sich schon in den Fünfzigerjahren Gedanken darüber, was der erhabene Blick von oben auf den See mit dem Lebensgefühl anstellt. Die eingesessenen Bewohner von Ronco seien »friedlich und freundlich«, notierte er. »Von ihrem Bergsitz mussten sie seit Generationen die Umwelt zu ihren Füßen liegen sehen und von oben betrachten. Es ist, als ob diese Lage sie prägte und sie darum das ganze Dasein etwas von oben herab betrachteten. Sie nehmen es nicht so tragisch, sie lassen sich Zeit, es geht alles mit der Ruhe«. Bei Horst Janssen, dem Künstler und Illustrator, der 1972 ebenfalls hier oben zu Gast bei einer aus Hamburg Zugezogenen ist, hört sich das mit der Seesicht etwas sarkastischer an. »ANGENEHMES Pöseldorf [...]«, schreibt er.

Fähren-Shuttle – auch für Wanderer ein Angebot

»Sie domestiliert 300–400 Meter hoch am Hang des Monte Brè über dem Nordzipfel des Lago Maggiore, zwar modern architektet, aber maßvoll – zwischen fließenden Bächen, Palmen, Iris, Magnolien [...]. Es ist das Klischee des Herrlichen, was so ungemein überraschend für die Nerven ist [...] + das hämische Grinsen militanter Slumser wird zur Lächerlichkeit, wenn man's von hier oben betrachten kann.«

Schweizer Ingenieurkunst

Auch die Höhenwege und Straßen zwischen Brissago und Locarno sind dem Berg abgetrotzt; steil, zuweilen furchteinflößend steil, geht es von diesen Asphaltbändern seitlich hinab in die Tiefe. Hier und da steht gewagt ein Kran, setzt vielleicht gerade eine weitere Villa an den Hang oder einen gläsernen Aufzug, der dem Besitzer die Mühsal des Aufstiegs zu seinem Anwesen ersparen wird. Die Schweizer Ingenieurkunst ist legendär. Intelligent und wahrhaft meisterlich begegnet man den Herausforderungen der Topografie und des Klimas im Alpenland, treibt die längsten Tunnel der Welt in den Berg, führt Zugstrecken in verschneite Höhen, spannt Seilbahnen über tiefe Täler und schwindelnde Brücken über Flüsse, bändigt deren Fluten mit enormen Staumauern. Daran muss man denken, wenn man hier oben zwischen Brissago und Locarno unterwegs ist, mit dem riesigen See zu Füßen, ganz still und blau und irgendwie gezähmt, wie er daliegt. Fast könnte man meinen, der Mensch sei Herr über die Natur. Aber man weiß ja doch – und vielleicht macht gerade das die Spannung aus, mit der man in die Tiefe schaut –, dass es nicht viel braucht, um dieses Wasser da unten zu einer Bestie werden zu lassen, vom Sturm aufgepeitscht oder vom Dauerregen und den Zuflüssen geflutet, sodass es über die Ufer tritt und die Landschaft verwüstet – da unten.

Weg zum Wasser 1.1

Von Brissago über Ronco sopra Ascona zum Monte Verità

Man kann die Wanderung im Ortsteil Porta oberhalb von Brissago starten, um einen langen Anstieg zu vermeiden. Dann nimmt man unten in Brissago den Bus Nr. 8 und steigt in Porta an der kleinen Piazza aus (370 m). Der Bus fährt weiter bis Ronco sopra Ascona, sodass man die Wanderung auch dort beginnen könnte.

Startet man jedoch unten am Seeufer in **Brissago,** verläuft der Weg nach oben über den Sacro Monte. Der Aufstieg beginnt in der Via Gerusalemme (gegenüber dem Rathaus) und führt zunächst zu einem kleinen, mit Oleander geschmückten Platz, an dem die **Gradinata del Calvario,** der Treppenweg hoch zum Heiligtum, mit einer ersten Kapelle startet. Alternativ nimmt man den Mühlenweg Via dei Mulini. Die beiden Wege verbinden sich in Richtung der sogenannten Kapelle der Juden oder Capella della Flagella-

Attraktives Dreierpack: See, Berge und Inseln

zione, schon in der Nähe des Heiligtums Santa Maria Addolorata, das fantastisch auf einem Felsvorsprung über dem Lago Maggiore liegt. Auf dem Weg dorthin kommt man an modern gestalteten Bildstöcken mit Werken von Fra' Roberto Pasotti (1999/2000) vorbei. Von dort sind es wenige Schritte bis zur 1767 errichteten **Kalvarienbergkapelle,** einer großen Nische mit drei Kruzifixen. Weiter der Via Sacro Monte und dann der Via Costa di Dentro in die Höhe folgend, gelangt man nach **Porta** (hierher auch mit dem Bus von Brissago). In Porta sollte man noch einen Blick auf und in die eindrucksvolle, von Raffaele Cavadini in den 1990er Jahren entworfene Kapelle werfen.

Es geht nun über die asphaltierte, aber wenig befahrene Via Panoramica in Richtung **Ronco sopra Ascona,** mit Sicht auf den See und die Isole di Brissago. Die Straße steigt leicht an, unten erblickt man den Hafen von Ronco. Dann hat man die höchste Stelle erreicht, und es geht etwas bergab, bis man oberhalb des Dorfes ankommt. Rechter Hand führt dorthin ein Treppenweg, und nun bietet sich eine Rast auf dem Vorplatz der **Chiesa di San Martino** an – mit wunderbarem Seeblick.

Von Ronco geht es, dem Wegweiser Richtung Ascona folgend, zunächst ein Stück die Straße hinauf, vorbei an der Bushaltestelle **Ronco sopra Ascona, cimitero.** Dahinter biegt der gepflasterte Wanderweg durch den Wald Richtung Gruppaldo ab. Hier läuft man weiter auf den Monte Verità und Ascona zu. Bei der Bushaltestelle **Capella Gruppaldo** nimmt man den rechten Weg, biegt an der nächsten Gabelung links ab und folgt dem Höhenweg mit Aussicht auf den See in Richtung Monte Verità. Kurz davor geht es hinab zu einer Straße, dort an der Snack Bar Parsifal nach links und weiter ein paar Meter die Straße entlang, die man überquert und nach rechts abbiegt. Durch eine kurze Waldpassage gelangt man hinauf zum **Monte Verità.** Dort stößt man dann beim **Teehaus** auf den Fußweg hinunter zur Uferpromenade von **Ascona.** Zurück nach Brissago kommt man mit dem Schiff oder dem Bus.

Steckbrief und Service

Die Wanderung bietet fantastische Ausblicke auf den See und verläuft weitgehend über kleine, wenig befahrene Asphaltstraßen. Sie ist daher an heißen Tagen nicht zu empfehlen, hingegen für Sonnentage im Winter gut geeignet. Wenn man unten in Brissago startet, nimmt man einen längeren Anstieg auf sich. Sonst ist der Höhenunterschied moderat. Die Rückkehr nach Brissago ist im Sommer mit dem Schiff möglich.

Strecke: 10 km (ab Brissago am See)
Wanderzeit: 3 h
An- und Rückreise: Brissago liegt an der Seeuferstraße SS 34.
Bus: Von Locarno nach Brissago fährt die Linie 316. Von Brissago hinauf nach Porta fährt die Buslinie 8. Sie ist kostenlos und verkehrt täglich von Montag bis Freitag. Die Anzahl der Plätze ist begrenzt, Gruppen sind nicht zugelassen (aktueller Fahrplan unter www.fartiamo.ch). Von Ronco sopra Ascona kommt man mit dem Bus 314 nach Locarno, von Ascona nach Locarno mit der Linie 1, www.fartiamo.ch, www.postauto.ch.
Schiff: Zwischen Ascona und Brissago verkehrt im Sommer ein Schiff, mit dem man hin- oder zurückfahren kann, www.lakelocarno.com.
Wanderkarten: Kompass Nr. 90, Lago Maggiore, Lago di Varese, 1:50 000. Kümmerly & Frey Nr. 44, Locarno, Maggia, Verzasca, 1:40 000.

Einkehren/Übernachten
Einkehrmöglichkeiten während der Wanderung in **Ronco** und am **Monte Verità**. In der Umgebung: mit Seesicht oberhalb von **Brissago** *Grotto Al Tecett*, Via Porbetto 13, und *Grotto Borei*, Via Ghiridone 77. Zwischen Ronco und Ascona in **Arcegno**: *Grotto La Risata*, Via Cantonale 15.

In **Ascona**: *Grotto Baldoria*, Via Sant'Omobono 9; Feinkostgeschäft: *Casa del Gusto*.
Locarno: *Osteria Borghese*, Via Borghese 20. Unterkunft: B&B *Casa Locarno* und *Vialla Novecento* in Locarno/Muralto, www.novecento.ch.

Strand: Grande Lido di Ascona, Via Lido 81. Lido di Brissago am Südende des Ortes mit 75 Meter langer Rutsche in den See.

Markt: Donnerstags in Locarno auf der Piazza Grande, in Ascona von April bis Oktober dienstags auf der Piazza Motta.

Tipp: Ein guter, unweit von Locarno und zentral zu allen Touren gelegener Standort – ob ins Centovalli, ins Vallemaggia oder ins Valle Onsernone – ist *Tegna*. Dort hält die Centovalli-Bahn, er liegt nahe an der Maggia und der Melezza, und mit dem Pozzo di Tegna gibt es einen sehr schönen Flussbadestrand in einer natürlichen Sandbucht an der Maggia. Einkehren/Übernachten: Ristorante alla Cantina (mit Unterkunft). Supertipp für Hundebesitzer: Charme Hotel Barbatè.

Tourismusbüro: Ente Turistico Lago Maggiore, in Locarno beim Bahnhof, in Brissago Via Leoncavallo 25, www.ascona-locarno.com

Blickfang Wasser: Von Brissago in den Goldenen Wald von Mergugno

850 Höhenmeter über Brissago und dem Lago Maggiore liegt der kleine Weiler Mergugno, der Ausgangspunkt ist für eine Wanderung in den *Bosco sacro*, den Goldregenwald. Man fährt von Brissago hinauf nach Mergugno und nimmt dort den weiß-rot-weiß markierten, kräftig ansteigenden Bergweg bis zum Wald bei Pislone (1220 m, etwa 2 h für den Hinweg). Im Juni blüht hier der **Goldregen,** ein großartiges Erlebnis. Man kann die Wanderung noch weiter aufwärts fortsetzen über A la Gana und Piana della Motta bis zur Alpe Arolgia mit dem **Rifugio Al Legn** (1787 m). Das immer offene Rifugio an der Steilflanke des Gridone, eigentlich eine Selbstversorgerhütte, ist in den Sommermonaten zeitweilig bewirtschaftet (www.legn.ch). Weit unten liegt der Lago Maggiore – ein fantastischer Anblick!

Blickfang Wasser: Höhenweg von Locarno nach Contra

Von Locarno Monti führt ein beliebter, nicht sehr anspruchsvoller und ganzjährig begehbarer Höhenweg mit Aussicht auf den See über Orselina bis nach Contra (7 km, 2–3 h). Er beginnt an der **Piazzetta dei Monti della Trinità** – von Locarno aus mit dem Bus oder der Standseilbahn nach Madonna del Sasso erreichbar –, von wo man einen weiten Blick auf das Delta der Maggia sowie auf Ascona und die Brissago-Inseln hat.

Einkehr: in Brione sopra Minusio im *Grotto al Ritrovo* an der Navegna-Brücke, mit Seeblickterrasse. Zurückkehren kann man mit den Bussen der Linie 323 von Contra und dann von Tenero mit der Linie 1.

Auf einem Hügel über Ascona trafen in den ersten Jahrzehnten des 20. Jahrhunderts Lebensreformer, Pazifisten, Künstler und Schriftsteller am **Monte Verità** aufeinander – ein ungewöhnlicher Angelpunkt von Ideen, Trends und Experimenten. Heute ist er ein Kongress- und Kulturzentrum der gleichnamigen Stiftung, inmitten eines Parks gelegen. Im Teehaus kann man die Wanderung unterbrechen und eine Teezeremonie genießen.

Informationen und Führungen: www.monteverita.org/de

 Beim Stausee: Von Locarno mit Zug und Seilbahn ins Centovalli nach Rasa und Bordei

Ein wunderbarer Ausflug beginnt in Locarno mit der Centovalli-Bahn (www.vigezzinacentovalli.com). Man fährt mit ihr bis zur Haltestelle Verdasio und nimmt von dort die direkt an der Haltestelle startende Achter-Kabinenbahn in das schöne Bergdorf **Rasa**. Aus der Gondel blickt man auf den **Stausee von Palagnedra,** in dem das Wasser der Melezza gesammelt wird, das in höher gelegenen Kraftwerksstufen bereits zur Stromerzeugung genutzt wurde. Der lang gezogene Stausee dient der Maggia Kraftwerke AG als Ausgleichsbecken bei Extremniederschlägen, die hier nicht ungewöhnlich sind. So gilt der nahe gelegene Grenzort Camedo als einer der niederschlagsreichsten Orte der Schweiz. Von Rasa (898 m) geht es dann in einer einstündigen Wanderung in das bemerkenswerte, von jungen Leuten im Rahmen einer außergewöhnlichen Sozialarbeitsinitiative wiederaufgebaute pittoreske **Bordei** (726 m). Zurück nimmt man den gleichen Weg.

Einkehr in Rasa: im *Grotto* von Campo Rasa (www.camporasa.ch, auch Unterkünfte). In **Bordei:** *Osteria Bordei* (wo man auch wunderbar übernachten kann). Die Gondel hoch nach Rasa verkehrt von Anfang März bis Anfang November von 9 bis 13 und 14.20 bis 18 Uhr alle 20 Minuten – aber jeden ersten Dienstag im Monat wegen regelmäßiger Wartungsarbeiten nicht (www.vigezzinacentovalli.com/esperienze/funivia-verdasio-rasa.html). Bordei erreicht man auch mit dem Auto über das oberhalb des Stausees gelegene **Palagnedra** (657 m) – sehr schöne Einkehr dort in der *Antica Osteria del Ghiridone* (auch Unterkunft). Unten im Tal, kurz vor der Grenze hinter dem Stausee: *Osteria Grütli* (auch Unterkunft, mit schöner Terrasse).

Informationen: Infopoint Centovalli in Intraga.
www.museocentovallipedemonte.ch

Zum Lido! 600 Meter ist der Sandstrand lang, der am **Lido di Ascona** zum Schwimmen einlädt, in einem von hundertjährigen Bäumen beschatteten Park mit Restaurants, Bars, Sportanlagen. Es gibt auch eine Windsurfschule, außerdem Boards zum Stand-up-Paddeln, Pedalos und Wakeboards zu mieten. Von 17 bis 20 Uhr ist der Eintritt frei (www.lidoascona.ch). Auch in **Brissago** lockt ein Strandbad (im Süden hinter der Tabakfabrik, dem Centro Dannemann), mit der besonderen Attraktion einer 75 Meter langen Rutsche in den See, ein Spaß für Kinder und Junggebliebene!

Route 1.2 Rundtour von Someo in die Maggia-Auen

Landschaft im Fluss: Im Vallemaggia

Lichte Erlen- und Kastanienwälder, Blumenwiesen, Sand- und Kiesbänke im kristallinen grünen Fluss, Wasserfälle, weiß geschliffene Steine zum Sonnenbaden und kühle Becken zum Schwimmen, quirlige Bäche, ein paar Rebhänge und Bergspitzen, die in den Himmel ragen, alte Steinhäuser und kleine Dörfer. Das ist das Vallemaggia. Aber was sich so beschaulich anhört, ist auch eine wilde, mit enormen Felsbrocken durchsetzte Flusslandschaft. Nachdem die Maggia unterhalb der Cristallina in einer Höhe von knapp 2500 Metern entsprungen ist, fließen ihr noch weitere Gewässer aus besonders schönen Seitentälern zu: bei Bignasco die Bavona, die aus einem ursprünglichen wilden Tal mit dem auf fast 2000 Meter Höhe gestauten Lago di Robièi kommt, und bei Cevio die Rovana, deren Ursprung in der alpinen Landschaft hinter dem Wintersportort Bosco Gurin liegt. Nach Bignasco und Cevio breitet sich die Maggia dann auf den Lago Maggiore zu in einer weiten Talsohle aus, teilt sich in viele Arme, pendelt in ihrem Bett mit den über Jahrhunderte hinweg angeschwemmten Gesteinsmassen hin und her, ändert immer wieder ihren Lauf. Es ist weniger diese Ebene mit den kleinen Dörfern als die grandiose Fluss- und Auenlandschaft selbst mit ihren Uferwegen, die fasziniert und jedes Jahr Tausende Gäste anzieht. Im unteren Tal, bei Avegno, wird die Maggia dann etwas langsamer, um sich bei Ponte Brolla durch eine imposante Granitschlucht zu drängen und, schon nahe bei Locarno, mit dem Fluss Melezza zu vereinen. Schließlich mün-

Die Maggia – stetes Wasser höhlt den Stein

det sie ein paar Kilometer weiter, träge geworden, in den Lago Maggiore, wo sie eine sich ständig ausdehnende Schwemmebene bildet.

Einer der gewaltigsten Flüsse in Europa

Das Gebiet, aus dem der Maggia Wasser zufließt, umfasst etwa ein Drittel der Fläche des Tessins. Dieser enorme Zufluss, der felsige Untergrund und die in der Region häufig vorkommenden Wolkenbrüche machen aus der nicht kanalisierten Maggia einen der gewaltigsten Flüsse in Europa. Bei starkem Regen schwillt sie an, die Wassermenge kann um das Tausendfache und mehr zunehmen, und im Nu verwandelt sie sich in einen reißenden Fluss, der – wenn es ganz heftig von oben schüttet – das Tal unter Wasser setzt, wie im Jahr 1951, als die Fluten die Eisenbahnbrücke in Ponte Brolla zum Einsturz brachten, oder zuletzt 1974 bei einem besonders verheerenden Hochwasser. Seit dem Ende des 19. Jahrhunderts hat man mit dem Bau von Schutzmauern und Dämmen versucht, die Maggia zu zähmen. Aber es kommt doch immer wieder zu Überschwemmungen. Die ungeheure Dynamik der Maggia ist aber auch der Motor der Biodiversität des Talbodens. Durch die regelmäßigen Hochwasser lagert sich immer wieder Geröll im bis zu 600 Meter breiten Flussbett ab und formt ein Mosaik von Kiesbetten, Sandbänken, Inseln, Tümpeln und feuchten Wäldern, einen satten Lebensraum für eine ausgesprochen vielfältige Flora und Fauna.

Dass die Maggia ein ungezügelter, vor Kraft strotzender Strom ist, daran besteht kein Zweifel, auch wenn sie seit den 1950er Jahren einiges von ihrer Power hergeben musste – um

Strom zu produzieren. Begonnen hat es 1949 mit einer Konzession zum Bau der Staumauer für den Lago del Sambuco. Seither ist ein eindrucksvolles Netz von Kraftwerken an fünf Stauseen entstanden, aus denen nur noch sogenanntes Restwasser in das Tal entlassen wird. Da sie am oberen Lauf angesiedelt sind, haben sie den Charakter der Flusslandschaft erheblich verändert, die Maggia in den Augen vieler Naturschützer sozusagen kastriert – anders als beim vergleichbaren Wildfluss Verzasca, wo sich der Stausee *end of the pipe* befindet, also erst kurz vor der Mündung in den Lago Maggiore.

Eisvogel und Prachtlibelle

Trotzdem: Die Maggia bleibt ein unbändiger Fluss und ihr breites Bett mit seinen Feuchtwäldern, Altarmen und Bächen eine üppige Naturlandschaft, die eine beeindruckende Vielfalt von Lebewesen und Pflanzen beherbergt. In den Flussauen begleitet den Wandernden das Zwitschern von rund siebzig Vogelarten, darunter der bunt gefärbte Eisvogel. Gebannt beobachtet man Libellen, wie sie mit blaugrünen, metallisch schimmernden Flügeln sirrend über dem Fluss stehen, jedenfalls sofern es sich um das männliche Exemplar der Südlichen Prachtlibelle handelt, eine seltene Art, die nur an Wasserläufen im Tessin vorkommt. Der feuchte Wald mit seinen sandigen Böden wird von Grauerlen dominiert, aber es wachsen hier auch viele Kastanien, manche mehr als hundert Jahre alt. Sie werden auch als Brotbaum bezeichnet, weil ihre Früchte ein wichtiger Bestandteil des eher kargen Speiseplans im Tal waren. Man passiert alte Steinhäuser und Ställe, Kapellen und Brunnen, durchquert Wiesen und Weiden. An feuchten Tagen kreuzt vielleicht auch mal ein Feuersalamander den Weg, während bei schönem Wetter die Würfelnatter es gern den Menschen nachmacht und auf den warmen Steinen im Flussbett ein Sonnenbad nimmt. Das gänzlich ungiftige Tier gehört zu den bedrohten Schlangenarten. In der Abenddämmerung schwirren dann Fledermäuse durch die Luft und gehen auf Insektenjagd – eine allein fängt in einer Nacht bis zu 500 Mücken!

Weg zum Wasser 1.2

Rundtour von Someo in die Maggia-Auen

Die Wanderung startet bei **Someo.** Man stellt das Auto neben der Landstraße auf dem Parkplatz beim Fußballplatz ab. Von da führen grüne Wegweiser mit einem Fußgängersymbol zur **Maggia,** die man über eine 380 Meter lange Stahlhängebrücke überquert. Auf der anderen Flussseite biegt man sofort links ab, in Richtung Lodano. Man durchquert feuchten Auenwald mit sandigem Untergrund und blumenreiche Trockenwiesen. Seitlich laufen immer wieder Bäche auf die Maggia zu. Es geht vorbei an ein paar Rustici und einem Brunnen mit einer großen Wanne – ein romantischer Platz für eine Rast. Auch im weiteren Verlauf der Route am Flussufer passiert man immer wieder Rustici und Brunnen.

Neben dem Weg breitet sich das zergliederte Flussbett mit Sand- und Geröllbänken aus, auch ein Altarm. Dann erreicht man die Stahlbrücke nach Giumaglio, bleibt aber auf der rechten Seite und setzt den Weg in Richtung Lodano fort. Die Maggia fließt hier schneller, fasziniert mit ihrem grünblauen Wasser und dem Gneisgestein in hellem Grau, auch einige ganz weiße Steine sind darunter. Hinter der Brücke beginnt ein asphaltierter Weg, auf dem man sich etwas vom Fluss entfernt. Bei **Ronchi** kommt man an kleinen Rebhängen vorbei, passiert einen Bach und erreicht schließlich **Lodano,** wo man das Informationszentrum zum Naturpark besuchen kann oder direkt weiter am Fluss entlanggeht bis nach **Maggia.** Dort überquert man ihn über eine 120 Meter lange, gepflasterte Hängebrücke und kann die Wanderung mit einem Bad am Sandstrand beschließen – und vielleicht mit einem Eis, das man sich am Kiosk holt. Von Maggia kehrt man mit dem Bus nach Someo zurück, oder auch zu Fuß, auf dem linken Flussufer über die Dörfer **Coglio** und **Giumaglio.**

Maggia-Auen: In den Feuchtgebieten kreucht und fleucht es

↓ Am Weg entlang der Maggia: pittoreske Rustici und Weinberge

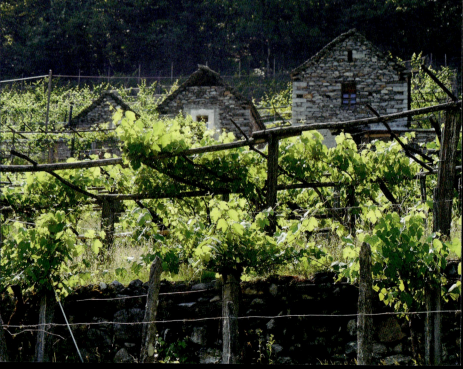

Steckbrief und Service

Die Wanderung verläuft am rechten Flussufer bis Maggia und führt durch eine Auenlandschaft, die zu den wildesten der Schweiz und zu den großartigsten Europas gehört. Der Weg ist sehr variabel. Man kann auch nur eine Kurzschleife begehen, mit Start in Someo, aber nur bis zur Brücke nach Giumaglio wandern (mit einem Wasserfall, in dessen Becken man baden kann) und auf der anderen Seite wieder zurückkehren, zu Fuß oder mit dem Bus. Eine mittellange Schleife führt von Someo bis Lodano, von wo man ebenfalls auf der anderen Uferseite zu Fuß oder per Bus zurückkehrt. Es ist eine abwechslungsreiche und nicht sehr anstrengende Wanderung, auf der die Orientierung einfach ist. Sie ist auch für Kinder gut geeignet, da sie keine besonderen Anforderungen stellt, weitgehend flach am Flussufer entlangführt, mit einer sehr schönen Bademöglichkeit bei der Ankunft in Maggia (und einem Wasserfall dort). In den kleinen Orten am Weg gibt es immer die Möglichkeit, den Postbus zurück nach Someo zu nehmen. Unterwegs wechseln Sonne und Schatten, mal geht es durch lichten Wald, dann durch offene Wiesen. In der verzweigten Flusslandschaft sollte man achtsam sein und das Wasser bei ansteigendem Pegel sofort verlassen, denn es kommt vor, dass aus den höher gelegenen Stauseen Wasser abgelassen wird. Auch bei starken Niederschlägen ist große Vorsicht geboten, denn dann kann sich das Flussbett verlagern und die Maggia sich sehr schnell in einen reißenden Fluss verwandeln.

Strecke: 9 km (einfacher Weg von Someo nach Maggia)

Wanderzeit: 2 h 30

An- und Rückreise: Zum Startpunkt in Someo fährt man mit dem Auto von Locarno über Ponte Brolla an der Maggia entlang (20 km).
Bus: Der Bus von Locarno, Stazione (Linie 315) verkehrt stündlich ins Vallemaggia; Fahrtzeit von Locarno bis zum Startpunkt Someo rund 40 Minuten. Im Vallemaggia entlang des Wanderwegs hält der Bus an folgenden Haltestellen: Ponte Brolla Stazione, Avegno di fuori, Avegno Paese, Avegno Grotti, Gordevio, Ronchini Paese, Aurigeno-Moghegno,

Maggia centro, Maggia Ospedale, Lodano, Coglio, Giumaglio, Someo. Von dort fährt er noch weiter bis Cevio und Bignasco. Anschlussbusse fahren von Bignasco weiter in die Höhe, nach Fusio Linie 334, nach San Carlo Linie 333, nach Bosco Gurin Linie 331 ab Cevio, www.postauto.ch.

Zug: Der Bahnhof in Locarno befindet sich an der Piazza Stazione 8. Mit der Centovalli-Bahn kommt man von Locarno bis Ponte Brolla. Sie fährt dann weiter durch das Centovalli und das Valle Vigezzo bis nach Domodossola, www.vigezzinacentovalli.com/de/.

Wanderkarten: Beim Infopoint in Lodano erhält man ein Faltblatt mit einer Wanderkarte mit den beschriebenen Routen und Erläuterungen zu Flora und Fauna auf dem Weg (in deutscher Sprache erhältlich: *Ein Naturpfad entlang der Maggia-Auen*). Außerdem: Kompass Nr. 90, Lago Maggiore, Lago di Varese, 1:50 000. Kümmerly & Frey Nr. 44, Locarno, Maggia, Verzasca, 1:40 000. Outdooractive Vallemaggia, 1:47 000, hg. im Auftrag von Ascona-Locarno Turismo (kostenlos in den Tourismusbüros erhältlich).

Einkehren/Übernachten

Am Start in **Someo:** *Osteria Alzasca,* www.osteria-alzasca.ch. Eine schöne Unterkunft am Wanderweg ist das *Cà Serafina* in **Lodano,** www.caserafina.com. In **Coglio** (hinter Lodano): *Grotto La Franchi.*

Am Ziel in **Maggia** gelungene Kombination aus Alt und Neu: *Casa Martinelli,* www.casa-martinelli.ch.

In der Umgebung des Tals: das schöne *Hotel und Restaurant Centovalli* in **Ponte Brolla** und das *Grotto America* am Fluss.

In **Cevio:** Unterkunft in der *Pensione Boschetto*. Der *Negozio Sapori Nostrani Val Magia*, Piazza 3, ist auch ein Infopoint, und man kann dort in der Saison einen Picknickkorb erstehen, www.maggia.ch.

Baden: Auf dem Weg kommt man immer wieder an wunderbaren Badeplätzen vorbei. Vorsicht ist aber überall geboten: Man muss immer auf einen plötzlichen Wasseranstieg gefasst sein (ausgelöst durch Regenfälle, aber auch durch einen möglichen Wasserablass der Kraftwerke an der oberen Maggia). In Maggia gibt es einen **Wasserfall**, die Cascata del Salto, in dessen Felswanne man eintauchen kann.

Tipp: *Museo di Valmaggia* in Cevio, von April bis Oktober geöffnet.

Tourismusbüro: In Lodano informiert ein Infopoint über die Auenlandschaft der Maggia zwischen Someo und Maggia. Vallemaggia Turismo, 6673 Maggia (www.vallemaggia.ch). Centro Punto Valle, Infozentrum vor Avegno.

Begleitete Wanderungen: Centro Natura Valmaggia in Lodano, www.cnvm.ch.

Einen Höhepunkt weit hinten im höher gelegenen und daher immer poetischer werdenden Vallemaggia hat das zur Gemeinde Fusio zählende Bergdorf **Mogno** im Val Lavizzara zu bieten: die vom Stararchitekten Mario Botta entworfene und 1997 fertiggestellte **Chiesa San Giovanni Battista,** die mit ihrer zylindrischen Form und einem schönen Wechselspiel von grauem Granit aus dem Valle Maggia und weißem Peccia-Marmor die Blicke auf sich zieht.

Einkehr: Vor Mogno kommt man in **Peccia** mit seiner renommierten Bildhauerschule vorbei und findet dort am Fluss das wunderbare *Grotto Pozasc* zur Einkehr und zum Abtauchen ins Wasser. Und ganz am Ende des Tals in **Fusio:** *Antica Osteria Dazio* und *Hotel Fusio*.

Ein Holzsteg windet sich durch die Auenlandschaft und informiert über die Geheimnisse der Maggia. Der mit 16 Informationstafeln ausgestattete **Auenlehrpfad** bei **Someo** kann ein spannender Auftakt der Wanderung sein. Er befindet sich im Wald nur rund 100 Meter talwärts von der langen Stahlbrücke, die man zu Beginn der Wanderung überquert.

 Von San Carlo zum Wasserfall von Foroglio und zum Lago di Robièi

Ein Abstecher in das sehr schöne Val Bavona: eine Wanderung zum großen **Wasserfall von Foroglio,** der imposant von einem mehr als 100 Meter hohen Felsen zu Tal stürzt. Das Naturschauspiel erreicht man über den Talweg (5,5 km, 1 h 30), der von **San Carlo** am Ufer der Bavona entlang nach **Cavergno** führt (oder man geht ihn umgekehrt). Ausgangspunkt ist die Bushaltestelle Ponte in San Carlo (Linie 333). Einkehr im Grotto La Froda in Foroglio – hier kann man sich auch mit Käse, Wurst oder Polenta zur Mitnahme für die Wanderung ausstatten (www.lafroda.ch). Einkehr und Unterkunft in San Carlo: Albergo Ristorante Basòdino. Von San Carlo erreicht man mit der Seilbahn (der Postbus fährt die Talstation an) auch den Rundwanderweg um den Lago di Robièi und die alpine Landschaft mit dem eindrucksvollen Basòdinogletscher.

 Von Ponte Brolla nach Maggia

Die oben beschriebene Wanderung kann man ergänzen, indem man nicht in Someo startet, sondern schon in **Ponte Brolla,** also von Süden kommend, den Weg über **Avegno, Aurigeno** und **Moghegno** bis nach **Maggia** nimmt und im Anschluss den Wanderweg über **Lodano** nach **Someo.** Die abwechslungsreiche Wanderung bis Maggia führt durch Kastanienwälder und typische Tessiner Dörfer sowie über einen spektakulären und steilen Aufstieg zwischen zwei riesigen Felsplatten hindurch (10 km, 3 h 30). Sehr beliebt zum Baden sind die Felsenbecken bei Ponte Brolla, die **Gola della Maggia,** die mit überhängenden Felsen auch zum Springen einladen. Hier finden denn auch die Weltmeisterschaften im Klippenspringen statt.

Route 1.3 Spruga – Bagni di Craveggia

Heilsames Wasser, tödliches Wasser: Im Valle Onsernone

Es rauscht im wilden Valle Onsernone, aber vom Fluss Isorno ist nichts zu sehen. Er sei »ein seltsamer Fluss, der fast nie sichtbar wird«, beschreibt ihn der Schriftsteller Jonny Rieger, als er in den 1950er Jahren im damals noch vollkommen aus der Welt gefallenen Onsernone unterwegs ist. »Er rauscht tief unten«, setzt Rieger hinzu, »begraben in düsteren Felsenschluchten.« Zweifellos ist das Flusstal des Isorno ein extremes Tal, mit steil abfallenden, dicht bewaldeten Hängen und ohne Ebenen. Reißende Hochwasser und Unwetter richteten immer wieder verheerende Schäden an. Einst terrassierte man die steilen Hänge mit Trockenmauern und baute Roggen an, aus dessen Ähren Strohhüte wurden; auch einige Kühe, Schafe und Ziegen weideten auf den Alpen. Die Existenz war jedoch beschwerlich, und ebenso unzugänglich wie das Tal waren auch die Bewohner. »Überall das düstere Schweigen, die gleichgültige Haltung, der spürbare Unwillen, die frostige Kälte gegen den Fremden, den sie damit hinausfrieren«, schilderte Jonny Rieger seinen Eindruck. Viele Einheimische sind seither aus dem Tal abgewandert, aber auch ein paar städtische Neuankömmlinge dazugekommen, und der Wald hat sich die Hänge zurückerobert, in die sich Hunderte oft verwegen in den Abhang hineingebaute Steinhäuser ducken.

Bagni di Craveggia

Ein magischer Ort

Nimmt man in Spruga, der letzten Gemeinde des Tals, das leicht abschüssige asphaltierte Sträßchen oberhalb der Isornoschlucht aus dem Ort hinaus, wird man über ein paar Kilometer hinweg ständig von Wassermusik begleitet, erst leise, dann allmählich lauter werdend, bis man schließlich vor dem Fluss steht – und damit vor einem magischen Ort: den Bagni di Craveggia. Die erreicht man an dieser Stelle allerdings nur, indem man den Fluss überquert und damit auch eine Grenze, denn die Bäder liegen auf der anderen, der italienischen Uferseite des Isorno. Mit etwas Glück gelingt die Querung von Stein zu Stein trockenen Fußes, aber abhängig vom Wasserstand klappt das nicht immer.

Auf der anderen Seite des Flusses angekommen, kann das Wellnessprogramm beginnen. Von den Badehäusern des alten Thermalbads stehen zwar nur noch Ruinen, aber draußen laden seit 2014 zwei nagelneue Wannen aus glatt geschliffenem Granit dazu ein, sie selbsttätig mit Wasser aus der 28 Grad warmen Quelle zu füllen, um darin die Seele baumeln zu lassen. Oder man wird als Kneipp-Fan aktiv und taucht die Füße in Wechselbäder in den Becken am Fluss. Vielleicht hält man auch einfach nur inne und lauscht der Tonspur des Isorno.

Per Sänfte ins Bad

In eine der sechs alten Wannen, die in den Katakomben verwittern, ist am Beckenrand eine Zahl eingraviert: 1821 – das ist das Jahr, in dem der Badebetrieb von Craveggia begann. »Flumen de acqua calida«: Zum ersten Mal urkundlich erwähnt sind Quelle und Thermalwasser in einem Dokument aus dem 13. Jahrhundert. 1823 entstand ein großes Hotel mit sechzehn aus Lärchenholz gefertigten Bädern und zwanzig Schlafzimmern in den oberen Etagen.

Dass dies ein Ort war, an dem sich die lustvollen und zerstörerischen, die sinnlichen und die verwüstenden Energien des Wassers bündelten, ein Ort also, an dem die ungezähmte Naturgewalt des Flusses und die Kraft des Heilwassers aufein-

Historische Wannen – der Badebetrieb begann 1821

andertrafen, das war zweifellos von großem Reiz. Jedenfalls gelang es trotz der abgelegenen Lage, Gäste für die Badeanstalt anzulocken, vor allem aus der Schweiz, aber auch einige aus dem weit entfernten Mailand. Angeblich ließen sich manche italienischen Gäste über den mühseligen und weiten Weg von Italien her per Sänfte ins Bad bringen. Die Betreiber versprachen den Gästen Heilung bei Problemen mit Verdauung und Leber, auch nervliche Zerrüttung und Trunksucht sollte das Wasser lindern. Außerdem verhalf die Quelle angeblich Frauen, die nicht schwanger wurden, zum Nachwuchs – wie erfolgreich, ist nicht überliefert.

Verlorene Häuschen im Tal des Isorno

Jedoch waren die Bäder im Valle Onsernone immer wieder Katastrophen ausgesetzt. Im Jahr 1881 fiel das Hotel einem Brand zum Opfer. Ein paar Jahrzehnte später, im Jahr 1951, überrollte eine Lawine die Therme, und schließlich zerstörte die Jahrhundertüberschwemmung von 1978 sie vollends. Der Regen riss damals überall Brücken weg, Schlammströme ergossen sich über Häuser und Straßen, das ganze Tal war mehrere Tage von der Außenwelt abgeschnitten. In seiner Erzählung *Der Mensch erscheint im Holozän* schildert der zu dieser Zeit schon länger im Valle Onsernone ansässige Max Frisch die Naturgewalten. »Es sind Hänge gerutscht, aber nicht hier, sondern hinten im Tal. Es sehe wüst aus. Der Bach habe sein Bett jetzt anderswo, der ganze Birkenwald sei weg, einfach weg, der ganze Talboden voll Geschiebe [...].«

Die außergewöhnliche Kraft der Isorno-Fluten weckte allerdings auch ökonomische Begehrlichkeiten. Vor mehr als einem

Jahrzehnt plante eine im italienischen Trontano angesiedelte Firma, einen Großteil des Flusswassers durch einen Tunnel in das südlichere Valle Vigezzo umzuleiten, um Strom für den italienischen Markt zu produzieren. Dann wäre der Isorno nur noch ein Rinnsal gewesen. Die betroffenen Tessiner Gemeinden – und später auch die italienischen – protestierten gegen das Vorhaben, schließlich mit Erfolg: Italiens Umweltministerium lehnte das Projekt wegen mangelnder Umweltverträglichkeit ab. Der Kampf der Isorno-Anlieger gegen das Wasserkraftwerksprojekt wurde 2011 mit dem Premio internazionale civiltà dell'acqua ausgezeichnet.

Weg zum Wasser 1.3

Von Spruga zu den Bagni di Craveggia

An der Bushaltestelle in **Spruga** orientiert man sich am Wegweiser **Bagni di Craveggia.** Der Weg führt auf einer schmalen, asphaltierten Straße, die für den Straßenverkehr gesperrt ist, aus dem Ort heraus und kontinuierlich hinunter zu den alten Bädern. Hinter einem Wasserfall auf der rechten Seite gelangt man an den Fluss, durch den man hindurchwaten muss, denn das Kurbad liegt auf der anderen Seite des Flusses, schon auf italienischem Gebiet. Man kann alternativ auch schon vor den Bagni den Weg verlassen und den **Isorno** über eine Brücke queren, zu einer verlassenen Kaserne hochsteigen und dann auf der anderen Flussseite zu den Bädern hinunterlaufen.

Eine etwas längere und anspruchsvollere Alternative für die Rückkehr: Von den Bagni geht es auf einem schmalen, stellenweise etwas ausgesetzten Waldpfad zum malerischen Seitental **Valle del Corno.** Man überquert dann den Isorno über eine Holzbrücke, steigt hinauf zum Weiler **Al Técc dal Böcc** (mit Badebecken im Fluss) und kehrt von dort zurück nach **Spruga.**

Steckbrief und Service

Die einfache und kurze Wanderung führt über einen Asphaltweg mit geringem Gefälle, der dort endet, wo sich die Therme befindet. Ein Stück vorher (flussabwärts) kann man einen Umweg über eine Brücke auf die andere Seite des Flusses nehmen, der vorbei an einer alten Grenzkaserne zu den Bagni di Craveggia führt. Badeschuhe sind empfehlenswert.

Strecke: 2,5 km (einfacher Weg)

Wanderzeit: 0 h 45

An- und Rückreise: Von Locarno aus folgt man mit dem Auto zunächst den Schildern Richtung Vallemaggia und Centovalli, fährt bei Ponte Brolla links und nimmt dann die Abzweigung ins Valle Onsernone. Spruga ist das letzte Dorf. Von Locarno sind das knapp 30 Kilometer, rund 45 Minuten Fahrzeit.
Bus: Das Postauto bringt einen das ganze Jahr über etwa alle 2 Stunden von Locarno ins Valle Onsernone zu den Haltestellen Intragna, Loco, Russo und Spruga (Linie 324).

Von Spruga aus: das Wasser, ein ständiger Begleiter

Bis Spruga dauert die Fahrt rund 80 Minuten, www.postauto.ch.

Wanderkarten: Kompass Nr. 90, Lago Maggiore, Lago di Varese, 1:50 000. Kümmerly & Frey Nr. 44, Locarno, Maggia, Verzasca, 1:40 000. Outdooractive Centovalli/Valle Onsernone, 1:25 000, hg. im Auftrag von Ascona-Locarno Turismo (kostenlos in den Tourismusbüros erhältlich).

Einkehren/Übernachten

Unterwegs: Bei der Bushaltestelle in **Spruga**, wo der Weg beginnt, findet man die *Bar/Osteria Onsernone* und mit *La Bottega* einen kleinen Laden.
In der Umgebung: Auf der Hinfahrt nach Spruga kann man in **Loco** im *Caffè della Posta* oder in **Russo** unter den Arkaden eines Palazzo einkehren. Eine schöne Übernachtungsmöglichkeit gibt es im nächstgelegenen Dorf **Comologno** im historischen *Palazzo Gamboni* aus dem 18. Jahrhundert, mit Oste-

ria (*Al Palazign*) und nicht weit entfernt von vier anderen bedeutenden Palästen – ein Schmuckstück, www.palazzogamboni.ch.
In **Intragna:** *Hotel Antico*, Via Cantonale, *Grotto du Rii*, Via Cantonale, und *Ristorante Stazione* gegenüber dem Bahnhof.
Baden: An den Bagni kann man sich im Fluss erfrischen.
Tipp: Das *Museo Onsernone* in Loco vermittelt einen Einblick in Geschichte, Natur und Kultur des Tales, mit einem Fokus auf die Strohmanufaktur.
Tourismusbüro: Infopoint Onsernone in Auressio, geöffnet Donnerstag bis Sonntag und an Feiertagen von 9.30 bis 13 und 14.30 bis 17 Uhr, www.onsernone.ch.
Begleitete Wandertouren: Accompagnatore d'escursionismo Thomas Lucas, thomas.lucas@bluewin.ch.

Auf der Strecke nach Spruga passiert man den **Mulino di Loco** aus dem 18. Jahrhundert. Ein Wasserrad treibt den Mühlstein der restaurierten Mühle an und mahlt Mais zu Polentamehl. Auch das *farina bóna*, eine Tessiner Spezialität aus gerösteten und fein gemahlenen Maiskörnern, wird hier produziert und verkauft.
Informationen: www.aimulino.com/mulino

Die **Strohhüte** sind zurück! Jahrhundertelang lebte man im Valle Onsernone auch von der Verarbeitung von Roggenstroh, das man zu Strohhüten flocht. Die Rohlinge der Hüte gingen, modisch aufgehübscht, in die ganze Welt. Auf der Strecke nach Spruga, an der Piazza in **Berzona,** gibt es ein Atelier des Vereins **Pagliarte,** der die alte Flechtkunst mit modernem Design kombiniert und die Kreationen verkauft.
Informationen: www.pagliarte.ch

Von Vergeletto-Zott (Seilbahn) oder von Spruga zum Laghetto di Salèi

Von Russo im Valle Onsernone fährt ein Bus (Linie 325) zur **Funivia Salèi** in Zott im Valle di Vergeletto und wieder zurück. Die Gondelbahn verkehrt von Mitte Mai bis Oktober zur **Alpe di Salèi** (1783 m) mit gleichnamiger Capanna (mit Kost und Logis, www.alpesalei.ch). Nach einem Spaziergang von etwa 40 Minuten auf einem leicht ansteigenden Weg Richtung Pilone mit Aussicht bis zum Lago Maggiore erreicht man den **Laghetto di Salèi,** der an heißen Sommertagen zu einem erfrischenden Bad einlädt und ein idealer Rastplatz ist. Wer noch weiterwandern will, läuft auf einem breiten Weg innerhalb einer Stunde zur **Capanna Alpe Arena** (unbewartet und von Juni bis Oktober geöffnet, www.wildvalley.ch/arena).

Man erreicht den Laghetto di Salèi auch zu Fuß von **Spruga** aus (Weg Nr. 14, der Rundweg führt zurück nach Comologno). Von Spruga geht es bergauf, vorbei an mehreren kleinen Ortschaften wie Tabid und Pian Secco. Wenn man die **Alpe Pescéd** erreicht hat, beginnt die Umrundung des Munzzelüm, eines Berges mit schönem Panorama. Dabei passiert man den **Laghetto di Salèi.** Von dort geht man bergab zur **Capanna Salèi,** kann dort einkehren und dann hauptsächlich durch Wald über Piani della Galera, Val Lavadina und Ligünc nach **Comologno** absteigen.

Wasserkraft Schweiz

Am Anfang war das Wasser

Geschichte(n) der weißen Kohle

Für die Erleuchtung der Schweiz ist der 18. Juli 1878 ein ganz besonderes Datum. Am Abend dieses Tages legt Direktor Johannes Badrutt im Speisesaal seines Hotels in St. Moritz einen Schalter um. Beifall brandet auf. Die distinguierten Gäste sind völlig aus dem Häuschen. Die weiß gedeckten Tafeln liegen nun in einem warmen weißen Licht. Die Gesellschaft hält es nicht auf ihren Sitzen. Man springt auf, schwenkt Servietten und jubelt. Vor allem auch die Damen sind begeistert: Denn verlieh die bis dahin benutzte Gasbeleuchtung ihrem Teint einen grünlichen Schimmer, lässt das elektrische Licht sie nun viel vorteilhafter erscheinen.

Ende des 19. Jahrhunderts besann sich die Schweiz auf ihre wichtigste Ressource, das Wasser. Dessen Energie veränderte das Land grundlegend. Und ganz vornweg das wasserreiche Tessin und den Lago Maggiore. Zeitensprung ins 20. Jahrhundert: Am 10. März 1949 erteilte der Große Rat des Kantons Tessin die Konzession für die Nutzung der Maggia und ihrer Zuflüsse bis zum Lago Maggiore. Der Kanton entwickelte sich seither zu einer der bedeutendsten Energielandschaften der Schweiz, mit den meisten Stauseen des Landes. Heute nutzen die Officine Idroelettriche della Maggia (OFIMA) das Gefälle dieses Flusses von 2200 Metern, um über eine Kette leistungsstarker Speicherkraftwerke die Kräfte des Wassers in elektrische Energie umzuwandeln. Mächtige Rohrsysteme verbinden die Stauseen, die auf mehreren Bergetagen in bis zu 2000 Meter Höhe der Energiespeicher für den Strom von 250 000 Haushalten sind. Das gesamte Kraftwerksnetz wird von der OFIMA-Zentrale in Locarno ferngesteuert.

Pioniergeist und Gletscherwasser

Seit dem denkwürdigen Abend in dem St. Moritzer Hotel hat sich die Schweiz von einem Auswanderungsland in einen der wohlhabendsten Staaten der Welt verwandelt. Das gelang, weil sich Ingenieurkunst und

Innovationsgeist zusammentaten, um mittels der Wasserkraft das Gebirgsland – eines der wasserreichsten der Welt – zum Energiegiganten Europas zu machen. Seit der Industrialisierung im 18. und 19. Jahrhundert setzte man in Europa auf den Rohstoff Kohle. Aber in der Schweiz, der es daran mangelt, besann man sich auf Holz und Wasser, mit umso größerem Erfolg. In einem Land ohne eigene fossile Ressourcen war die Nutzung des Wassers die günstigere und strategisch sinnvollere Alternative. Zunächst wurde der Strom allerdings nur als Leuchtmittel verwendet, das mit elektrischen Bogenlampen den Schweizer Städten großstädtische Eleganz und Modernität

Am Verzasca-Staudamm – Turbine als Fortschrittssymbol

verlieh, weshalb die ersten um 1880 errichteten Kleinkraftwerke auch »Lichterwerke« hießen. Doch die natürlichen Gefälle der Wasserläufe bargen Energien für zusätzliche Innovationen. Zum Beispiel die elektrische Straßenbahn. Im Jahr 1896 nahm in Lugano die erste Trambahn den Betrieb auf. Ab 1916 startete auch die Elektrifizierung des nationalen Eisenbahnnetzes. Als aus Lichtstrom Motorenstrom wurde, verwandelte sich das Alpenland in ein florierendes Industrieland.

Natürlich nutzte man in der Schweiz die Kräfte des reichlich vorhandenen Wassers schon viel früher. Nicht nur für Getreidemühlen und als Kraftquelle für Sägereien – eine Statistik aus dem Jahr 1875 registrierte 6000 aktive Wasserräder im Land, mit deren Kräften man Stoffe walkte, Seide zwirnte, Papier herstellte, Werkzeuge schliff oder Draht zog. Aber seit sich die Energien des Wassers in Strom verwandeln ließen und Überlandleitungen ihn über weite Strecken an jeden möglichen Verwendungsort transportierten, waren die Betriebe nicht länger auf die unmittelbare Nähe zu Wasserläufen angewiesen. Strom aus Wasserkraft ging in die Fläche, und für die gesamte Schweiz brach eine Ära erfolgreichen Wirtschaftens mit hoher Lebensqualität an.

Strom aus Wasserkraft – das weiße Gold der Schweiz

Wirtschaftlicher Fortschritt ohne fossile Ressourcen: Dieses Entwicklungsmodell befähigte außerdem zu zukunftsfähigen Allianzen. Gemeinschaftsgründungen der Elektroindustrie mit Universalbanken wie der Elektrobank oder der Motor AG wurden zu treibenden Investoren und zu Garanten des Schweizer Wohlstandsmodells. Überlandwerke, Städte, Geldinstitute und Industriebetriebe schlossen sich zu Konsortien zusammen, um gigantische Infrastrukturprojekte zu stemmen. In den Boomjahrzehnten der Nachkriegszeit gingen mehr als 150 Kraftwerke ans Netz, und viele Wasserreservoirs in den Alpen erweiterten ihre Speicherkapazität. Die Kräfte des Wassers, die weiße Kohle der Schweiz, entfalteten nun ihr volles Potenzial. »Die Elektrifizierung durch die Wasserkraft ist die erfolgreiche Verschmelzung schweizerischer Werte wie Ausdauer, Präzision und Verantwortungsgefühl mit einer urmächtigen Landschaft von Bergen, Gletscherwasser und Wildbächen«, schreibt Steven Schneider in seinem Buch *Elektrisiert. Geschichte einer Schweiz unter Strom.*

Kollateralschäden

Aus technischer Perspektive ist die Sache klar: Wasserkraft ist effizient, umweltfreundlich und weitgehend klimaneutral. Wenn da nicht die Kollateralschäden für Landschaft, Biodiversität, Gewässer und Naturräume wären. Die Schweizer Flüsse liegen mittlerweile auf mehr als 2700 Kilometern trocken oder führen zu wenig Wasser. Etwa 60 Prozent der heimischen Fisch- und Krebsarten sind bereits verschwunden oder vom Aussterben bedroht. Wasserkraft aus Stauseen hat zwar den entscheidenden technischen Vorteil, dass man die Energie dann verfügbar machen kann, wenn sie gebraucht wird, denn die Turbinen eines Speicherkraftwerks lassen sich rasch hoch- und ebenso schnell wieder herunterfahren. Aber das bleibt jeweils nicht folgenlos: In den unteren Wasserläufen entsteht bei geöffneten Schleusentoren ein künstliches Hochwasser. Was im Fachjargon *Schwall* genannt wird, schießt dann als große Flutwelle flussabwärts. Werden die Schotten im Gegenteil dicht gemacht, folgt der sogenannte *Sunk*, eine völlig unnatürliche Niedrigwassersituation.

Fischlaich, Gewässerorganismen und Uferpflanzen haben in diesem Wechselbad keine Chance. Entweder werden sie von den Wassermassen aus geöffneten Turbinen weggeschwemmt, oder sie landen in Rinnsalen oder gar ganz auf dem Trockenen und verenden. Um diese Beeinträchtigung der Wasserläufe auf ein akzeptables Niveau zu bringen, wurde 2011 das Schweizer Gewässerschutzgesetz geändert, es wurden zum Beispiel Restwassermengen festgelegt. Dennoch führen Bäche und Flüsse unterhalb von Wasserentnahmen weiterhin oft zu wenig Wasser, um das Überleben von Fischen und anderen Lebewesen zu sichern.

Infolge des Kyoto-Protokolls zum Klimaschutz und nach dem Atomunfall im japanischen Fukushima hat ein neuer Boom der Wasserkraft die Lage in der Schweiz eher noch verschlimmbessert. Dezentralisierte Anlagen an kleinen Flüssen und Bächen sollen nun die ökologische Alternative sein. Viele Umweltschutzorganisationen fürchten allerdings weitere Schäden für Umwelt und Landschaft, Artenvielfalt und Biodiversität, nur kleinräumiger verteilt, etwa wenn Wehre und Schleusen Wanderfische von ihren Laichgründen abschneiden. Umweltschutzorganisationen, Landschaftsschützer oder Fischereiverbände wollen daher längst ein Wort mitreden, wenn es um die Zukunft der Schweizer Wasserkraft geht.

Die Ressource Trinkwasser zur Erzeugung elektrischer Energie zu nutzen, ist dagegen im Tessin kein strittiges Thema. Im Gegenteil: Aufgrund gestiegener gesetzlicher Anforderungen an die Trinkwasserqualität werden immer mehr Quellen in den Bergen aufgegeben. Sorgte früher die Schwerkraft des aus dem Gebirge fließenden Wassers für seine Verteilung in die Haushalte, müssen das jetzt stromfressende Pumpen aus zentralen Brunnen im Tal übernehmen. Um diese Energie günstiger zu machen, sinnen die Verantwortlichen auf eine listige und innovative Idee. Sie nutzen die vorhandenen Leitungssysteme und turbinieren in ihnen das Wasser. Kleinwasserkraftwerke in Wasserleitungen – so lassen sich ohne Kollateralschäden für die Umwelt die kommunalen Haushalte entlasten.

Dass viele Menschen für die Gewinnung der Wasserkraftenergie einen hohen Preis bezahlt haben, droht allmählich in Vergessenheit zu geraten. Tatsächlich forderte sie zahlreiche Opfer: Dörfer versanken im Wasser, ganze Täler gingen in den Fluten von Stauseen unter, Menschen verloren ihre Heimat. Beispielsweise im Dorf Marmorera an der Julierpassstraße, das 1948 einem Stausee weichen sollte. »Die 95 Einwohner sind zerstritten, die Gemeinde ist arm, verschuldet«, beschreibt der schon zitierte Steven Schneider die Lage damals. »Als die Männer an der Gemeindeversammlung 1948 abstimmen, ob das EWZ dort, wo ihr Dorf steht, einen Stausee bauen kann, ist die Mehrheit dafür. Der Handel scheint fair: Zürich braucht Strom und Marmorera Geld. [...] 1954 beginnt die Überflutung. Vorher feiert die Gemeinde in der Kirche den letzten Gottesdienst. Gestandene Männer weinen. Anderntags werden 29 Häuser, Kirche, Schulhaus und 52 Ställe gesprengt oder abgebrochen. Der Friedhof soll zubetoniert, die Vorfahren ein nasses Grab erhalten. Aber nun wehren sich die Bewohner und erreichen, dass die Toten exhumiert und im neuen Friedhof ein zweites Mal beerdigt werden. Erst später wird bekannt, dass ein Unterhändler die Dorfbewohner untereinander ausgespielt, Entschädigungen ausgemacht und damit die Ja-Stimmen für den Bau des Stausees gekauft hat.«

Zukunft Wasserkraft

Am 31. Dezember 2020 dokumentierte das Eidgenössische Departement für Umwelt, Verkehr, Energie und Kommunikation den Stand der Wasserkraftnutzung in der Schweiz: 677 Wasserkraftwerke hatten einen Anteil

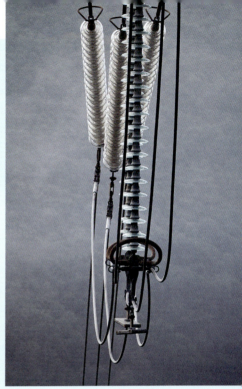

Die Zukunft der Wasserkraft bleibt kontrovers

von 57 Prozent an der gesamten Stromerzeugung. An dieser Bilanz war das Tessin mit 35 Kraftwerken beteiligt. Welche Rolle und Bedeutung der Wasserkraft zukünftig zukommen wird, führt seit Jahren zu hitzigen Debatten. Klar ist: Die Wasserkraft soll in der Schweizer Energiestrategie 2050 eine wichtige Rolle spielen und ihren Beitrag zum Energiemix um weitere 10 Prozent steigern. Eine klimaneutrale Schweiz brauche die Wasserkraft als regenerative und CO_2-neutrale Energie, heißt es, zumal auch schmelzende Gletscher Möglichkeiten für neue Stauseen ergeben. Aber die Frage steht im Raum: Ist bei abnehmenden Erträgen in der Energieproduktion und bei steigenden Umweltkosten zukünftig die Wasserkraft eine klimaneutrale Option? Das Ringen um die Zukunft der Schweizer Wasserkraft ist in vollem Gange. Hat sie gegenüber Wind- und Solarstrom eine realistische Marktchance? Können die Produzenten von Wasserstrom mit den Preisen auf dem europäischen Strommarkt wirklich konkurrieren?

Wilde Wasser – starke Mauern

Die Debatten um die Wasserkraft sind in der Schweiz stark emotional aufgeladen. Denn diese Form der Energiegewinnung ist mehr als nur schlichte Stromproduktion. Wasserkraft ist Teil der kulturellen DNA der Eidgenossen, untrennbar mit ihrer Identität und Geschichte verbunden. Denn ihre große Ära hatte eine existenzielle Grundüberzeugung zur Voraussetzung: Wir können die Natur zähmen, ihre ungestümen Gewalten in Schranken weisen und nutzbar machen. Gerade das Wasser spielte für das Schweizer *nation building* eine Schlüsselrolle. Seit dem Jahr 1908 hat die Nutzung der Wasserkraft sogar Verfassungsrang.

Nicht nur die Tunnelbauwerke der Schweiz, auch die wuchtigen Staumauern in den luftigen Höhen der Alpen sind nationale Symbole. Schon die ersten Maschinenhäuser der Kraftwerke des späten 19. Jahrhunderts waren eher Kathedralen des Fortschritts denn rein funktionale Gebäude. Die Architekten steckten sie in historische Kostüme und, wie Steven Schneider in seinem Buch über die Elektrifizierung der Schweiz schreibt: »Sie machen aus monumentalen Bauten mittelalterliche Burgen, Schlösser oder Klöster.« Technikbauten als kunstvoll designte Objekte inszenierten die Elektrizität als Treibmittel für den Fortschritt, und ihre Technik brachte den Sieg über die Naturgewalten zum Ausdruck. Für Lenin war der Kommunismus die Verbindung von Sowjetmacht und Elektrifizierung. Für die Schweiz stand die produktive Bändigung des Wassers untrennbar mit den Erfahrungen eines Volkes in Verbindung, das über Jahrhunderte von der Natur nichts Gutes zu erwarten hatte. Mit der Wasserkraft wollten die Schweizer ihr und sich beweisen, wer hier am Steuerstand steht. Im Nachwort von Steven Schneiders Buch heißt es denn auch: »Ein kleines und streitbares Volk lernt die Kraft des Wassers nicht nur zu bändigen, sondern trotzt dem Element eine noch viel größere Kraft ab, spannt Hallen über Flüsse, staut Seen in den Bergen, transportiert die gewonnene Kraft durchs halbe Land, erleuchtet ganze Städte und macht die Menschen stolz. Die Schweizer weiße Kohle: spannende Liebesgeschichte und gutes Geschäft?«

Steuerzentrale bei Brissago für fünf große Stauseen

Rund um Cannobio, Cannero und Oggebbio

Seeblicke auf dem Höhenweg über Cannobio und Cannero, Wasserwege rund um Oggebbio und zum Wasserfall von Trarego

Route 2.1 Cannero Riviera – Cannobio

Auf den Maultierpfaden der Via delle Genti über dem See

Wer an einem Sonntag auf der einmalig schönen Uferstraße, der SS 34, längs des Lago Maggiore auf Cannobio zufährt, landet mit großer Wahrscheinlichkeit in einem Stau, erst recht, wenn die Sonne strahlend über dem See steht und das Wasser aus allen Molekülen funkelt und blitzt. Dann ist in dem Städtchen die Hölle los – denn sonntags ist in Cannobio Markttag. Am Ufer drängen sich die Menschen, deutsche und Schweizer Touristen, auch nicht wenige Einheimische. Fliegende Händler haben ihre Marktstände aufgeschlagen, halten Gemüse, Käse und Obst feil, aber auch eine Überfülle an Socken, T-Shirts, Handtaschen und Haushaltsartikeln, und nirgendwo ist in dem geschäftigen Ort noch ein Parkplatz zu finden.

Das nur wenige Kilometer hinter der Schweizer Grenze gelegene Cannobio mit seinen verwinkelten Gassen und Treppenwegen, die alle hinunter auf die wunderbare, nicht enden wollende Seepromenade mit ihren Terrassenlokalen führen, hat schon immer gut vom Warenumschlag gelebt. Der Stadtname geht zurück auf das römische *Canobinum*, das ein Grenzgebiet bezeichnet. Zweifellos war und ist Cannobio Grenzland – zwischen dem Piemont, der Lombardei und dem Tessin, zwischen dem Norden und dem Süden. Schon ab dem Mittelalter blühte hier über Grenzen hinweg die Handelsaktivität zu Wasser und zu Lande und schuf einen Reichtum, von dem die stattlichen Patrizierhäuser aus dem 16. und 17. Jahrhundert an der Seepromenade zeugen. Weiter hinten liegen die schlich-

Berührende Ausblicke auf den See …

teren Fischerhäuser, aber auch das war lange ein einträgliches Gewerbe.

In den Süden!

In Cannobio beginnt für viele das richtige Italien. Und ein Stück dahinter, in Cannero Riviera, wird es noch südlicher: Endlich ist man da angekommen, wo die Zitronen blühen. Und außerdem Mandarinen und Orangen, Pampelmusen, Clementinen und Bergamotten. Denn Cannero liegt auf dem Delta des Rio di Cannero wie ein Halbmond im Lago Maggiore, und diese Südlage beschert dem Ort ein besonders mildes mediterranes Klima, in dem Zitrusfrüchte, Oliven und sogar Bananen prächtig gedeihen. Daher auch der Zusatz »Riviera« beim Ortsnamen. Aber nicht nur die Vegetation floriert, auch der Handel blüht hier ähnlich wie in Cannobio, allerdings nicht ganz so turbulent und massenwirksam. Immer freitags verwandeln sich die engen Straßen und grob gepflasterten Gassen in einen bunten Wochenmarkt.

...vom Höhenweg zwischen Cannero und Cannobio aus

Das Maultier – die Seele der Berglandwirtschaft

Menschen und Handel brauchen Wege. Die historische Straßenverbindung entlang des Lago Maggiore verlief früher über das Ostufer, während auf der Westseite die Verbindungswege oben in den Bergen lagen, schmale, zum Teil gepflasterte Saumpfade, auf denen schon seit dem 13. Jahrhundert Menschen und mit Waren beladene Maultiere unterwegs waren. Das Maultier, eine Kreuzung von Stute und Esel, sei die »Seele der Berglandwirtschaft« gewesen, schreibt der Schweizer Natur- und Landschaftsexperte Mario Broggi. Heute ist dieses wunderbare, sehr zarte und doch zugleich so belastbare Tier aus der Alpenregion verschwunden, aber die beeindruckende Infrastruktur der Transportwege, auf denen die trittsicheren und ausdauernden Tiere unterwegs waren, ist vielerorts erhalten, zum Teil auch wiederentdeckt und instand gesetzt worden. Entlang der kunstvoll angelegten Plattenwege trifft man überall auf Steinruinen, Oratorien und Brunnen, auch auf unbewohnte Dörfer.

Eine der frühen alten Transitstrecken ist die *Via delle Genti*,

Auf der *Via delle Genti*

die von Verbania aus an den Hängen oberhalb des Sees verläuft, über Oggebbio, Cannero und Cannobio, dann durch das kleine Künstlerdorf Ronco und den von einigen Engagierten wiederbelebten, nur zu Fuß erreichbaren Weiler Formine bis nach San Bartolomeo an der Grenze zur Schweiz. Wer einst von dort noch höher in Richtung Norden wollte, womöglich sogar über die Alpen, nahm hinter der Grenze die frühen Verkehrswege in die Magadinoebene und nach Bellinzona und schließlich zum Gotthardpass. Der wurde schon im 14. Jahrhundert – obwohl damals ebenfalls nur ein schmaler Saumpfad – jedes Jahr von rund 10 000 Menschen und 9000 Maultieren überquert. Gegen Ende des 18. Jahrhunderts war er so ausgebaut, dass man ihn mit Kutschen befahren konnte. Als 1882 der Eisenbahntunnel eröffnete, verlor er schlagartig seine Bedeutung.

Kunstvoll angelegte Wege

Ein Schicksal, das auch die *Via delle Genti* ereilte, die als Verbindungspfad am See nicht mehr gebraucht wurde, erst durch Schiffe, dann durch die Eisenbahn und schließlich das Auto ersetzt wurde. Aber es gibt sie noch und damit die Gelegenheit, auf dem in halber Höhe angelegten Weg dichte Kastanienwälder und alte Ortschaften zu queren und dabei herrliche Ausblicke auf den See zu genießen. Immer wieder drängt sich dort oben der Gedanke daran auf, wie viel Arbeit und Mühsal in diesen Wegen steckt, wie viel Energie aufgewendet wurde, um sie mit Steinen und schweren Platten an den zum Teil steilen Berghängen zu befestigen und hier und da Wasserläufe zu überbrücken. Auch die Maultiere sieht man vor sich, wie sie mit ihrer schweren Last unterwegs sind, auf und ab, geduldig ihren Weg verfolgend.

Wasser gibt es hier überall, Brunnen und Mühlräder, Rinnsale und kleine Bäche, die bei entsprechender Wetterlage zu ausgewachsenen Strömen werden können – und wenn es ganz heftig wird, auch Murgänge auslösen. Es kommt immer wieder vor, dass der zeitgenössische Transitweg, die im 19. Jahrhundert aus dem Fels gehauene Uferstraße SS 34 del Lago Maggiore, so in Mitleidenschaft gezogen wird, dass sie gesperrt werden muss.

Weg zum Wasser 2.1

Von Cannero Riviera nach Cannobio

Die Route startet in **Cannero Riviera** an einem Brunnen an der Kreuzung der Via Massimo d'Azeglio und der Via San Rocco. Von da nimmt man die Via Laura Mantegazza – unten liegt der alte Hafen von Cannero – und gelangt so zur Uferstraße SS 34, die man überquert. Wenige Meter weiter nördlich geht auf der linken Seite der Straße ein Treppenweg ab; dort sind Carmine Superiore und Cannobio ausgeschildert. Nach einem kurzen Anstieg verläuft der Pfad zunächst weitgehend eben zwischen teils mannshohen Steinmauern oberhalb des Sees. Der Blick fällt rechts auf die Castelli di Cannero, die wie Schiffe auf der Wasseroberfläche zu schwimmen scheinen. Hier und da säumen den Hang noch Häuser, deren Bewohner sich – wie ein Anwohner berichtet – Gewichtiges vom Helikopter anliefern lassen. Man passiert den **Borgo delle camelie** mit einer Kameliensammlung und überquert einen Bach. Oberhalb kann man sich im Wald in einem Waschhaus erfrischen.

An der nächsten Gabelung folgt man dem Wegweiser nach **Carmine Superiore** nach links und gewinnt langsam an Höhe, bis man das Dorf erreicht, in das hinter einem Wasserfall eine

Blütenträume am See

Brücke führt und das am Eingang mit einem reißenden Bach und einem Waschbecken empfängt. Vom Kirchplatz aus nimmt man den Weg weiter rechts aus dem Ortskern hinaus. Nun folgt ein anstrengender Anstieg durch einen Kastanienwald. Man passiert einen Wasserfall und quert einen Bach, um auf einen gepflasterten alten Maultierpfad zu gelangen. Dort nimmt man nicht den Weg nach Viggiona, sondern läuft weiter Richtung Cannobio bis zum winzigen Dorf **Molineggi,** wo an einer ehemaligen Mühle noch ein altes Rad daran erinnert, dass hier wie an vielen anderen Orten der Region früher einmal Getreide gemahlen wurde.

Nun geht es auf einer breiten *Mulattiera* abwärts und bei der folgenden Abzweigung nach rechts. Ein Kiesweg führt zu einer Asphaltstraße, die man in einer Rechtskurve in Richtung der Alphütten von **Solivo** wieder verlässt. Der dahinter abzweigende Weg führt mit Blick auf **Cannobio** in die Stadt hinunter. Ein Bad am einladenden Strand von Cannobio könnte die Wanderung abschließen. Dann nimmt man das Schiff zurück nach **Cannero Riviera.**

Steckbrief und Service

Die Wanderung verläuft auf der Route der *Via delle Genti*, welche die Dörfer zwischen Verbania und der Schweizer Grenze verbindet. Sie führt auf halber Höhe durch Kastanienwälder, immer wieder mit wunderbaren Ausblicken auf den See. Wasser begleitet den Weg überall, Bäche und Wasserfälle kündigen sich rauschend an, Brunnen und Waschhäuser bieten unterwegs Erfrischung. Man kann die aussichtsreiche Wanderung in beide Richtungen unternehmen. Die Route ist nicht sehr anspruchsvoll und für jedermann geeignet; nur der Anstieg nach Molineggi ist mühsam und steinig (bei Nässe Rutschgefahr). Unterwegs gibt es viel Schatten, daher ist die Wanderung auch für den Sommer geeignet. Die Rückkehr ist mit dem Schiff oder dem Bus möglich. Die Fahrt zurück dauert mit dem Schiff 45 Minuten.

Strecke: 8 km

Wanderzeit: 2 h 30

An- und Rückreise: Die Wanderung startet in Cannero Riviera, nah an der Uferstraße, der SS 34.
Bus: Der VCO-Bus Nr. 3 fährt von Verbania nach Brissago und zurück, mit Halt in Cannero und in Cannobio, www.vcotrasporti.it.
Schiff: Schiffe verkehren täglich zwischen Cannobio und Cannero Riviera und auch auf die andere Seeseite nach Luino, www.navigazionelaghi.it.

Wanderkarten: Kompass Nr. 90, Lago Maggiore, Lago di Varese, 1:50 000. Geo4Map Nr. 115, Alto Verbano, 1:25 000.

Einkehren/Übernachten

In **Cannobio**: *Scurone, Grottino e bottega*, Piazza Vittorio Emanuele III, www.scurone.it; *Bar Sport*. Hotels in Cannobio: B&B *Spiaggia Amore, Le Darsene, Pironi* und *Cannobio*.

In **Cannero** Unterkünfte an der Uferpromenade: *Hotel Cannero* und *Hotel Arancioamaro*. Bar am Seeufer: *Tre Re*.

Strand: Der lange und baumbestandene **Strand von Cannobio** ist einer der größten am Lago Maggiore. Ein kleinerer Strand auf der anderen Ortsseite unterhalb der Via Ceroni ist die **Spiaggia Amore**. Auch in **Cannero Riviera** lockt am südlichen Ende ein kleiner, mit Olivenbäumen bestandener Badestrand mit schattigen Plätzen. Oberhalb befindet sich der schöne Parco degli Agrumi mit Zitrusbäumen und -sträuchern aller Art. Schöne Bademöglichkeit bei Traffiume: **Orrido di Sant'Anna**.

Markt: In Cannobio sonntags und nur für Lebensmittel am Donnerstagvormittag; in Cannero Riviera am Freitag.

Tourismusbüro

In Cannobio: Via Giovanola, c/o Palazzo Parasio, www.procannobio.it, info@turismocannobio.it.
In Cannero: Ufficio Turistico, Piazza degli Alpini, www.cannero.it.

> **Blickfang Wasser: Rundtour von Cannobio über Ronco nach Formine und zurück**
>
> Von Cannobio kann man die Wanderung in Richtung auf die Schweizer Grenze mit einem Rundweg fortsetzen (11 km, 3 h). Die Route führt dann am Ortsende zunächst aus Cannobio wieder hinaus und über Darbedo in die Höhe nach Campeglio, wo sich Hin- und Rückweg trennen. Man wählt für den Hinweg die obere Route. Auf einem Maultierpfad geht es stetig bergauf. Man erreicht das Örtchen Cinzago, geht entlang der Markierungen durch das Labyrinth der Gassen, taucht wieder in den Kastanienwald und wandert weiter am Hang entlang zur romanischen Chiesa **San Bartolomeo in Montibus.** Von dort geht der Weg hinab nach **Formine,** dem Wendepunkt der Wanderung. Auf dem Rückweg passiert man das Künstlerdorf Ronco. Von da ist es nur noch ein Katzensprung zurück nach Campeglio.

Zwischen Cannobio und Traffiume sprudelt die **Fonte Acqua Carlina,** eine Quelle, die im Tal von San Carlo entspringt. Ab Mitte des 19. Jahrhunderts war ihr Wasser als Heilmittel bekannt, und es befand sich hier ein Thermalbad mit exklusivem Hotel. Heute ist das Gebiet, in dem sich die Quelle befindet, restauriert, und jedermann kann sich an dem leichten Mineralwasser bedienen. Zwischen Cannobio und Traffiume verkehrt der VCO-Bus Linie 16, www.vcotrasporti.it.

Unbedingt sehenswert ist die romanische **Chiesa San Gottardo** in **Carmine Superiore,** oberhalb der Uferstraße zwischen Cannobio und Cannero. Sie wurde im 14. Jahrhundert erbaut und besticht durch beeindruckende Gemälde und Fresken aus dem 15. und 16. Jahrhundert. Normalerweise ist sie geschlossen, aber die Innenausstattung ist zumindest teilweise durch ein großes Glasfenster sichtbar. Der Ausblick vom Vorplatz auf den See und die gegenüberliegenden Berge ist traumhaft.

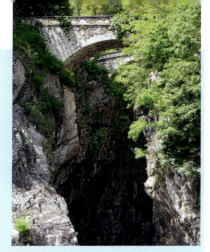

 Am Fluss entlang: Von Cannobio nach Traffiume

Eine schöne Tour führt von Cannobio am Flussufer der Cannobina entlang bis nach Traffiume und von dort weiter zum **Orrido di Sant'Anna** (8 km für die gesamte Rundroute). Dort bildet der Fluss unterhalb einer mittelalterlichen Brücke einen kleinen, malerischen See, in dem man baden kann. Im Sommer ist das allerdings ein begehrter Badeplatz! Zurück kann man wieder die gleiche Strecke laufen oder einen Rundweg um das Stadtzentrum herum wählen (vorbei an der **Fonte Acqua Carlina**). Auf dem im Tourismusbüro von Cannobio erhältlichen Stadtplan ist die gesamte Rundroute in Orange eingezeichnet.

Einkehr: im *Grotto Sant'Anna*. Im Sommer fährt täglich außer Montag von 18 bis 1 Uhr der Summer City Bus von Cannobio bis zum Orrido di Sant'Anna und zurück.

 Von Cannobio ins Valle Cannobina: Von Lunecco hinunter zum Fluss und hoch nach Crealla

Vom Parkplatz in Lunecco im Valle Cannobina gelangt man direkt hinter dem Ortseingang von Ponte Falmenta und unmittelbar hinter der Trattoria degli Operai schnell hinunter zum Fluss Cannobina mit kleinen Pools zum Baden. Auf diese Weise gestärkt, kann man die 1500 Treppenstufen hinauf in das zu Falmenta gehörende **Crealla** nehmen – das verlorene Dorf liegt auf 627 Meter Höhe und hat eine sehenswerte Kirche. Seit 2005 ist es – über Falmenta – auch mit dem Auto erreichbar. Von Cannobio kommt man mit dem Bus Linie 13 oder 14 im Valle Cannobina bis nach Falmenta (mit Halt in Ponte Cavaglio, Socraggio und Ponte Falmenta).

Einkehr: an der Straße hinter Traffiume *Grotto Al Mater*, Via Valle Cannobina. In Ponte Falmenta in der *Trattoria degli Operai* direkt an der Straße, dort wo es zum Fluss hinuntergeht, oder schon ein Stück vorher in Lunecco – ebenfalls an der Straße – in der *Trattoria da Ornella e Vinicio*. Die Wanderung hoch nach Crealla dauert etwa eine Stunde.

Route 2.2 Rundtour bei Oggebbio

Wasser im Überfluss: Bei Oggebbio

Oggebbio gibt es eigentlich gar nicht – oder aber gleich fünfzehnmal. Der Ortsname ist ein Sammelbegriff für fünfzehn kleine Dörfer, die sich entlang des Seeufers am Berghang über dem Lago Maggiore verstreuen und in denen insgesamt knapp tausend Menschen leben: Barbè, Resèga, Rancone, Cadessino, Mozzola, Quarcino, Gonte, Piazza, Dumera, Pieggio, Spasolo, Cadevecchio, Camogno, Novaglio und Travallino. Eine Traumpassage mit Traumausblicken auf den See führt von der Uferstraße hoch in diese von Wäldern umgebenen Dörfer mit ihren Palazzi, Palmen, üppigen Gärten und Kirchen, die zum Teil wahre Kunstschätze bergen. Überragt wird das Ganze im Hauptort Gonte vom Glockenturm der Chiesa San Pietro, dem höchsten Campanile am piemontesischen Ufer.

Quellen, Bäche und Wasserfälle

In Novaglio blickt die gut erhaltene romanische Chiesa Sant'Agata von einem Felsvorsprung auf den Lago Maggiore, das Dorf ist aber auch berühmt für seine Brunnen. Denn zum Reichtum von Oggebbio gehört das Wasser, das von Quellen, Bächen und Wasserfällen in die Weiler am Hang hinunterfließt. Bis heute sind viele Häuser – zusätzlich zur zentralen Versorgung – immer noch über alte Rohrleitungen an das aus der Höhe zulaufende Wasser angeschlossen. Und überall trifft man auf Brunnen, Zisternen und Waschhäuser. Zum Beispiel in Cadevecchio, wo neben Brunnen und Waschhaus noch die *briel-*

Blick auf Oggebbio

la, die Schöpfkelle der letzten Wäscherin, hängt und sich für einen Schluck frisches Wasser anbietet.

Dass das viele Wasser allerdings nicht nur Segen bringt, sondern auch Unheil, ist für die Bewohner dieser Hanglandschaft eine nur allzu vertraute Erfahrung. Immer wieder müssen Straßen gesperrt werden, weil Regenfälle die Bäche anschwellen lassen und eine *frana* auslösen, einen Erd- und Geröllrutsch. Oberhalb der Dörfer liegen die Alpen, auf die man einst im Sommer mit den Kühen zog und Käse produzierte. Diese temporären Siedlungen auf den Weiden waren durch Saumpfade miteinander verbunden, aus denen inzwischen attraktive Wanderwege geworden sind. Eine weitere Ressource war Anfang des 20. Jahrhunderts der Holzhandel. Die Stämme wurden nach Mozzola und Quarcino transportiert, auf Waggons geladen und als Brennstoff für Dampflokomotiven zum Bahnhof nach Verbania gebracht.

Einmaliger Kameliengarten

Die fünfzehn Weiler von Oggebbio haben durchweg Charme, auch oder gerade, weil in ihnen nicht alles luxuriös, durchkomponiert und schick gestylt ist. Ein paar prächtige historische Villen veredeln jedoch das Ambiente. Die Villa Anelli in Ufernähe verzaubert mit einer einmaligen Sammlung von mehr als 200 Kameliensorten in einem attraktiven privaten Park, den man im März und April besichtigen kann, wenn die Kamelien blühen – in tausend Farbschattierungen von Weiß bis Rot. Auch dieser pralle Garten profitiert vom Wasserreichtum der Region. In die direkt am Ufer gelegene Villa del Pascià, die heute mit ihrem Park in eine Apartment-Residenz umgewandelt ist, lud der einstige Besitzer, ein ägyptischer Würdenträger, unter anderem den Komponisten Giuseppe Verdi ein, der angeblich durch das arabische Flair zur 1871 uraufgeführten Oper *Aida* inspiriert worden sein soll. Später war in der Seeblickvilla der Maler und Bauhaus-Künstler Xanti Schawinsky zu Hause. Der jüdische Schweizer hatte zuvor in Berlin gelebt, war aber nach der Machtübernahme der Nationalsozialisten nach Italien emi-

Bei Oggebbio: ein schöner Rastplatz über dem Wasser

In der Wasserlandschaft...

griert und dort unter anderem als Grafiker für Illy Caffè, Cinzano und Olivetti tätig. Als Maler brachte er in seinen Bildern auch den Lago Maggiore mit seinem unvergleichlichen Leuchten auf die Leinwand.

Weg zum Wasser 2.2

Rundtour bei Oggebbio

Die Rundroute beginnt in **Novaglio,** das berühmt ist für seine Brunnen und die romanische Chiesa Sant'Agata in Panoramalage. Der erste Teil der Route, der grün ausgeschilderte Weg (Nr. 1), führt in Novaglio an mehreren Quellen und einem Waschhaus vorbei. Dort befand sich einst die antike Osteria ij fontan. Man passiert

... um Oggebbio

einen Wasserfall und setzt den ausgeschilderten Weg ein Stück bergab nach **Camogno** fort. Dort kann, wer will, einen Abstecher zum See einlegen: über einen etwas versteckt rechts abbiegenden Treppenweg an einen kleinen Kieselstrand bei der Villa Fiamma. Für den Weg hinunter braucht man knappe 10 Minuten. Alle anderen wandern weiter über die grüne Route auf einem flach verlaufenden, sehr schönen Höhenweg mit Panoramaausblicken auf den See und erreichen das kleine, dicht bebaute **Cadevecchio,** wo man wieder auf einen Brunnen und ein Waschhaus stößt, in dem noch Waschbrett und Schöpfkelle bereitstehen.

Weiter geht es nach **Pieggio,** wo sich bei der Chiesa San Rocco (mit römischem Zifferblatt) unterhalb einer fantastischen Panoramaterrasse ein Waschhaus aus dem Jahr 1888 befindet. Von Pieggio führt erneut ein möglicher Abstecher hinunter zum See, nach **Spasolo** und zur Villa Pascià. Man ist in Pieggio am tiefsten Punkt der Tour, und es geht nun über einen Treppenweg ein Stück hinauf

Über dem See bei Oggebbio – einer von mehreren Orten für Wassermeditation

nach **Travallino** zur Kirche, von dort in gleicher Richtung weiter (blaue Route Nr. 3) in den Hauptort **Gonte**. Rechts liegen ein Friedhof und eine Kirche mit einer gefallenen Soldaten gewidmeten Zypressenallee. In Gonte befindet sich auch die Villa Anelli mit ihrem wunderbaren Kameliengarten. Man läuft jetzt auf der hellgrünen Route (Nr. 4), die quer durch Gonte über die Piazzale Italia führt, vorbei an einem Café und einem Mini-Markt. Es geht weiter auf asphaltiertem Weg (dunkellila, Route Nr. 5) bis nach **Cadessino** und der im 15. Jahrhundert erbauten Cappella della Natività di Maria mit einem bemerkenswerten Freskenzyklus, von da noch ein Stück weiter in Richtung **Barbè**. Man bleibt dann aber – am nördlichsten Punkt der Route – auf dem ausgeschilderten Weg Nr. 5, es geht nun also nicht weiter geradeaus, sondern links hinauf nach **Rancone,** Dort trifft man auf eine von gelungen restaurierten Häusern umgebene kleine Piazza mit Ausblicken auf den See, der nun links liegt.

Hinter Rancone läuft man wieder geradeaus, jetzt erneut auf der hellgrünen Route (Nr. 4) in Richtung Quarcino. Der Weg führt durch Kastanienwald und entlang eines kleinen Bachs, zum Teil über Holzplanken, bis man die ersten Häuser von **Quarcino** erreicht, dort rechts auf die Straße abbiegt und dann den blauen Weg (Nr. 3) nach **Piazza** nimmt, das auf einer natürlichen Terrasse erbaut wurde und wo sich die Bewohner einst dem Weinanbau und der Schafzucht widmeten. Noch gut erhalten sind das alte steinerne Waschhaus mit einem Dach aus Pappeln, ein Brunnen aus der Mitte des 19. Jahrhunderts und eine kleine, der Madonna geweihte Kapelle aus dem Jahr 1886. Von Piazza läuft man auf einem Höhenweg weiter nach **Dumera,** zum höchstgelegenen Weiler von Oggebbio, ein schöner, alter Ort, wieder mit großartigem Rundblick auf den See.

Die blaue Wanderroute (Nr. 3) führt dann erneut durch Wald zur Kapelle Madonna di Bansc. Vor der Kapelle links beginnt der Abstieg, der am Anfang nicht ausgeschildert und beschwerlich ist, deshalb in keinem Fall bei Nässe gewählt werden sollte (stattdessen geht man am besten die gleiche Strecke wieder zurück). Er führt zurück Richtung Travallino und zur grünen Route Nr. 1, über die man noch vor Travallino wieder zum Ausgangspunkt **Novaglio** zurückkehrt, allerdings jetzt über den oberen Teil des Wegs.

Steckbrief und Service

Der Rundgang verbindet mehrere Wanderwege durch die Dörfer von Oggebbio und folgt dabei auch dem Weg des Wassers, das von den Quellen zu den Bächen, von den Wasserfällen zu den Brunnen und Waschhäusern fließt. Die angegebenen Nummern und Farben der Wege beziehen sich auf die bei der Gemeinde erhältliche Broschüre zu den Wanderwegen. Es handelt sich um eine lange, aber nicht besonders anstrengende Wanderung, eine Rundtour ohne allzu große Höhenunterschiede für alle Jahreszeiten. Sie führt durch kleine Dörfer, immer mit außergewöhnlichen Ausblicken auf den See und das gegenüberliegende Ufer. Die Wege sind gut begehbar, zwischendrin auch mal asphaltiert, manchmal führen sie ein paar Treppen hoch. Der letzte Abstieg ab der Kapelle Madonna di Bansc ist allerdings sehr beschwerlich. Will man ihn vermeiden, kehrt man an dieser Stelle auf der gleichen Route wieder zurück.

Strecke: 8 km

Wanderzeit: 3 h

An- und Rückreise: Den Startpunkt der Rundroute in Novaglio erreicht man, indem man – von Norden und der Schweizer Grenze kommend – von der Uferstraße SS 34 hoch nach Barbè abbiegt oder hinter dem Ristorante Lago die Abzweigung hoch nach Gonte nimmt. Dann gelangt man in der Höhe mit Panoramaausblicken bis nach Novaglio. Dort kann man das Auto auf einem Parkplatz abstellen.

Wanderkarten: Zur Orientierung sollte man sich unbedingt die Wanderkarte der Gemeinde Oggebbio mit neun miteinander kombinierbaren Routenbeschreibungen besorgen: *Percorsi pedonali alla scoperta di Oggebbio*, auch mit deutschen und englischen Übersetzungen. Sie ist beim Sitz der Gemeinde in Gonte an der Piazza Municipio 1 erhältlich. Die in der Karte verzeichneten Wege sind sehr gut ausgeschildert und gepflegt. Sie lassen sich auch einzeln begehen und anders als in der beschriebenen Route vorgeschlagen miteinander verbinden, sodass auch kürzere Spaziergänge und Rundtouren möglich sind. Außerdem: Geo4Map Nr. 115, Alto Verbano, 1:25 000.

Einkehren/Übernachten

Unterwegs im Hauptort **Gonte:** *Albergo/Ristorante Pizzeria Bel Soggiorno*, mit großer Terrasse; in einer restaurierten Villa mit großem Park über dem See das *Hotel Villa Margherita*, www.villa-margherita.it/de.

Strand: Vom Wanderweg aus kann man Abstecher zum See machen. Zum Beispiel führt in Camogno ein Treppenweg hinunter zu einem kleinen Strand.

Tipp: Fortsetzung bis Ghiffa. Von Novaglio kann man die Wanderung über das kleine Dorf Deccio bis zum sehr eindrucksvollen Sacro Monte von Ghiffa verlängern (4 km, 1 h 30). Einkehr: im *Ristorante La Trinità* beim Sacro Monte und in Ghiffa in der *Locanda A Sud* mit Terrasse und Seeblick, Corso Dante 149.

Tourismusbüro: Gemeinde Oggebbio, www.comune.oggebbio.vb.it.

An den Hängen von Oggebbio

🔵 Der **Hafen von Spasolo** unterhalb von Gonte war über Jahrhunderte ein geschäftiger Knotenpunkt, von dem aus man Menschen und Waren nach Verbania verschiffte und weiter nach Mailand transportierte. Aber nicht nur die stachen von hier in den See – auch Schmuggler benutzten den grenznahen Standort gern für ihre Zwecke. Links neben dem Hafen findet man auf einer schönen Rasenfläche einen Badeplatz.

📍 Die **Villa Anelli** in **Gonte** ist mit ihrer Sammlung von 200 Kamelienarten ein Hotspot für Blumenliebhaber, Gärtner und Wissenschaftler weltweit. An den Hang geschmiegt, sorgen Palmen, Bambushaine und Farne für ein tropisches und exotisch anmutendes Ambiente. Und dazwischen: Tausende von Kamelien in allen Farbschattierungen von Weiß bis Rot. Während der Blütezeit von Mitte März bis Mitte April kann der private Garten auf Verabredung unter kundiger Führung besichtigt werden.

Informationen: Via Vittorio Veneto 6, www.villa-anelli.it, acorneo@libero.it,
Tel. +39 347 830 13 68

Route 2.3 Rundtour von Trarego zum Wasserfall mit Madonna

Rund um Trarego Viggiona

Lässt man unten am Seeufer in Cannero Riviera die Palmen, die Azaleen und die Zitronenbäume hinter sich und kurvt über ein steiles Sträßchen in die Bergwelt ein paar Hundert Meter höher, gelangt man nach Trarego Viggiona. Eigentlich führt diese Fahrt – die wie stets verbunden ist mit einmaligen Ausblicken auf den Lago Maggiore – nicht nur zu einem, sondern zu drei verschiedenen Orten, die man aber im Jahr 1920 unter dem Doppelnamen Trarego Viggiona administrativ zusammengelegt hat. Viggiona liegt am Hang des Monte Carza auf einer windgeschützten Terrasse, von da geht es weiter nach Cheglio, bis man schließlich, nach nur wenigen Metern, das schöne und verwinkelte Trarego auf einer Höhe von knapp 800 Metern erreicht.

Sonnenplatz für Sommerresidenzen

Sofort fallen ein paar stattliche Häuser ins Auge. Sie sind geblieben aus einer Zeit vor mehr als hundert Jahren, als wohlhabende Mailänder das sonnenverwöhnte Trarego entdeckten und sich dort ihre Sommerresidenzen einrichteten. Daran erinnert auch das riesige geschlossene Hotel Miramonti, ein ziemlich heruntergekommener alter Palast mit verblichenem Namenszug an der Fassade. In den Zwanzigerjahren des letzten Jahrhunderts wurde das Hotel gebaut; seit den 1980er Jahren ist der Betrieb eingestellt.

Berühmt war auch das 1884 eröffnete Albergo Belvedere im Ortsteil Cheglio, damals eines der ersten großen Hotels, die Touren auf dem Rücken von Mauleseln anboten. Es gab sogar

einen Teesalon in einer alten Kastanie. Auch dieses Hotel wurde leider dem Verfall preisgegeben.

Aber nicht nur die Hotels verrotten, auch einige der alten Steinhäuser im Dorf sind von ihren Besitzern aufgegeben worden und teilweise in schlechtem Zustand. Aber manches Gebäude wurde auch edel restauriert. Denn viele Deutsche – unschwer zu erkennen an den einschlägigen Autokennzeichen – wissen die traumhafte Lage über dem See zu schätzen und haben sich hier oben Ferienhäuser gekauft und sie wieder instand gesetzt.

Schwarze Madonna

Dauerhaft leben in den drei Orten nur rund 400 Einwohner, und so sind es doch eher zurückgelassene Dörfer, in denen es außerhalb der Urlaubssaison nicht besonders lebendig zugeht. Auch vom Tourismus profitieren diese Ortschaften nur begrenzt. Einige Sommergäste kommen vom See hier heraufgefahren, um in der Kirche von Trarego einen Blick auf die schwarze Madonna zu werfen, die aus Holz geschnitzte Nera di Loreto. Es ist eine von nur dreien, die es in Italien noch gibt, nachdem im Mittelalter im Zuge der Hexenverbrennungen alle schwarzen Madonnen aus den Kirchen entfernt und zertrümmert wurden. Ansonsten kommen meist nur eilige Passanten vorbei. Und Radfahrer, die über die rund 50 Kilometer lange ehemalige Militärstraße, die *Via Panoramica*, den Passo Il Colle erklimmen und von da über Piancavallo weiter bis Verbania fahren – eine nicht gerade komfortable Bergstrecke, aber mit traumhafter Panoramasicht sicher eine der schönsten am Westufer des Lago Maggiore.

Kunstwerke aus Stahl und Marmor, Stein und Holz

Trotzdem hat Trarego kulturell einiges zu bieten und bezeichnet sich selbst gern als Künstlerdorf, wozu eine im Dorf ansässige, ursprünglich aus dem Rheingau stammende Deutsche einiges beigetragen hat. Elisabeth Gerster hat gemeinsam mit anderen Künstlern aus dem Ort eine Ausstellung initiiert, die seit 1999 jedes Jahr an Ostern in ihrem opulenten, mit ihren

Bei Trarego: Wälder, Lichtungen, vergessene Orte

Skulpturen, den »Windfrauen«, geschmückten Garten stattfindet. Seit 2008 wird dieses Ereignis noch um einen *Sentiero d'Arte* ergänzt. Dieser an der Casetta Elisabetta beginnende Rundweg führt in verschiedene Künstlerhäuser bis nach Cheglio und präsentiert Werke von Kunstschaffenden aus aller Welt – aus Stahl und Marmor, Stein und Holz.

Tosendes Wasserspektakel

Ganze 26 Wanderrouten soll es rund um Trarego Viggiona geben, zumindest findet sich diese Zahl in einem Prospekt des Tourismusbüros. Darunter ist ein Spaziergang zu einem Wasserfall, und der ist an heißen Sommertagen unter den vielen Routen vermutlich die richtige Wahl. Der Rio Piumesc stürzt sich aus einer Höhe von 60 Metern in freiem Fall in die Tiefe, ergießt sich Gischt verstäubend in Becken und setzt seinen Lauf in Kaskaden fort. Aus den vielen faszinierenden Wasserfällen rund um den Lago Maggiore sticht der von Trarego zudem durch eine Besonderheit hervor: Er wird nämlich von der Mutter Gottes beschützt. Tatsächlich hat jemand auf halber Sturzhöhe eine Madonna in eine seitliche Nische gestellt. Wer das war und wie auch immer er das getan hat – keiner weiß es.

Weg zum Wasser 2.3

Rundtour von Trarego zum Wasserfall mit Madonna

Start ist im Ortsteil **Trarego** beim Friedhof. Man nimmt die Dorfstraße auf die Kirche zu und passiert das geschlossene Hotel Miramonti auf der rechten Seite. Links liegt der Giardino d'Arte mit der **Casetta Elisabetta**. Es folgt die Chiesa San Martino, wo eine alte Telefonkabine steht, die heute als Büchertauschbörse dient. Der Via Passo Piazza durch den alten Dorfkern folgend, kommt man an der Post, am Rathaus und am Albergo La Perla vorbei und

Wasserfall
Rio Piumesc –
Erfrischung aus
60 Meter Höhe

folgt dann weiter geradeaus dem ausgeschilderten Weg zum Rio Piumesc. Hinter dem Dorf kommt eine Weggabelung, an der man links abbiegt, dem Schild zur Gedenkstätte Martiri della Resistenza folgend. Jetzt stößt man auf eine alte Steinbrücke, die den **Rio Pumesc** quert und wo man sich in einer kleinen Gumpe erfrischen kann. Der Bach soll früher mehrere Getreidemühlen betrieben haben.

Dahinter führt der stufig gepflasterte Pfad im Zickzack immer tiefer – mit Ausblick auf den Lago Maggiore und das Dorf Oggiogno. Man gelangt an eine ausgeschilderte Abzweigung nach rechts zur Gedenkstätte für die Martiri della Resistenza (der Abstecher dauert 5 min). Hier finden sich die Gräber von neun Partisanen, die im Februar 1945 an diesem Ort von faschistischen Milizen ermordet wurden. Zurück auf dem Hauptweg geht es weiter etwas abschüssig durch den Wald, bis schließlich die Dächer des Bauernhofs von **Promè** auftauchen. Der früher ständig bewohnte

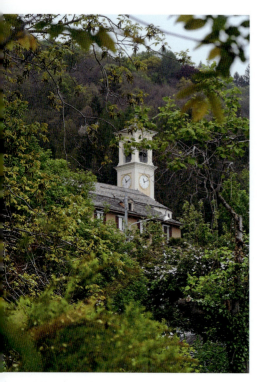

Die Kirche von Trarego

Weiler ist vom Wald eingewachsen und soll noch eine jugendpädagogische Einrichtung beherbergen, wirkt aber ganz verlassen. Dort nimmt man an der ersten kleinen Hütte den Pfad nach links und folgt dem weitgehend flachen Weg, der sich am Hang entlang durch den Wald schlängelt.

Der Lago Maggiore liegt nun rechts, und man hört schon den Wasserfall, der auch bald erreicht ist. Links stürzt sich der Rio Piumesc aus der Höhe von 60 Metern in die Tiefe. Hat man ihn über eine kleine Brücke gequert, geht es dahinter noch kurz bergan, bis man auf ein großes freies Wiesengelände kommt, das als Picknickplatz gut geeignet ist.

Der Weg verläuft nun mitten durch die Wiese unterhalb des Siedlungsrands von Trarego und schließlich über die Via di Oggiogno in das Dorf hinein. Von rechts stößt der Wanderweg Nr. 10 von Cannero und Oggiogno kommend auf die Route. Dahinter nimmt man nun linker Hand eine der Gassen, zum Beispiel die Via A. Tarella, die schließlich über die Via Principale zurück zur Kirche im Ortszentrum von **Trarego** führen. Der Ausgangspunkt mit dem Parkplatz am Friedhof ist bald erreicht.

Steckbrief und Service

Die abwechslungsreiche Rundtour mit Seeblicken weist keine besonderen Schwierigkeiten auf, bietet unterwegs Erfrischung in einer Gumpe und führt zu einem imposanten Wasserfall. Wegen der zum Teil steinigen Pfade sollte man trittsicher sein.

Strecke: 3 km (ohne Abstecher)
Wanderzeit: 1 h 15
An- und Rückreise: Aus der Ortsmitte von Cannero Riviera führt eine Straße hoch nach Trarego Viggiona. Für die Tour lässt man das Auto am besten nach der Einfahrt in den Ortsteil Trarego beim Friedhof stehen. Dort gibt es rechts von der Straße ausreichend Parkplätze.
Bus: Zwischen Cannero und Trarego verkehrt (von Cannobio kommend) die VCO-Linie 15, www.vcotrasporti.it.

Wanderkarten: Kompass Nr. 90, Lago Maggiore, Lago di Varese, 1:50 000. Kompass Nr. 97, Varallo, Verbania, Lago d'Orta, 1:50 000. Geo4Map Nr. 115, Alto Verbano, 1:25 000.

Einkehren/Übernachten
In **Viggiona** das *Ristorante Usignolo* mit Seesichtterrasse und nicht weit entfernt das *Ristorante Luna*.
In **Trarego:** *Albergo La Perla*, www.laperlatrarego.it.

Baden: Gelegenheit zur Abkühlung bietet am Anfang des Wegs eine Gumpe bei der Steinbrücke.

Tipp: Der *Sentiero d'Arte* findet jedes Jahr an Ostern statt. 25 Kunstinstallationen in den zu neuem Leben erwachten Berghäusern laden zur Werkschau mit vielen Künstlern ein. Nach Vorankündigung sind die Künstlerhäuser auch in der übrigen Zeit des Jahres geöffnet. Informationen: www.sentierodartetrarego.it. Der **Künstlergarten der Casetta Elisabetta** ist von April bis Oktober von 10 bis 18 Uhr geöffnet, www.casetta-elisabetta.de.

Tourismusbüro: Associazione Turistica Pro Loco in Trarego, www.traregochelgioviggiona.it.

Route 2.3 Rundtour von Trarego zum Wasserfall mit Madonna

Umgebung von Oggebbio – feuchtes, mildes Klima für mediterrane Pflanzen

Blickfang Wasser: Rundweg von Cannero über Oggiogno nach Trarego und zurück

Wenn man von Intra kommt, führt in Cannero Riviera vor der Brücke über den Rio di Cannero ein Saumpfad mit der Bezeichnung Nr. 10 steil nach oben, nach Oggiogno und Trarego. In **Oggiogno** gibt es große Palazzi, verwinkelte Gässchen und einen herrlichen Blick auf den See und die **Castelli di Cannero.** Man folgt nun weiter der Nr. 10, vorbei an einem Trinkwasserbrunnen und durch schattigen Kastanienwald – erneut steil – bis nach Trarego. Von dort nimmt man den gleichen Weg wieder zurück (mit Rückweg rund 3 h 30).

Erfrischung an heißen Tagen: Auf dem Wanderweg von Trarego zum Wasserfall kommt man hinter dem Ortsausgang an einer Steinbrücke über den **Rio Piumesc** vorbei. Nur ein paar Schritte sind es hier zum Bad in einer kleinen Gumpe.

Auf dem **Monte Carza** (1116 m) bei Trarego wurde gerade die erste Maxi Bench am Lago Maggiore aufgestellt. Die knallgelbe Riesenbank ist die Nummer 138 des Maxi Bench Community Project des amerikanischen Designers Chris Bangle und gesellt sich zu den bunten Exemplaren, die der Künstler bisher im Piemont über die Langhe und das Monferrato verteilt hat. Der Ausblick von der übergroßen Bank auf den See ist grandios.

Die Nessies im Lago Maggiore
Fabelwesen im Monstersee

Die Schlange von Baveno

Am 23. Juni 1948 berichtet die katholische Wochenzeitung *L'Ordine* aus Como von einem seltsamen Fisch im Lago Maggiore. Mit riesigem Kopf, schmutzig grünen Augen und vielen bogenförmigen Stacheln auf dem Rücken habe ihn ein Fischer an den Haken genommen. Solche Gerüchte sind nichts Neues am See. Schon der römische Autor Plinius hat in seinen Schriften einen mysteriösen Fisch »mit sehr spitzen, Schuhnägeln vergleichbaren Schuppen« erwähnt, der im Lago Maggiore ausschließlich Ende April und Anfang Mai vorkomme. Zwei Jahrtausende später machen immer noch Geschichten von Seeungeheuern die Runde. Eines Abends, so ein Fischer aus Meina, sei sein Boot unter Wasser von etwas Riesigem angegriffen worden. Er habe die Ruhe bewahrt, es mit seinem Ruder bekämpft und das Monster abwehren können.

Solche bizarren Lebewesen aus dem Lago Maggiore finden Eingang in den krypto-zoologischen Klassiker *Kompendium der Süßwasserungeheuer der Welt*. Laut Wikipedia befasst sich die umstrittene Wissenschaft mit Tieren, für deren Existenz es nur zweifelhafte Belege gibt wie Folklore, Legenden, Augenzeugenberichte, Fußspuren oder – meist verschwommene – Fotos oder Filme. Kryptozoologen vermuten, dass Berichte über Tiere, die normalerweise den Fabelwesen zugeordnet werden, von noch unentdeckten Tierarten handeln. Ein Seeungeheuer steht seit 1985 auch an der Uferpromenade von Baveno: eine riesige, 20 Meter lange Seeschlange aus Marmor. Neben einem Kinderspielplatz ragt ihr langer Hals mit einem kleinen Kopf aus der Erde und in rund 40 Meter Entfernung dann der etwa eineinhalb Meter spitze Schlangenschwanz aus dem Rasen.

Rund um Verbania

Eine Flusspassage entlang des Rio San Bernardino, rund um den Lago di Mergozzo und unterwegs zur Drachenbrücke

Route 3.1 Cossogno – Miunchio – Ponte Casletto

Mehr Licht! Rund um den Rio San Bernardino bei Verbania

Man nannte ihn den *Signore della Valle*. Mit Valle ist der italienische Nationalpark Val Grande gemeint, der sich zwischen Domodossola im Westen, Verbania im Süden und dem Val Vigezzo im Norden erstreckt – das größte Wildnisgebiet Italiens und seit 1992 ein Nationalpark. Und der Signore ist Karl Konrad Sutermeister, genannt Carlo, ein 1847 geborener Schweizer Ingenieur, der 1860 nach Intra ausgewandert war und dort vielfältige unternehmerische Aktivitäten entfaltete – ein wahrer Tausendsassa und ein Universalgenie. Sutermeister betrieb zuerst eine Baumwollspinnerei, beteiligte sich dann an der Gründung der Banca Popolare di Intra und gründete 1890 auch noch ein Schifffahrtsunternehmen.

Mit Intra lag der umtriebige Unternehmer genau richtig, denn das Städtchen galt schon zu Beginn des 19. Jahrhunderts als kleines »Manchester des Lago Maggiore«. Seinen Namen verdankt es der Lage *intra flumina*, denn das heutige Verbania, ein Zusammenschluss der Gemeinden Intra und Pallanza, wird von den beiden Bächen San Bernardino und San Giovanni umspült. Dass Intra ein industrielles Epizentrum am Lago Maggiore wurde, verdankt es auch diesen reißenden Wasserläufen des Val Grande. Die Baumwollindustrie florierte hier, auch die Papier- und Glasindustrie sowie Gießereien und die Gerberei. Mit der Industrialisierung erreicht die Nachfrage nach dem natürlichen Energieträger gegen Ende des 19. Jahrhunderts einen Höhepunkt. Und nicht nur das Wasser, auch das dringend

Rio San Bernardino

Im Tal rauscht das Wasser ...

benötigte Bau- und Brennmaterial kommt aus dem Val Grande. Das war im Übrigen schon seit Jahrhunderten so. Mit dem Holz aus dem wilden Valle wurde der Großraum Mailand versorgt, zum Beispiel für den Bau des Mailänder Doms.

Grünes Gold

In das Geschäft mit dem grünen Gold stieg auch Carlo Sutermeister ein. Waren die Holzstämme bis dahin über den Rio Pogallo und im weiteren Verlauf über den San Bernardino aus dem Val Grande zum Lago Maggiore hinuntergeflößt worden, ließ der findige Schweizer Unternehmer die ersten mit Elektromotoren betriebenen Transportseilbahnen in den Fluss bauen. Das Dorf Pogallo, in dem die Holzarbeiter im Val Grande lebten, war ebenfalls elektrifiziert. Sutermeister hatte zu diesem Zweck ein kleines Kraftwerk gebaut. Denn die Stromerzeugung war eine weitere Spezialität des Schweizers. In Cossogno am Bernar-

... und ein erfrischender Brunnen in Miunchio

dino-Fluss baute er 1892 das erste Wasserkraftwerk Italiens, das Intra und Pallanza mit Strom versorgte und damit zu den ersten beleuchteten Städten in Italien machte.

Die *Strada Sutermeister*

In Pogallo, heute nicht mehr als eine Ansammlung einiger verfallener Steinhäuser, lebten damals Hunderte Arbeiter, es gab mehrere Wirtshäuser, eine Arztpraxis, eine Schule und sogar eine Polizeistation. Angeblich herrschte Goldgräberstimmung. Damit die Arbeiter von Cicogna, dem inzwischen einzigen, allerdings spärlich bewohnten Dorf und Eingangstor in die Wildnis des Val Grande, nach Pogallo kamen, ließ Carlo Sutermeister einen Plattenweg anlegen. Die *Strada Sutermeister* ist heute ein großartiger Wanderweg über dem Fluss.

Wasserkraft liefern der Rio Pogallo und der Rio San Bernardino noch immer. Drei Wasserkraftwerke sind in Betrieb, das

Auf gedeckten Wasserkanälen am Rio San Bernardino entlang

größte – von der italienischen Elektrizitätsgesellschaft ENEL betrieben – wurde 1935 in Rovegro gebaut und 1984 vollständig automatisiert. Die Entnahmestelle befindet sich auf halbem Weg nach Cicogna oberhalb des Ponte Casletto, wo ein Wasserkanal abzweigt, der parallel zur Straße bis nach Rovegro verläuft. Größere Pläne hat die ENEL ad acta gelegt. Um 1985 plante sie den Bau von zwei großen Stauseen, einen am Rio Pogallo und einen am Rio Valgrande, deren Wasser durch einen Tunnel und eine Druckleitung zu einem Kraftwerk bei Mergozzo gelangen sollte. Eine Variante sah sogar den Bau eines unterirdischen Stausees vor.

Schon Carlo Sutermeister – wie kann es auch anders sein – hatte 1896 ein ähnliches Projekt erdacht. Ausnahmsweise setzte er dieses nicht um. Die alten Transportanlagen des Schweizers am Rio Pogallo überlebten ihn noch eine Weile. Erst in den Sechzigerjahren des 20. Jahrhunderts, als sich das billigere Importholz durchsetzte, wurden sie abgebaut. Die Ruine seines Direktionsgebäudes in Pogallo steht noch immer.

Weg zum Wasser 3.1

Von Cossogno über Miunchio zum Ponte Casletto

Vom Parkplatz an der Kirche in **Cossogno** nimmt man am Ristorante A Casa di Luca den ausgeschilderten Weg, der zum **Oratorio Inoca** führt. Über einen steinigen Pfad mit zahlreichen Bildstöcken gelangt man zu dieser Wallfahrtskirche und könnte dort auf der Wiese und an den Steintischen schon ein frühes Picknick einlegen. Bei einer Büste zum Gedenken an ein Mitglied der *Alpini*, der italienischen Gebirgsjäger, geht rechts von der Wiese ein kurzer, sehr schmaler Pfad nach oben und mündet dort in ein asphaltiertes Sträßchen. Nach weiteren 200 Metern geht es wieder links ab auf einen schönen Plattenweg, der nun oberhalb des San Bernardino durch Kastanien- und Mischwald führt, mal licht, mal schattig, bis zur ersten Zwischenstation, dem malerischen und fast verlassenen Miunchio. Der Weg dorthin ist sehr abwechslungsreich; links fällt der Hang zum Fluss steil ab, man hört ihn, sieht ihn aber nicht. Es geht vorbei an einer kleinen Kapelle, danach an einem Wasserfall. Dahinter kommt eine Steinbrücke, an der die Wanderroute weiter geradeaus zum Ponte Casletto führt.

Bevor man den Weg dorthin fortsetzt, sollte man hier unbedingt den kurzen Abstecher über den Weg rechts hoch nach **Miunchio** machen – ein traumhafter Platz auf etwas über 500 Metern, ein Kreis von kleinen, alten Steinhäusern, fast alle aufgegeben, in der Mitte ein Brunnen von 1913 und daneben eine Wanne, groß genug, um ein Bad darin zu nehmen. Und beim Picknick an diesem wunderbaren Ort blickt man auf den Lago Maggiore in der Ferne!

In Miunchio kann man noch einen Abstecher hoch nach **Nolezzo** (757 m) machen. Dafür geht man am Brunnen rechts und nimmt den ausgeschilderten Weg, auf dem man später auch wieder nach Miunchio zurückkehrt. Von Nolezza aus bietet sich ein unvergleichliches Panorama, das von den Bergen des Val Grande bis zu den Seen von Varese reicht (Hinweg rund 30 min).

Oben der Ponte Casletto – unten der Canyon

Zurück in Miunchio, schlägt man zum Ponte Casletto hinter der zuvor schon passierten Steinbrücke den Weg abwärts ins Tal und hinunter zum Fluss ein. Ein Felsrutsch an einer Stelle ist überbrückt und kein Problem. Schließlich kommt man zu einer alten Steinbrücke und von dort zum **Ponte Casletto,** einer grün schimmernden Stahlbrücke. Über sie (nur für Schwindelfreie!) gelangt man auf die andere Flussseite zur Autobrücke an der Straße nach Cicogna. Unterhalb verläuft die begehbare Trasse der Wasserleitung der ENEL zum Kraftwerk nach Rovegro – eine ziemlich spektakuläre Wasserinstallation. Einige Wanderer benutzen diese ENEL-Trasse als Rückweg, legal sollte man die Route zurück aber über die sehr wenig befahrene schmale Straße nach **Rovegro** nehmen. Dort angekommen, folgt man beim Circolo dem markierten Weg nach Cossogno, zunächst am Friedhof von Rovegro vorbei auf einem alten Treppenweg zum Ponte Romano, der den San Bernardino überquert – auch ein schöner Platz! Von da führt der Weg hoch und zurück nach **Cossogno,** dem Ausgangspunkt der Wanderung.

Steckbrief und Service

Einfache, gut ausgeschilderte Rundtour in einer wilden Flusslandschaft nahe beim Val Grande. Sie weist keine großen Höhenunterschiede auf und ist nicht sehr fordernd, aber trittsicher sollte man sein, denn der Hang fällt seitlich ins Flusstal ziemlich schroff und oft ungeschützt ab. Im Winter, wenn der Boden schneebedeckt oder gefroren ist, sollte man die Wanderung nicht unternehmen. Die Stahlbrücke Ponte Casletto ist nur für Schwindelfreie geeignet! (Alternativ kann man ein Stück weiter die Autobrücke nehmen.) Der Rückweg führt über dieselbe Route zurück oder entlang der wenig befahrenen Straße auf der anderen Uferseite.

Strecke: 6 km (bis zum Ponte Casletto), die ganze Rundtour 15 km

Wanderzeit: 2 h (zum Ponte Casletto), die ganze Rundtour 4–5 h

An- und Rückreise: Mit dem Auto nimmt man von Verbania/Intra die Strada Provinciale 60 über Unchio nach Cossogno (ca. 10 km) und parkt auf dem großen Parkplatz an der Kirche.
Bus: Es gibt einen Bus von Verbania nach Cossogno, der aber nur einmal am Tag fährt.

Wanderkarten: Kompass Nr. 97, Varallo, Verbania, Lago d'Orta, 1:50 000. Geo4Map Nr. 115, Alto Verbano, 1:25 000.

Einkehren/Übernachten
Am Start/Ziel der Wanderung in **Cossogno:** *Ristorante Donna Francesca* (Antica Osteria), Piazza Vittorio Emanuele II.
In der Umgebung: **Verbania:** *Osteria del Castello*, Piazza Castello 9, und hervorragender Lebensmittelladen: *La Casera di Buratti*, Piazza Ranzoni 19.
Unterkunft in **Pallanza:** die wunderbare *Villa Azalea* zusammen mit der *Villa della Quercia* in einem großartigen Park, Salita San Remigio 4, www.albergovillaazalea.com. Schöne Einkehr im Park eines architektonischen Highlights am Seeufer: *Villa Giulia*, Corso Zanitello 8. Oberhalb von Pallanza: *Agriturismo Il Monterosso*, www.ilmonterosso.it.
Unterkunft in **Caprezzo:** Apartments in der alten *Villa Boffa*, mit Seeblick und Pool, www.villa-boffa.de.
In **Bee bei Verbania:** *Locanda Chi Ginn*, Via Maggiore 21.

Baden: Auf der Strecke zum Ponte Casletto kann man sich am Fluss erfrischen, am Ende der Wanderung auch beim Ponte Romano.

Markt: Samstags ist Markt in Intra, freitags in Pallanza.

Tourismusbüro
Info Val Grande, www.parcovalgrande.it; Tourist-Info Verbania, Corso Zanitello 6/8, www.verbania-turismo.it.

Panoramaperspektive von der Cima di Morissolo

Bei **Cossogno** befindet sich die ehemalige **Centrale Idroelettrica Sutermeister.** Um dort hinzukommen, nimmt man von der Ortsmitte die Via Papa Giovanni XXIII und gelangt dann auf die Via Sutermeister, der man steil hinunter zum Fluss folgt, bis man auf die heute noch in Betrieb und in Besitz der in Pallanza ansässigen Firma Cotonificio Verbanese befindliche Zentrale stößt (Hinweg dorthin 10 min). Sie nutzt das Wasser des San-Bernardino-Flusses über einen etwa anderthalb Kilometer langen Kanal und einen 35 Meter hohen Wasserfall. Die Energie wird an die italienische Elektrizitätsgesellschaft ENEL geliefert. Wenn man der Asphaltstraße noch ein ganzes Stück weiter folgt, liegt nicht allzu weit entfernt, umgeben von Wald, das kleine **Kraftwerk Ramolino.** Es wird seit 1992 in privater Initiative von der in Legnana ansässigen Gianazza Angelo S. p. A. betrieben und liefert ebenfalls an die ENEL. Wenn der engagierte Besitzer anwesend ist, kann man sich die Anlage zeigen lassen.

Die an der Wanderroute gelegene kleine Kirche von Inoca, das **Oratorio di Inoca,** wurde in der ersten Hälfte des 17. Jahrhunderts auf einer früheren Kapelle errichtet. Neben dem Oratorium befindet sich die **Casa dei banditi,** die während der Pestepidemien als Lazarett diente.

Blickfang Wasser: Von Piancavallo zur Cima di Morissolo

Die Cima di Morissolo (1311 m) ist einer der großartigsten Aussichtspunkte über dem Lago Maggiore, da man von dort den gesamten See überblickt. Außerdem trifft man hier auf Befestigungsanlagen der **Cadorna-Linie,** ein imposantes Bauwerk, das während des Ersten Weltkriegs zum Schutz der Grenze zur Schweiz errichtet wurde, aber ungenutzt blieb (es handelt sich um mehrere begehbare und beleuchtete Tunnelanlagen, trotzdem empfiehlt es sich, für alle Fälle ein Handy mit Taschenlampe mitzunehmen).

Man erreicht die Cima di Morissolo von **Piancavallo** (1247 m) aus. Dorthin kommt man von Verbania auf einer Route, die über Premeno hochführt. Man parkt dann beim einsam über dem See gelegenen Krankenhaus, dem Istituto Auxologico, und nimmt den Weg über eine alte breite Militärstraße – immer mit großartigem Seeblick auf den Lago Maggiore, der sich aus der Höhe fast wie ein sehr breiter, sich durch die Landschaft schlängelnder Fluss ausnimmt. Kurz bevor man die **Cima di Morissolo** erreicht, geht es (hinter einer großen Wanne mit nicht trinkbarem Wasser) an einer Gabelung nach rechts direkt zu den Festungsanlagen, mehrere zum Teil verzweigte Tunnel mit Blickpunkten auf den See, die man unbedingt besichtigen sollte. Links an dieser Gabelung führt ein kurzer Pfad etwas kraxelig hinauf zum Gipfel (rund 15 min). Von dort geht ein ebenfalls kraxeliger Weg 70 Meter tiefer zum Aussichtspunkt **drei Kreuze (tre croci).**

Die einfache und attraktive Strecke von Piancavallo bis zur Cima ist, abgesehen vom letzten Anstieg, praktisch flach. Man braucht dafür etwa 45 Minuten und geht den gleichen Weg wieder zurück. Alternativ kann man an der Gabelung zur Cima den dort ausgeschilderten Weg nach **Colle** einschlagen (wo sonntags auf der Alpe ein origineller Büchermarkt stattfindet) und gelangt dann von dort über einen längeren, schönen Rundweg um den Berg herum wieder zurück nach Piancavallo.

Einkehr beim Krankenhaus: *La Baita.* Unterkunft auf dem Weg hinauf: in **Premeno** historisches *Hotel Vittoria*, in **Manegra** *Hotel La Dislocanda*. Der VCO-Bus Linie 4 fährt von Verbania nach Piancavallo zum Krankenhaus und zurück, www.vcotrasporti.it.

Route 3.2 Rundtour um den Lago di Mergozzo

Spur der Steine: Der Lago di Mergozzo

Ein Aussichtspunkt ist auf Italienisch ein *Belvedere*, und was man von einem solchen im Dorf Montorfano aus der Höhe zu sehen bekommt, ist ohne Zweifel schön anzusehen – und außerdem noch aufschlussreich. Unten im Tal die Mündung des Toce in den Lago Maggiore, der sich riesig und unverschämt blau gen Süden erstreckt. Und da ist noch ein kleiner See, rundlich und von dem großen nur durch einen schmalen Streifen Land getrennt: der Lago di Mergozzo. Ursprünglich war er mit dem Lago Maggiore verbunden, bildete eine kleine Bucht im Nordwesten des Borromäischen Golfs. Mittelalterliche Dokumente sprechen vom *Sinus Mergotianus*, dem Mergozzo-Arm des Lago Maggiore. Weil aber mit den Fluten des Toce Erde und Geröll aus den Alpen ins Tal geschwemmt wurde, entstand nach und nach ein Damm, der ab dem 15. Jahrhundert den Lago di Mergozzo ganz vom Lago Maggiore abtrennte. Die beiden Gewässer sind heute nur durch einen etwa 3 Kilometer langen Kanal miteinander verbunden.

Ganz und gar beschaulich

Die neu gewonnene Selbstständigkeit hat Vorteile: Der Lago di Mergozzo ist deutlich wärmer als der große Stammsee und zudem einer der saubersten in Italien. Alles ist hier ein bisschen maßvoller und genügsamer, es gibt keine schnittigen Jachten, keine Jetskis und keine über die Wellen rasenden Wasserskifahrer, denn Motorboote sind verboten. Auf dem keine 3 Kilometer langen Gewässer wird nur gerudert, gepaddelt und gesegelt, gern auch geangelt. Der einzige Uferort hat nichts

Mondänes, Mergozzo ist ganz und gar beschaulich. Auf den Terrassen an der Seepromenade trinkt man entspannt seinen Espresso, im Hafen haben Ruder- und kleine Segelboote festgemacht, und nur wenige Meter vom Ufer entfernt zieht eine 400 Jahre alte knorrige Ulme die Blicke auf sich, in deren hohlem Stamm sich die Sommerfrischler gern ablichten lassen. Mergozzo lag früher an einem wichtigen Handelsweg, der aus dem Schweizer Wallis über den Simplonpass nach Norditalien führte, was dem Dorf einen gewissen Wohlstand brachte, von dem noch heute in den Gassen etwas zu spüren ist.

Granit und Marmor

Rund um den Lago di Mergozzo breitet sich Bergland aus. Über dem Schwemmgebiet des Toce ragt der knapp 800 Meter hohe Mont'Orfano auf, wo auf halber Höhe das gleichnamige Dorf liegt, in dem sich der schon erwähnte Belvedere befindet. Gegenüber erheben sich die ersten Ausläufer des wilden Naturparks Val Grande. Auf beiden Seiten sind die Hänge über dem Fluss flankiert von Steinbrüchen. Der Mont'Orfano ist ein gezeichneter Berg: Der intensive Abbau weißen Granits – im Jahr 1830 waren sage und schreibe 39 Steinbrüche aktiv – hat seit dem Mittelalter unübersehbar tiefe Wunden in seine Flanken geschlagen. Die Steinmetze und Steinhauer, die den Granit aus dem Berg holten, wurden schon als Kinder an die harte Arbeit herangeführt und fristeten ein karges und entbehrungsreiches Leben. Es verwundert daher nicht, dass ihre Lebenserwartung durchschnittlich bei nur 55 Jahren lag.

Marmor für den Dom in Mailand

Eines der größten technischen Probleme war das Schneiden des Steins. Hatte man in der Antike noch Eichenkeile in die Risse im Gestein gesteckt und sie mit Wasser getränkt, sodass sie sich ausdehnten und dadurch größere Granitblöcke absprengten, begann man gegen Ende des 18. Jahrhunderts mit Schwarzpulver zu sprengen. Ab der Mitte des 19. Jahrhunderts hielten das Schneiden mit Spiraldrähten und das mechanische Sägen

Mergozzo – ein Seeidyll

Einzug in die Steinbrüche. Für den Transport ins Tal setzte man früher Schlitten ein, die von Seilen gehalten wurden und über mit Bruchsteinen gepflasterte Wege ins Tal glitten. Unten angekommen, ging es für den Weitertransport auf die Wasserwege: den Toce, den Lago di Mergozzo, den Lago Maggiore und schließlich – auf Mailand zu – auf den Ticino und seine Kanäle in der Po-Ebene.

Blickt man hinüber auf die Hänge des Val Grande, fällt in der Höhe ein Kran ins Auge, der Teil eines heute noch aktiven und sehr bedeutsamen Steinbruchs ist. Von dort, aus dem zu Mergozzo gehörenden Ortsteil Candoglia, kam nämlich einst der Marmor für den Bau des Mailänder Doms. Und noch heute lässt die Veneranda Fabbrica del Duomo, die Dombauhütte, den Candoglia-Marmor in diesem Steinbruch abbauen und ihre Steinmetze in einer dort oben gelegenen Werkstatt daraus Skulpturen anfertigen, die beschädigte Elemente am Dom ersetzen.

Imposante Wasserlandschaft von oben

Am Mont'Orfano wurde zwar kein Marmor gebrochen, aber auch der weiße Granit hatte seinen Wert. Ersteigt man vom Dorf aus den Berg, passiert man einige – inzwischen meist aufgegebene – Steinbrüche. Zwischen bemoosten Trockenmauern geht es durch Kastanien- und Kiefernwald steil bergauf. Unterwegs fällt eine lange Rutsche aus riesigen Felsblöcken ins Auge, die dazu benutzt wurde, die abgebauten Blöcke hinunter zum Fluss zu transportieren. Oben auf dem Berg angekommen, wird man für den anstrengenden Aufstieg erneut mit einem Belvedere belohnt. Und jetzt hat sich noch ein dritter See zu der imposanten Wasserlandschaft des Lago Maggiore und des Lago di Mergozzo ins Blickfeld gesellt: der Lago d'Orta mit der poetischen Isola San Giulio in seiner Mitte.

Am Lago di Mergozzo: Wasser und Steine – lokale Ressourcen

Weg zum Wasser 3.2

Rundtour um den Lago di Mergozzo

Man startet in **Verbania Fondotoce** am Infopoint der Associazione Terre Alte Laghi (www.terrealtelaghi.it, mit zahlreichen Regionalinformationen). Dort in der Nähe befindet sich hinter einer Brücke auch der Parco della Memoria e della Pace, der mit einem hohen Kreuz und einer Gedenkmauer mit 1250 eingravierten Namen an die von den Nazionalsozialisten und Faschisten in der Region von Verbania ermordeten Widerstandskämpfer erinnert. An der Stelle des Memorials wurden am 20. Juni 1944 43 gefangene Partisanen hingerichtet.

Die Wanderroute geht jedoch schon vor der Brücke links ab und dann am Bach entlang in ein Waldstück hinein. Linker Hand passiert man ein großes Grundstück, auf dem ein BMX-Park entsteht. Am folgenden Campingplatz Continental Lido geht es weiter geradeaus bis zum Ristorante Raggi di Luna, dort rechts über die Brücke auf die Straße nach Mergozzo, der man auf dem Fahrradweg bis zum Campingplatz La Quiete folgt. Jetzt muss man ein kleines Stück die Straße zurücklaufen, um auf deren rechter Seite (in Richtung Mergozzo gesehen) den kleinen Waldweg steil nach oben zu nehmen, bis man auf den Höhenweg *Sentiero Azzurro* trifft und links in ihn einbiegt. Man folgt jetzt immer dem schmalen Pfad, mal aufwärts, mal abwärts, kleine Bäche querend und mit Blick auf den links liegenden See. Hinter einem Bambuswald bildet ein Bach eine Gumpe, danach geht es über gestufte steinige Wege ein Stück bergab bis zu einem Aussichtspunkt mit Holzbank. Danach nähert man sich weiter bergab **Mergozzo** und gelangt schließlich auf die Uferstraße, wo es einen Strand gibt, an dem man eine Badepause einlegen kann.

Am Ende der Uferpromenade vor der Birreria Freelance geht es nun rechts zunächst die Straße ein paar Meter hoch, aber gleich nach links in die Via C. Nostrani und noch einmal nach links auf den Pflasterweg Via Montorfano. Dann folgt man weiter nach links der Ausschilderung *Sentiero Azzurro*, der jetzt aber auf der

Auf dem Weg von Mergozzo nach Montorfano

anderen Seite des Sees verläuft. Es geht nun meistens flach auf einem Plattenweg durch den Wald, erkennbar ein ehemaliger Arbeitsweg der Steinbrucharbeiter. Man passiert einen Wasserfall und einen Brunnen, unten fährt die Eisenbahn von Domodossola kommend in Richtung Mailand. Schließlich trifft man auf die Straße, wo man sich nach rechts wenden sollte, um einen Abstecher in das Dorf **Montorfano** zu machen (Hinweg bis dorthin 10 min). Folgt man in dem beschaulichen Ort dem Weg an der schönen Chiesa San Giovanni Battista vorbei, kommt links eine Abzweigung zu einem Belvedere, einem Aussichtspunkt, der einen wirklich außergewöhnlichen Blick auf den Lago Maggiore und die Mündung des Toce bietet und wo eine Informationstafel von der Entstehung des Lago di Mergozzo berichtet.

Um die Rundtour zu beenden, läuft man auf der Straße wieder zurück bis dahin, wo man zuvor nach Montorfano rechts abgebogen ist, wendet sich nun aber nach links und folgt der Straße hinunter zum See. Man gelangt zum Bahnhof **Verbania-Pallanza** und passiert dort eine Unterführung, hinter der man das Ufer erreicht, wo ein Schwimmbad mit einer seichten, sandigen Bucht sowie einer Einkehrmöglichkeit wieder zum Baden einlädt. Von dort geht es am Ufer und längs des Golfplatzes wieder auf den Campingplatz Continental Lido zu, den man am Anfang der Tour passiert hat. Dort trifft man erneut auf den Weg am Bach, den man nun in umgekehrter Richtung zurück zum Parkplatz verfolgt.

Steckbrief und Service

Die Wanderung auf dem *Sentiero Azzurro* rund um den See führt zunächst über die rechte Uferseite nach Mergozzo und auf der anderen Seite über Montorfano zurück zum Ausgangspunkt. Dabei entfernt sich die Route meistens vom See und geht auch etwas in die Höhe, meist durch waldiges Gebiet, aber man hat immer wieder Sicht auf das Wasser, die Berge und den Ort Mergozzo. Die Tour verläuft am Anfang noch direkt am See und dort auch über Asphaltwege, dann stets etwas in der Höhe auf gepflegten Wegen; sie ist nur mäßig anstrengend. Die Route hat auf den verschiedenen Seiten des Sees ganz unterschiedlichen Charakter: Vor Mergozzo verläuft sie größtenteils auf einem schmalen Saumpfad über dem See, es geht auf und ab, hinter Mergozzo führt ein breiterer und weitgehend flacher Plattenweg durch den Wald, ebenfalls in erhöhter Lage.

Strecke: 8 km

Wanderzeit: 2 h 30

An- und Rückreise: Der Weg startet im Süden des Lago Mergozzo in Fondotoce, einem Ortsteil von Verbania. Er beginnt ganz nah beim Erinnerungsort Parco della Resistenza; die Zufahrt dorthin ist, von Verbania kommend, an der SS 34 ausgeschildert, ebenso wie jene zum Campingplatz Continental Lido.
Bus: Mit dem VCO-Bus der Linie 5 kommt man viermal am Tag von Verbania nach Mergozzo und zurück, www.vcotrasporti.it.

Zug: Der Bahnhof Verbania-Pallanza liegt direkt an der Wanderstrecke.

Wanderkarten: Kompass Nr. 97, Varallo, Verbania, Lago d'Orta, 1:50 000. Geo4Map Nr. 115, Alto Verbano, 1:25 000.

Einkehren/Übernachten

Auf halbem Weg der Wanderung in **Mergozzo:** *Bar Ristorante Vecchio Olmo* mit Blick auf Ulme und See, *Ristorante Taverna Sass* mit Terrasse am See.
In **Montorfano:** originelle *Osteria* mit Terrasse, hinter dem Bach in der Ortsmitte rechts.
In der Umgebung: Ein ganzes Stück hinter Mergozzo im Ortsteil **Candoglia** gibt es besonders gutes Eis im *Eissalon Aurora*, Via Cominazzini 1.

Strand: In Mergozzo findet man eine Gelegenheit zum Baden, außerdem am Ende des Wanderwegs vor dem Golfplatz.

Tipp: Die Initiative **Somariamente** in Montorfano bietet Spaziergänge mit Eseln rund um Montorfano. Kontakt: Martina Merlo, www.martiname.wixsite.com/somariamente, Tel. +39 338 180 32 84.

Tourismusbüro: Ufficio Turistico in Mergozzo, Via Roma 20, www.comune.mergozzo.vb.it.

🔵 Die **Riserva Naturale Fondotoce** ist ein Naturschutzgebiet in der Mündungszone des Flusses Toce und seiner Überschwemmungsebene – mit einem erstaunlichen Reichtum an Flora und Fauna. Wasserschlangen, Sumpfschildkröten, Smaragdeidechsen, Blindschleichen, Laubfrösche und Molche, auch Dachse, Wiesel, Marder und Füchse leben in dem durch Sumpfschildrohr, Weiden und die Wasserkastanie geprägten Naturschutzgebiet. Ein einstündiger Spazierweg führt durch das Gebiet

Informationen: www.parcoticinolagomaggiore.com/it-it/aree-protette/servizi/riserva-naturale-di-fondo-toce, mit Karte des Naturreservats

🔴 Das **Eco Museo del Granito** in **Mergozzo** befasst sich mit den Gesteinen und zeigt traditionelle Werkzeuge und Arbeitsmaterialien der Steinbrucharbeiter und Steinmetze, die in den Granitbrüchen von Montorfano und den Marmorbrüchen von Candoglia tätig waren. Es ist von März bis Oktober samstags und sonntags von 15 bis 18 Uhr geöffnet, im Juli und August täglich außer montags von 15 bis 18 Uhr.
Informationen: www.ecomuseogranitomontorfano.it

 Blickfang Wasser: Auf den Mont'Orfano

Wer noch Energie übrig hat, besteigt in gut einer Stunde vom Dorf Montorfano aus den gleichnamigen Berg (794 m). Der Aufstieg beginnt am Dorfeingang rechts, ist ziemlich steil und uneben. Man bewegt sich in einem Gebiet mit einigen, meist verlassenen Steinbrüchen und trifft auf ein paar Asphaltabschnitte. Der Gipfel bietet eine wunderbare Aussicht auf die Seenlandschaft. Zu sehen sind dort auch einige Relikte der **Linea Cadorna,** der Verteidigungsanlage aus dem Ersten Weltkrieg.

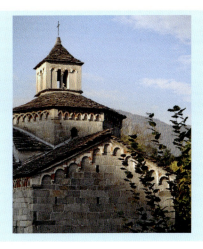

Route 3.3 Scareno – Ponte del Dragone

An den Rändern des Val Grande

Hochebenen wechseln sich mit sanften Hügeln ab, auch ein paar Gipfel wie der gut 2000 Meter hohe Monte Zeda ragen auf, und in den sonnigeren Lagen trifft man auf kleine Dörfer wie Caprezzo, Intragna, Scareno und Aurano. Tief unten rauscht der in einem wilden Tal am Fuß des Pizzo Marona entsprungene Fluss San Giovanni. Wir sind im Alto Verbano und dort im Zwischenland des Valle Intrasca, das sich oberhalb von Verbania öffnet und bis zum letzten erschlossenen Dorf Aurano zwischen dem Nationalpark Val Grande und dem Seeufer des Lago Maggiore verläuft.

Unwegsamer Naturpark

Die Berge am oberen Ende des Tals und ein Teil der Gemeinden gehören schon zum Naturparadies des Val Grande – eine sich selbst überlassene Wildnis mit einer wildromantischen Landschaft voller Kastanien- und Buchenwälder, mit Hügeln und schroffen Gipfeln und durchzogen von Wildbächen und Weihern. Auch auf Unterstände und Schützengräben der im Ersten Weltkrieg errichteten Cadorna-Linie trifft man noch. Und im Zweiten Weltkrieg war das unwegsame Gebiet Rückzugsort italienischer Partisanen, wo sie Schutz vor der deutschen Waffen-SS und den italienischen Faschisten suchten, oft vergeblich, denn viele wurden dort von den Verfolgern ermordet.

Unerfahrene Wandernde ohne gute Ortskenntnisse sollten sich nur unter kundiger Führung in das Val Grande begeben. Aber wer nicht das ganz große Abenteuer sucht, findet an den Rändern gut begehbare Wanderwege. Zum Beispiel einen

Mal gezähmtes …

besonders schönen Plattenweg, der in Scareno startet, einer kleinen Gemeinde auf rund 700 Meter Höhe mit knapp 30 Einwohnern. »Vendesi«-Schilder sind hier und da an den alten Fassaden der Steinhäuser angebracht. Die ursprünglichen Ortsansässigen haben ihre Häuser in den Bergdörfern oft längst verlassen, einige ihrer früheren Bleiben sind Feriendomizile geworden.

Zwischen zwei Flüssen

Der Pfad aus dem Dorf heraus führt oberhalb des Flusses San Giovanni bis zum Ponte del Dragone, dessen Name auf eine verbreitete Sage von einem drachenähnlichen Tier zurückgeht, das es im Val Grande gegeben haben soll. Der San Giovanni mündet bei Intra – *intra flumina* – in den Lago Maggiore, wie der San Bernardino, der das Wasser aus dem Innern des Val Grande sammelt. Das kalkhaltige Wasser des Baches wurde früher zum Blei-

... mal wildes Wasser

chen von Hanftüchern verwendet, die man im Wasser tränkte und anschließend an der Sonne trocknete. Sein Wasser diente auch zur Stromerzeugung, insbesondere für die Fabriken im Stadtgebiet und für den Betrieb der Eisenbahnlinie von Intra nach Premeno. Die Wasserkraftnutzung führt zuweilen zu Konflikten. So brachte die geplante Einrichtung eines Mini-Kraftwerks bei Scareno im Jahr 2019 Umweltschützer aus der Region auf den Plan. Unterwegs zum Ponte del Dragone, begleitet nur vom Rauschen des San Giovanni, fühlt man sich allerdings fern aller Zivilisation.

Kalte Dusche unterwegs zum Ponte del Dragone

Weg zum Wasser 3.3

Von Scareno zum Ponte del Dragone

Der Weg startet in **Scareno** dort, wo seitlich an der Straße Müllcontainer stehen und eine Stromleitung über der Straße verläuft. Es geht zunächst auf der Via Vittore Veneto in den kleinen Dorfkern hinein. Die Route ist rot-weiß markiert. Man passiert noch im Dorf einen Brunnen mit großen Wannen, dahinter ist der Weg zum **Ponte del Dragone** ausgeschildert. Er führt oberhalb des Flusses durch Kastanienwald, an mehreren Wasserfällen vorbei, zwischendurch auch mit Sicht auf den San Giovanni. Der Weg ist komfortabel, fällt aber seitlich steil in das Flusstal ab. An der Brücke kann man sich im Fluss erfrischen und picknicken. Zurück nach Scareno gelangt man wie auf dem Hinweg.

Eine mögliche Verlängerung zur anderen Seite: Von Scareno kann man bequem auf einem ausgeschilderten Weg nach **Aurano** mit seinen alten Gassen, steilen Treppen und einer kleinen Kirche wandern (45 min). Von dort kommt man über einen attraktiven Saumpfad ohne große Höhenunterschiede noch weiter über Erbia bis zu dem aus nur ein paar verfallenen Häusern bestehenden Luera, oberhalb von Oggebbio, also schon gar nicht mehr weit weg vom Lago Maggiore.

Steckbrief und Service

Der vom Rauschen des San Giovanni in der Tiefe begleitete abwechslungsreiche Weg führt in mäßigem Auf und Ab durch schattigen Kastanienwald zum Ponte del Dragone. Daher ist er auch als Sommerwanderung gut geeignet. Er passiert die Alpe Leigio mit einer Kapelle und einem Wasserfall.

Strecke: 2,5 km (einfacher Weg)

Wanderzeit: 0 h 45

An- und Rückreise: Von Verbania/Intra kommend, fährt man über Cambiasca und Ramello auf der SP 59, einer schmalen, kurvenreichen Straße, am Flussbett des San Giovanni entlang. Hinter einer Brücke zweigt eine Straße links nach Intragna ab, aber man hält sich dort rechts Richtung Scareno und Aurano. Es folgen wieder zwei Brücken. An der dritten Brücke geht es links ab auf die SP 132 nach Scareno. Es gibt (wenige) Parkplätze dort, wo sich Müllcontainer befinden.

Wanderkarten: Kompass Nr. 97, Varallo, Verbania, Lago d'Orta, 1:50 000. Geo4Map Nr. 115, Alto Verbano, 1:25 000.

Einkehren/Übernachten
Am Startpunkt der Wanderung im *Circolo* von **Scareno** (wenn geöffnet). In der Umgebung: Auch in **Aurano** gibt es einen *Circolo* und ein B&B, die *Locanda del Cinghiale*.

Baden: Beim Ponte del Dragone kann man sich im Fluss erfrischen.

Tipp: Im nahe gelegenen *Val Grande* sollte man größere Touren möglichst nur mit Wanderführrern unternehmen. In Cicogna gibt es ein Informationszentrum der Parkverwaltung (Informationen: www.parks.it/parco.nazionale.valgrande, www.parcovalgrande.it, info@guidewilderness.com).

Geführte Wanderungen im Val Grande: mit Tim Shaw, www.piemont-trekking.de.

Tourismusbüro: Alto Piemonte Turismo, www.visitaltopiemonte.com.

🔵 Noch eine Brücke! Wer mag, setzt hinter dem Ponte del Dragone die Wanderung bis zum **Ponte del Marchè** fort, einer alten Steinbogenbrücke über den Rio Scogno. Allerdings ist der Einstieg in die Route dorthin leicht zu übersehen: Die Abzweigung befindet sich rund 100 Meter hinter dem Ponte del Dragone und führt nach rechts in etwa 30 Minuten bis zu dieser Brücke. Die Ausschilderung zur Alpe Biogna an dieser Abzweigung ist nicht mehr vorhanden.

🔴 Nur für Mutige: Nicht weit weg von Aurano kann man sich an einem fast 2 Kilometer langen Stahlseil, der **Lago Maggiore Zipline,** in die Tiefe fallen lassen. Das Gleiten über den Höhenunterschied von 350 Metern dauert eineinhalb Minuten. Man startet von Pian d'Arla (1307 m) und kommt an der Alpe Segletta (960 m) im Valle Intrasca an. Ein Pendeldienst bringt Schwindelfreie von der Alpe Segletta zum Start.

Informationen: www.maggioreseezipline.it

Umweltgeschichte

Grenzwertig

Mustersee Lago Maggiore

Auf dem Forschungsschiff der Consiglio Nazionale delle Ricerche

Am Rand der Altstadt von Verbania-Pallanza und unmittelbar an der Uferstraße öffnet Marina Manca ein schmiedeeisernes Tor und betritt einen mit Palmen bepflanzten Innenhof. In dem kleinen Palazzo mit ockerfarbener Fassade befindet sich ein bedeutendes europäisches Zentrum zur Erforschung des Wassers, der Consiglio Nazionale delle Ricerche (CNR), eine der ersten und heute führenden limnologischen Institutionen Europas. Noch während die ehemalige Leiterin mit Elan die Treppe zur Eingangshalle nimmt, kommt sie schon ins Schwärmen: »Forschende aus der ganzen Welt kommen zu uns. Denn wir haben historische Datensätze und Studienergebnisse wie kaum eine andere wissenschaftliche Einrichtung auf der Welt.« Marina Manca ist unverkennbar stolz auf ihr Institut, in dem sie auf eine lange wissenschaftliche Karriere zurückblicken kann. Temperamentvoll fährt sie fort: »Weil wir es mit einem See in einem dicht bevölkerten und industrialisierten Einzugsgebiet zu tun haben, können wir den *human impact* im Lauf der Zeit sehr gut dokumentieren. Unsere Datensätze zeigen beispielsweise die Auswirkungen von Kriegen und Wirtschaftskrisen auf Ökosysteme. Und sie sind heute deshalb so begehrt, weil wir es in Zeiten des Klimawandels erneut mit epochalen Veränderungen zu tun haben.«

Auf ein Untersuchungswerkzeug des Instituts ist Marina Manca besonders stolz: »Als einzige wissenschaftliche Einrichtung haben wir ein 15 Meter langes, schnelles Boot, mit dem wir Wasser- und Sedimentproben aus bis zu 400 Meter Tiefe an die Oberfläche bringen können.« Mit diesem Forschungsschiff nehmen die wissenschaftlichen Mitarbeiter des CNR einmal im Monat Kurs auf die Seemitte in der Höhe von Ghiffa, wo der Lago Maggiore mit 360 Metern seine tiefste Stelle hat. Vor Millionen von Jahren ist der See durch zwei eiszeitliche Gletscherflüsse entstanden, einer vom Gotthard-, der andere vom Simplonmassiv kommend, die das Tal zu einer lang gestreckten Wanne ausgefräst haben. Ursprünglich 850 Meter tief, ist sie im Lauf der Jahrtausende durch die Ablagerung von Sedimenten sehr viel flacher geworden.

Hat die Schiffsbesatzung ihren Einsatzort erreicht, kann es losgehen. An dem langen Stahlseil eines Schwenkkrans gleitet ein Behälter, der aussieht wie ein Torpedo, ins Wasser. Seine Ventile lassen sich auf den verschiedenen Wasseretagen öffnen und verschließen. 15 Meter – 20 Meter – 50 Meter … bis 360 Meter: Aus diesen unterschiedlichen Layern kommen in Plastikflaschen abgefüllte Wasserproben an die Oberfläche. Kein anderes Wasserfahrzeug in Italien kann das aus solchen Tiefen. Später am Tag wird dann in den Laboren des Instituts das an Bord portionierte Flaschenwasser unterschiedlichen Forschungsgruppen zugeteilt. Die Chemiker und Biologen, die Plankton-Gruppe und die Hydrologen schauen aus jeweils anderen Perspektiven auf ein und dieselbe Wasserprobe, untersuchen sie auf ihren Sauer- und Nährstoffgehalt, auf Anteile pflanzlichen und tierischen Planktons, auf Schwebestoffe und Mikroplastik, Antibiotikareste und vieles mehr. Seit beinahe 60 Jahren entstehen so differenzierte Datenreihen, die Auskunft über die Historie und den Zustand des Gewässers geben.

Die Umweltgeschichte des Lago Maggiore lässt sich mit einem Glas Wasser vergleichen, das je nach Perspektive halb voll und dann wieder halb leer erscheint. Einige Herausforderungen haben Wissenschaft und Politik recht gut bewältigt, zum Beispiel die große Wasserkrise in den 1960er Jahren. Unmengen von Nährstoffen wie Phosphor und Nitrate hatten über Jahrzehnte zu Algenblüten und Fischsterben, zur Gefährdung der Biodiversität und auch dazu geführt, dass man im Wasser die Hand vor Augen nicht mehr sehen konnte. Dann endlich schaute man dem nicht mehr tatenlos zu: Ringkanalisation und Kläranlagen entstanden, die seit Ende der 1970er Jahre kaum noch unbehandeltes Abwasser in den See entlassen, sodass er sich erholen konnte und heute eine gute Qualität hat. Noch eine andere Umweltkatastrophe, die insbesondere die Fischer am See hart getroffen hat, ist inzwischen Geschichte. Aus einem Chemiekomplex zwischen Fondotoce und Domodossola im Norden des Lago Maggiore gelangte in den 1990er Jahren mit dem Abwasser der Fabrik das weltweit eingesetzte, mittlerweile verbotene Insektizid DDT über den Fluss Toce in den See und reicherte sich über die Nahrungskette in den Fischen an. Zehn Jahre lang durften die Fische aus dem Lago Maggiore weder gefangen noch verkauft werden. Mittlerweile gilt die Belastung der Seeorganismen als unbedenklich. Allerdings gibt es inzwischen eine neue Herausforderung: Plastikabfälle.

Winzig und hochgefährlich

Der große Gummiring, der unterhalb der Wasseroberfläche in der Bucht von Solcio di Lesa schwimmt, ähnelt einem überdimensionierten Badewannenstöpsel. Der unscheinbare Rundling ist ein *seabin*, ein Staubsauger für Plastikmüll und Kunststoffe. Er kann im Jahr mehr als 500 Kilogramm davon einsammeln, einschließlich Mikroplastik und -fasern. Die Supermarktkette Coop und die Nichtregierungsorganisation LifeGate haben sich mit der ortsansässigen Fischereikooperative zu dieser eher symbolischen Aktion zusammengetan. Denn der Lago Maggiore hat ein – bisher kaum öffentlich wahrgenommenes – Problem. Eine Untersuchung der Umweltorganisation Goletta dei Laghi di Legambiente aus dem Jahr 2017 hat in seinem Oberflächenwasser eine durchschnittliche Dichte von 123 000 Partikeln Mikroplastik pro Quadratkilometer nachgewiesen. In der Nähe der Abflüsse von Kläranlagen ergab sich sogar ein Spitzenwert von mehr als einer halben Million Mikroteilchen: Die Reinigungsbecken operieren auf biologischer Grundlage und können die winzigen Kunststoffteilchen nicht herausfiltern. Fische und Organismen verwechseln dann die von Wind, Wetter, Strömungen und Wellen zermahlenen Reste von Kisten und Plastiktüten, von nicht kompostierbaren Wattestäbchen, Kosmetika und Zahnpasta mit Plankton und reichern sie über die Nahrungsketten in ihren Körpern an. Silvia Galafassi, die am CNR zu Mikroplastik im Lago Maggiore forscht, hat in einem Kubikmeter Seewasser durchschnittlich zehn Kunststofffragmente wie Plastikkügelchen, Minifetzen synthetischer Kleidung und Bruchstücke von Verpackungsschäumen gefunden.

Das Gedächtnis des Sees

Wieder ist das Forschungsschiff des CNR auf dem See unterwegs, liegt erneut weit draußen, aber diesmal geht es nicht um die Entnahme von Wasser-, sondern von Sedimentproben. Gerade hat Andrea Lami einige Bohrkerne – lange Stahlpatronen, mit denen man Bodenproben zieht – aus der Tiefe des Sees heraufgeholt. »Sie werden es vielleicht nicht glauben«, sagt der Wissenschaftler des CNR, »aber der Lago Maggiore ist ein ganz normales Gewässer. Seine Größe, sein Planktonbesatz, seine Fischpopulation und auch seine Besiedlungs- und Industrialisierungsgeschichte machen ihn zu einem ganz unspektakulären Binnen-

Wasserproben und Bohrkerne mit Sedimenten

see. Und gerade weil er so durchschnittlich ist«, fährt Lami fort, während sein Blick prüfend auf einen Bohrkern fällt, »lassen sich mit ihm Modellrechnungen und Szenarien sehr gut simulieren. Das ist in Zeiten des Klimawandels von unschätzbarem Wert, weil wir ja alle nicht wissen, was eigentlich auf uns zukommt. Daher verwenden viele andere Teams in Europa, etwa am Bodensee oder am Genfersee, unseren subalpinen See als Bezugssystem.« Vorsichtshalber fixiert Lami die Bohrkerne auf dem Schiff, denn falls Wind und Wellen aufkommen, dürfen die Proben nicht durcheinanderpurzeln.

Die Sedimente haben viel zu erzählen, beispielsweise die lange Geschichte von Fluten und Hochwasserereignissen am Lago Maggiore. In den Laboren in Pallanza kommen dafür hochauflösende Mikroskope sowie Analyseverfahren zum Einsatz, die Aufschluss über Steine und Sand, Nähr- und Giftstoffe geben, die seit langer Zeit über die Zuflüsse in den See gelangt sind. Die Wissenschaftler setzen diese Cocktails in Beziehung zu historischen meteorologischen Daten und Überschwemmungsstatistiken und erhalten so ein sehr genaues Bild der Reichweite und des Charakters von Unwettern in der Vergangenheit. Zum Beispiel des epochalen Hochwassers im Jahr 1868, bei dem der Lago Maggiore den höchsten je gemessenen Wasserstand erreichte und das in Italien und in der Schweiz gewaltige Zerstörungen hinterließ.

Der Lago Maggiore...

Ein offenes Buch für Aquawissenschaftler

Die Sedimentproben bergen in ihrem Gedächtnis aber noch mehr: eine Unmenge von Mikrofossilien, also Reste pflanzlichen und tierischen Planktons, die Auskunft über die Sauerstoffkonzentration, die Wassertemperatur und aquatische Lebensgemeinschaften geben. Wann und wie gerät die Balance von Nährstoffen aus dem Lot? Welche Auswirkungen hat Sauerstoffmangel auf die Nahrungsketten? In welchen Zyklen durchmischen sich über die Jahreszeiten hinweg unterschiedliche Wasserschichten? Auf diese Fragen geben die Sedimente Antworten und werden so für die Aquawissenschaftler zu einem offenen Buch, aus dem sich Rückschlüsse für das heutige Umweltmanagement ziehen lassen.

Wofür man das alles wissen muss? Solche Referenzgrößen und Vergleichsmaßstäbe sind unabdingbar, wenn man zum Beispiel begreifen will, welche vielfältigen Auswirkungen die durch den Klimawandel steigenden Wassertemperaturen auf die Binnengewässer haben. Was war früher, wie ist es heute? So lassen sich Trends und Entwicklungslinien erkennen. Was auch für Schadstoffe und Umweltgifte gilt, die sich vor allem seit der Industrialisierung auf dem Seegrund ablagern. Dafür untersucht man mittels der Bohrkerne die Zusammensetzung tiefer und sehr alter Erdschichten. Über die Jahrzehnte ist daraus ein einzigartiges Klimaarchiv entstanden. Vergleichen die Wissenschaftler diese Daten dann mit denen anderer Seen inner- und außerhalb Europas, bekommen sie ein differenziertes Bild über Heiß- und Kaltzeiten, über epochale Klimaveränderungen

... eines der am gründlichsten erforschten Gewässer weltweit

Plankton, Mikroplastik, Antibiotikarückstände – im Labor des CNR

und ihre Auswirkungen auf Ökosysteme. Auch aus diesem Grund geben sich Forschende aus aller Welt im CNR in Pallanza die Tür in die Hand. Wo sonst lässt sich eine solche wissenschaftliche Schatzkammer finden?

Historische Trockenzeiten

Im Frühjahr und Sommer 2022 wurde der Lago Maggiore mit einer extremen Dürreperiode zum Medienereignis. Mehr als sechs Monate vergingen ohne nennenswerte Niederschläge; abgeschmolzene Gletscher und so gut wie keine Schneefälle brachten den See auf einen historischen Tiefstand. Er verfügte schließlich nur noch über knapp ein Viertel seiner Speicherkapazität. Zählt man den Schnee auf den Bergen, das Wasser in den Alpenbecken und im See selbst zusammen, so fehlten 330 Milliarden Kubikmeter Wasser, unter anderem für die Bewässerung der Po-Ebene. Die Flüsse Po und Sesia fielen beinahe trocken. Die italienische Regierung rief den Not- und Ausnahmezustand aus. Mehr als 200 Kommunen in der Lombardei und im Piemont wurden über Tanklaster mit Trinkwasser versorgt. Der

Bauernverband Coldiretti sprach von Ernteausfällen von bis zu 50 Prozent. Landwirte und Reisbauern mussten sich für eine Feldertriage entscheiden: Welche Flächen können weiter bewässert, welche müssen aufgegeben werden? Aufgrund des Wassermangels stellten fünf Kraftwerke entlang des Ticino und am Po ihre Stromproduktion ein. Im Mündungsdelta des Po schob sich ein Salzkeil von 30 Kilometer Länge ins Landesinnere, zerstörte die landwirtschaftlichen Felder und gefährdete die Trinkwasserversorgung. Am Lago Maggiore reichten manche Strände nun beinahe bis in die Seemitte, und die Schifffahrtsgesellschaften stellten aufgrund des niedrigen Wasserstands auf ihren Fähren die Verladung von Lastwagen und Reisebussen ein. Die Umweltorganisationen ARPA und Goletta dei Laghi meldeten verstärkte mikrobiologische Verschmutzungen und Schadstoffkonzentrationen an den Zuflüssen des Lago Maggiore. Aus Wegen zum Wasser wurden im Jahr 2022 Pfade in die Dürre.

Sie machte eine bedrohliche Tendenz noch deutlicher: Den Alpen geht allmählich das Wasser aus. Die Gletscher in den Schweizer Alpen verschwinden und damit eine Wasserreserve in einer Größenordnung, die den Trinkwasserverbrauch der Schweizer Bevölkerung für rund 60 Jahre decken würde. Und nicht nur die Gletscher schmelzen, auch die Schneefallgrenze steigt, womit ein weiterer Wasserspeicher verloren geht. Dazu muss man wissen, dass bisher 40 Prozent des Wassers in der Schweiz aus geschmolzenem Schnee stammte. Was früher einmal als Schnee allmählich auftaute, um nach und nach ins Tal zu fließen, rauscht mittlerweile als Regenguss hinunter und füllt immer häufiger das Becken des Lago Maggiore bis zum Anschlag – Überschwemmungen können dann die Folge sein. Wenn Gletscher sich zurückziehen, Schneegrenzen sich verschieben und Niederschlagsmuster sich verändern, antwortet der See darauf mit einer schnell wechselnden und schwer kalkulierbaren Abfolge von Hoch- und Niedrigwasser.

Bei ansteigenden Luft- und Wassertemperaturen verdunstet auch mehr Feuchtigkeit. Bei der sogenannten Evapotranspiration geht es nicht nur um das sogenannte »blaue Wasser« des Sees, sondern auch um das »grüne Wasser« der atmenden Wälder, Wiesen und der Vegetation an den Berghängen. Bisher war die Verdunstung ein blinder Fleck der Klimaforschung, dabei ist sie oft die entscheidende Größe für Trockenheit und Dürre. Was im Sommer 2022 in dramatischer Weise vor Augen geführt wurde, als sich im einstigen Wasserschloss Europas gesättigtes Ackerland und Weiden in knochentrockene Erdschichten verwandelten. Es steht außer Frage: Die Bewältigung der Klimaveränderungen am Lago Maggiore entscheidet sich an der Wasserfrage.

Wassermusik mit Missklängen

Auch bei niedrigen Wasserständen kann man sich einen See wie eine Sinfonie vorstellen: Die Instrumente, die sie erklingen lassen, haben sich über Jahrtausende aufeinander abgestimmt. Ihren Grundton bekommt die Wassermusik aus dem Zusammenspiel von Sonnenlicht und Phytoplankton. Der dabei freigesetzte Sauerstoff schenkt uns die Luft zum Atmen und ist für die Seeorganismen der Anfang aller Nahrungsketten. Man sollte sich daher nicht wundern, dass das Wasser im Frühjahr weniger transparent ist. Denn zu diesem Zeitpunkt wächst das pflanzliche Plankton, das die tierischen Mikroorganismen als Nahrung benötigen. Indem sie es verzehren, klären sie das Wasser, es wird wieder durchsichtiger. Für den Wohlklang ist auch die Temperaturschichtung des Wassers mit den jeweils daran angepassten Organismen entscheidend. Der See besteht nämlich aus unterschiedlichen Zonen von Temperatur, Sauerstoff und Nährstoffen, wobei die untere Wassersäule das Nährstoffdepot für die oberen Wasseretagen ist. Daher muss sich das Wasser immer wieder durchmischen, sonst würde den Organismen die Nahrungsgrundlage entzogen. Im Lago Maggiore wälzt sich das Seewasser allerdings äußerst selten vollständig um; jedes Jahr mischt es sich lediglich bis in eine Tiefe von 100 bis 150 Metern einmal richtig durch.

In den Jahren 1965 bis 2010 erhöhte sich die Temperatur der oberen Wassersäule des Lago Maggiore in einer Tiefe bis zu 30 Metern um beinahe 2 Grad. Die Hitzeperiode des Jahres 2022 hat diesen Trend noch beschleunigt. Die Veränderungen bringen die ausbalancierte Passung und Abstimmung der Instrumente durcheinander. *Mismatch* nennt das Marina Manca. Je nach Temperaturetage des Wassers wächst nun beispielsweise das pflanzliche Plankton jahreszeitlich früher heran. Die Fische und Organismen, die davon leben, haben jedoch in ihrer Babyphase noch gar keinen Appetit darauf. Außerdem verschwinden viele Mikroorganismen, weil sie mit den veränderten Umweltbedingungen nicht zurechtkommen. Wenn

Wasserproben aus unterschiedlichen Seetagen

außerdem die Durchmischung des Sees und die Sauer- und Nährstofftransporte in die oberen Wasserstockwerke abnehmen, fehlt es den Fischen an Nahrung.

Viele Forschende wollen derzeit herausfinden, welche neuen Gleich- oder Missklänge die steigenden Temperaturen für die Wassersinfonie des Sees zukünftig anstimmen werden. Sicher ist, dass zuerst Arten sterben, die auf sauberes und kühleres Wasser angewiesen sind. Forellen und viele Muschelarten sind darunter. Invasive gebietsfremde Arten fühlen sich dagegen in höher temperierten Gewässern pudelwohl. Verschiedene Süßwasserkrebse haben längst ihren Weg in den Lago Maggiore gefunden, rotten die einheimischen Arten aus und wirbeln das fein abgestufte Verhältnis von Jägern und Gejagten durcheinander. Mittlerweile gelten invasive Arten als eine der größten Bedrohungen für die Biodiversität weltweit. Am Lago Maggiore ist das leider nicht anders.

Von Stresa nach Arona

Auf dem Kastanienweg von Stresa nach Belgirate, unterwegs im Naturpark der Lagoni di Mercurago und ein Spaziergang zur Cascata Tina Bautina

Route 4.1 Höhenpfad über dem See: Auf dem Kastanienweg

Im Zeichen des Einhorns: Rund um Stresa und Arona

Willkommen im Borromeo-Land. Wer in Stresa ankommt, betritt das Reich dieser Adelsfamilie. Mit ihr hat hier alles begonnen. Und es ist noch lange nicht vorbei. Borromeo: Das ist in Italien heute noch ein klingender Name. Die Inseln vor Stresa, die den Namen Borromeo tragen, die Isola Bella, die Isola Madre und die Isola dei Pescatori, gehören zu den ganz großen Attraktionen am Lago Maggiore. Und außer der Fischerinsel sind sie nach wie vor im Besitz der Familie. So feiert der große Adelsclan seine Hochzeiten gern auf den hauseigenen Eilanden, zum Beispiel auf der kleinen Isola di San Giovanni, die anders als Bella, Madre und Pescatori für den Tourismus tabu ist.

Die Isola Bella war ursprünglich ein weitgehend unfruchtbarer, kaum bewohnter Flecken im See, den Vitaliano VI. Borromeo im 17. Jahrhundert mit Erde aufschütten ließ. Darauf errichtete er einen Palazzo, ergänzt um ein pyramidenartiges System von Terrassen. Als »fantastisch und unwirklich« beschreibt Charles Dickens das Ergebnis. Zweifellos ist die Insel eine großartige Inszenierung, die, wenn man sich ihr über das Wasser nähert, wie ein Schiff wirkt. Dominiert wird das theatrale Ensemble von einem sich aufbäumenden Einhorn, dem Wahrzeichen der Borromäer. Die Symbolkraft ist unübersehbar: Mit ihren Inseln, vor allem der imposanten Isola Bella, eignete sich das mächtige Adelsgeschlecht symbolisch die Herrschaft über das Wasser an.

Auf dem Kastanienweg …

Opulente Hotelpaläste

Nicht nur die Inseln sind bis heute im Besitz der Familie, auch die Fischgründe im Lago Maggiore, weshalb die wenigen noch verbliebenen Berufsfischer eine Lizenzgebühr an sie bezahlen müssen. Stresa hat dem Adelsgeschlecht aber durchaus auch viel zu verdanken. Nicht zuletzt liegt es am Flair der Borromäischen Inseln, dass Stresa ab der Mitte des 19. Jahrhunderts zum bekanntesten Ferienort am Lago Maggiore wurde. Damals entdeckte die englische Oberschicht, darunter auch zahlreiche Literaten, den See und seinen mediterranen Zauber und erhob ihn zu einer Station ihrer *Grand Tour*.

Unterstützt wurde dieser Aufschwung vom Ausbau der Eisenbahn- und Schiffsverbindungen. Ab 1842 stach das erste aus Eisen gebaute Dampfschiff in den See, auf den Namen *San Carlo* getauft, also natürlich den eines Borromäers. Und nachdem der Simplontunnel 1906 fertiggestellt war und eine Ver-

… zwischen Stresa und Belgirate

bindung von London über Paris nach Mailand schaffte, machte schon bald der Orientexpress Halt in Stresa, der »Perle des Lago Maggiore«. Seine Fahrgäste fanden standesgemäße Unterkunft in opulenten Hotelpalästen an der Seepromenade, wie dem schon 1861 eingeweihten Grand Hotel des Iles Borromées. Stresa war eine Keimzelle des Tourismus. Wenn Rudi Schuricke in den 1950er Jahren – als die Wirtschaftswunder-Deutschen den See entdeckten – »Lass uns träumen am Lago Maggiore« sang, hatte er ganz sicher auch das kleine Städtchen mit seinen poetischen Inseln vor Augen.

Elegantes Arona

Von dem alten Glanz ist in Stresas Gassen nicht mehr viel zu spüren, dafür aber an der Seepromenade mit den nach wie vor beeindruckenden alten Grandhotels. Auch die Inseln haben trotz touristischer Überfülle in den Sommermonaten nichts von ihrem Reiz verloren, insbesondere die Isola Madre mit ihrem wunderbaren botanischen Garten, in dem dank des Seeklimas tropische und subtropische Pflanzen im Freien prächtig gedeihen, weiße Pfauen umherstolzieren und Papageien kreischen. Für den französischen Schriftsteller Gustave Flaubert »der sinnlichste Ort, der mir je begegnet ist«.

Ansonsten läuft das geschäftige Arona mit seinen eleganten Einkaufsmeilen in Sachen Luxus dem alten Stresa den Rang ab. Auch über Arona wacht seit 1698 ein Borromäer, der gewaltige Koloss San Carlo. Wie die sich gegenüberliegenden Festungsanlagen von Angera und Arona hat der mit Sockel 35 Meter hohe Carlone das Geschehen auf dem Wasser fest im Blick und alles unter Kontrolle. Der einstige Kardinal, ein frenetischer Gegner der Reformation, ist ein Ahn der Familie zum Anfassen, denn man kann die Kupferstatue besteigen und – über eine steile Leiter im Kopf Carlones angelangt – durch seine Wächteraugen hindurch auf den See blicken. Grandiose Aussichten auf das Wasser hat man auch von den Hängen oberhalb Stresas, zum Beispiel unterwegs auf dem *Sentiero dei castagni*, dem Kastanienweg, der bis ins noble Belgirate führt, den See und die Borromäischen Inseln immer im Blick.

Weg zum Wasser 4.1

Höhenpfad über dem See: Auf dem Kastanienweg

Der *Sentiero dei castagni* startet an der Uferpromenade hinter dem Infopoint des Tourismusbüros. Dort geht die Via Rosmini ab, in die man einbiegt und leicht ansteigend an alten Villen und Gärten vorbeikommt sowie an der Villa Pallavicino mit ihrem riesigen, von März bis Oktober geöffneten Park (der Eingang befindet sich an der Via Sempione Sud). Langsam ansteigend führt die Via Rosmini aus Stresa hinaus – natürlich mit Sicht auf den See. Vor

Sentiero dei Castagni – Weinhänge mit Seeblick

der Schranke eines Privatgrundstücks hört das Pflaster auf, und die Straße verwandelt sich in einen Waldweg. Man kommt in ein Gebiet mit vielen Kastanien, stößt dann auf eine asphaltierte Straße, überquert sie und geht auf dem Wanderweg weiter, bis man das **Oratorio di Passera** in Panoramalage über dem See erreicht. Es wurde zwischen 1657 und 1737 erbaut, aufgrund des Gelübdes eines Weinhändlers, der einen Schiffbruch auf dem See überlebt hatte. Gegenüber auf der anderen Seeseite liegt eindrucksvoll das Kloster Santa Caterina del Sasso.

Man geht auf der nun asphaltierten Straße, die am Oratorio vorbeiführt, weiter durch **Passera;** hinter den Häusern wird die Straße wieder zu einem Weg, und man kommt im Wald an eine Gabelung. Ein Holzschild *Sentiero dei castagni* weist nach links, besser schlägt man aber den weiß-rot markierten »Sentiero Stresa–Belgirate L2« geradeaus ein. Über ein Stück asphaltierte Straße, dann aber wieder stetig ansteigend geht es weiter durch den Wald, man quert über Trittsteine einen Bach und läuft an ihm entlang, bis man auf eine Straße stößt. An der hält man sich links und erreicht den Cimitero St. Albino in **Magognino** mit einer Kirche aus dem 15. Jahrhundert.

Rechts neben dem Friedhof geht es weiter (Schild »Belgirate L2«), nun zwischen Kastanienbäumen und in leichtem Auf und Ab bis zu einem Weg, der von Magognino kommt. Diesem folgt man nach links in Richtung Falchetti, nun auf einem gemächlichen Abschnitt. Hinter einem kleinen Weinberg geht es nach rechts leicht bergan weiter, dann kommt wieder eine asphaltierte Straße, die man überquert, um durch den Ort **Falchetti** zu gehen. Nach den letzten Häusern gelangt man in dichtem Wald zu einem letzten Anstieg, danach wird es flach. Nach etwa 10 Minuten stößt man auf eine Gabelung, an der es rechts zur **Chiesa San Paolo** geht, mit 480 Metern der höchste Punkt der Strecke. Wer mag, macht diesen kurzen Abstecher. Wieder auf den Hauptweg Richtung Belgirate zurückgekehrt, geht es weiter auf der abwärts verlaufenden Asphaltstraße, in die man nach links einbiegt. Es liegen jetzt erste Häuser am Weg, und über Calogna nähert man sich bergab Belgirate, quert wieder eine Straße. Es folgen Stufenwege, auf denen man quasi nach Belgirate hinunterstürzt, mit fantastischer Aussicht auf den See und den Hafen.

Schließlich erreicht man oben in **Belgirate** die romanische Chiesa Vecchia di Santa Maria, die mit ihrem Friedhof und einem Vorplatz wie ein Balkon über dem See liegt. Man geht auf dem Fußweg an der Kirche vorbei und kommt zu einer Unterführung der Bahnlinie. Nach deren Unterquerung hält man sich auf der Via IV Novembre rechts und biegt von da ein in den Vicolo Conelli, der hinunter zum Seeufer führt. An der Uferpromenade angekommen, liegt links das Fremdenverkehrsbüro. Dort befindet sich auch die Anlegestelle für das Schiff zurück nach **Stresa**. Alternativ besteigt man den Zug am Bahnhof Belgirate oder den Bus am Seeufer und gelangt damit zurück.

Zwischen Belgirate und Stresa: Üppige Gartenlandschaften über dem See

Die Wanderung auf dem Kastanienweg kann man noch um ein kurzes Stück, knappe 2 Kilometer, bis **Lesa** verlängern. Dafür startet man in Belgirate von der Via Elena Conelli aus.

Steckbrief und Service

Der *Sentiero dei castagni* verläuft von Stresa ansteigend und wieder hinunter nach Belgirate über kurze asphaltierte Abschnitte und Saumpfade mit atemberaubenden Ausblicken auf den Lago Maggiore. Er ist mäßig anstrengend, gut ausgeschildert und gepflegt, und er bietet viel Schatten, ist daher auch an heißen Sommertagen angenehm zu begehen. Man kann die Wanderung auch in umgekehrter Richtung machen, sie also in Belgirate beginnen. In diesem Fall hat man am Anfang einen längeren steilen Anstieg, zum Teil über Treppenwege; mit Start in Stresa geht es dagegen gemächlicher in die Höhe.

Strecke: 8 km

Wanderzeit: 2 h 30

An- und Rückreise: Der Startpunkt der Wanderung ist in Stresa an der Seepromenade.

Schiff: Das Schiff für die Rückkehr nach der Wanderung von Belgirate nach Stresa macht zunächst einen Abstecher auf die andere Seeseite zum Kloster Santa Caterina del Sasso, bevor es weiter nach Stresa fährt. Es verkehrt von April bis Oktober zweimal am Tag, zum Beispiel um 13.20 Uhr, www.navigazionelaghi.it (unbedingt den aktuellen Fahrplan beachten!).

Zug: Alternativ zum Schiff kann man nach der Wanderung den Zug von Belgirate nach Stresa nehmen. Er fährt etwa alle 2 Stunden. Vom Bahnhof in Stresa gibt es häufige Verbindungen in Richtung Mailand sowie nach Domodossola und in die Schweiz.

Bus: Er verkehrt etwa jede Stunde zwischen Belgirate und Stresa, auf der Strecke Verbania–Milano: www.safduemila.com/linee/verbania-stresa-arona-milano.

Wanderkarte: Kompass Nr. 90, Lago Maggiore, Lago di Varese, 1:50 000.

Einkehren/Übernachten

Hotels in **Stresa:** Luxus pur im *Grand Hotel des Iles Borromées*. Einfacher: *Du Parc*.
In der Umgebung: in **Campino di Stresa** über dem See *La Rampolina*. In **Belgirate:** Terrassenlokale an der Seepromenade und *La Spiaggetta* am Lido. In **Lesa:** Im *Ristorante da Giò* in Solcio di Lesa wird in einem Hausboot der fangfrische Fisch aus dem Lago Maggiore aufgetischt. Unterkunft: B&B *Villa Margherita*, Via Davicini 8.

Markt: In Stresa ist am Freitag Markt auf der Piazza Capucci.

Strand: In Stresa und Belgirate gibt es Gelegenheit zum Schwimmen.

Tourismusbüro

Ufficio Turistico Stresa an der Schiffsanlegestelle und außerdem ein Infopoint an der Kreuzung der Seepromenade mit der Via Rosmini, www.stresaturismo.it

Borromäische Inseln:
www.borromeoturismo.it,
www.isoleborromeo.it.

Belgirate: www.turismo-belgirate.it.
Lesa: www.prolocolesa.com.

🔵 **Zum Lido!** Ob man nun in Stresa startet oder in Belgirate, die Wanderung lässt sich mit einem erfrischenden Bad im See beschließen. In Stresa geht das im **Strandbad La Baia Rosa** mit Restaurant und Pool an der Piazzale Lido (Eintritt 10 Euro), in Belgirate am südlichen Ortsausgang am gemütlichen **Lido Comunale**, Via Mazzini 2, mit Kiesstrand, Duschen und Badeleitern, wo man sich zusätzlich in der kleinen Bar Spiaggetta mit einem Espresso oder einer Pizza verwöhnen kann.

🔴 Wie ein Balkon über dem Lago Maggiore erhebt sich die **Villa Pallavicino** in **Stresa** über dem See und besticht mit ihrer eleganten und zugleich schlichten Fassade. Die von Ruggero Borghi geschaffene Villa im spätneoklassizistischen Stil ist in Privatbesitz, aber man kann ihren großen Park von Mitte März bis Oktober von 9 bis 18 Uhr besuchen. Es erwartet einen ein wunderbares Wechselspiel von Magnolien, Rosen, Azaleen, Rhododendren, Narzissen und Oleander entlang der mit uralten Bäumen bestandenen Esplanaden und Alleen des Parks. Auf dem Grundstück befindet sich auch das Centro di Recupero della Fauna Selvatica, wo verletzte Tiere gepflegt und wieder in die Natur eingegliedert werden.
Informationen: www.isoleborromee.it/parco-pallavicino

Blickfang Wasser: Rundtour von Baveno über den Monte Camoscio

Eine Rundtour führt von **Baveno** über dessen Hausberg, den **Monte Camoscio**, und über die Alpe Vedabia wieder zurück. Die Route ist knapp 10 Kilometer lang, es müssen 700 Höhenmeter überwunden werden. Man bewegt sich permanent durch Flusstäler und überquert Gebirgsbäche, bevor man schließlich durch sonnige Lichtungen und überwucherte Wege immer tiefer in Richtung Ufer des Lago Maggiore und zurück nach Baveno (in den Ortsteil Romanico) kommt. Einen Strand zum Baden und mit Bar (Chiosco Villa Fedoro) findet man in Baveno beim öffentlichen Park der Villa Fedoro. Einkehr in Baveno: Ristorante Posta.

Informationen: www.bavenoturismo.it

Blickfang Wasser: Von Massino Visconti zum Monte San Salvatore

Im Hinterland von Arona, bei der Ortschaft Massino Visconti, erhebt sich der **Monte San Salvatore.** Um ihn herum verlaufen zahlreiche Rundwege in unterschiedlichen Höhenlagen, zum Beispiel die Pfade H5, H6 und H7. In **Massino Visconti** startet der H7 in der Via Ronchetti. Unterwegs auf diesen Pfaden ergibt sich hier und da eine herrliche Aussicht auf den Lago Maggiore. Eine Einkehr mit Terrasse und Seeblick bietet beim **Kloster San Salvatore** die Trattoria San Salvatore.

Informationen:
www.trattoriasansalvatore.it

Route 4.2 Spaziergang Parco Naturale dei Lagoni di Mercurago

Torf und Teiche:
Im Naturpark bei Arona

Vom Lago zu den Lagoni – was für ein Szenenwechsel! Nur wenige Kilometer entfernt vom mediterranen Lago Maggiore und vom eleganten Arona taucht man ein in eine ganz andere Welt, in ein Torfmoorgebiet, den Parco Naturale dei Lagoni di Mercurago, in dem sich zwischen Eichen-, Birken- und Buchenwald verwunschene Gewässer verstecken. Bei den ersten Schritten in den Park hinein kommt hier und da noch in der Ferne der große See in den Blick, aber bald schon sind seine mit Palmen, Bougainvilleen und Oleander gesäumten Ufer vergessen.

Wenn man dann auf der Wiese am Lagone sitzt, dem größten Teich im Park, den Vögeln beim Fischefangen zuschaut und seinen Gedanken nachhängt, fühlt man sich meilenweit entfernt von allem Getriebe. Schilf und seltene Sumpfpflanzen wuchern am Ufer, und mitten im Teich ragen knorrige Baumstämme und Äste aus dem Wasser. In den Feuchtgebieten machen gern Zugvögel auf der Durchreise halt, und überhaupt ist der Naturpark ein Vogelparadies. 110 verschiedene, zum Teil auch seltene Arten wie Reiher, Kraniche, Eisvögel und Zwergtaucher, nisten, überwintern oder rasten hier.

Den seit 1980 geschützten Park durchzieht ein dichtes Wegenetz: Zu Fuß oder mit dem Fahrrad durchquert man auf erdigen, weitgehend ebenen Pfaden den Laubwald und passiert unterwegs große Weiden mit Vollblutpferden des auf dem Gelände angesiedelten Gestüts.

Die Lagoni di Mercurago – ein Wasserbiotop

Spaziergänger, Pilzsammler und Schlittschuhläufer

Zu jeder Jahreszeit entfaltet der Park seinen eigenen Reiz, was ihn für Spaziergänger, Wanderer und Fahrradfahrer besonders attraktiv macht. Im Frühling ist der Wald licht und durchscheinend. Im Sommer finden sich unter den Bäumen, auf den kleinen Wiesen und am Ufer der Teiche überall schattige Plätze, und auf dem Wasser paddeln vergnügt die Enten herum, dazu blühen die Seerosen. Im Herbst erscheint der Wald wie in einen Farbreigen getaucht. Dann sind auch die Pilzsammler unterwegs und treffen zuweilen im Unterholz auf ein Exemplar, das in ganz Italien einmalig ist: den *Crepidotus roseoornatus*, einen rosafarbenen Fächerpilz. Wenn schließlich der Winter kommt, verleihen Frost und manchmal auch Schnee der Parklandschaft einen ganz besonderen Zauber.

Dass sich auf einer begrenzten Fläche so viele unterschiedliche Vegetationszonen begegnen, Teiche, Moor, Wald, Heide,

Weide und Kulturland, ist eine der Besonderheiten des Parks. Seine verschiedenen Aspekte werden auf Themenwegen erläutert: Auf dem roten Pfad geht es um den Wald, auf dem blauen um die Feuchtgebiete, auf dem lilafarbenen um die Archäologie und auf dem orangefarbenen Pfad um die produktiven Seiten des Parco Naturale dei Lagoni di Mercurago.

Weg zum Wasser 4.2

Ein Spaziergang im Parco Naturale dei Lagoni di Mercurago

Eine mögliche Rundroute (Länge 5 km) beginnt am **Besucherzentrum** und führt zunächst auf die Stra di Pianèl da Gatic. An der folgenden Gabelung hält man sich rechts, verlässt dann die Strà di Pianèl da Gatic und läuft geradeaus weiter auf der Strà di Lagon, die in die Nähe des **Lagone** führt. Dort kann man eine Verschnaufpause auf der anderen Teichseite einlegen. Wieder zurück auf dem Pianèl, gelangt man an eine T-förmige Kreuzung, an der man nach rechts in die Strà di Sèl einbiegt, diese aber gleich wieder verlässt, um links den Senté dal Laghèt einzuschlagen. Die Strecke wird jetzt kurvig und steigt in Richtung **Motto Caneva** an. An einer folgenden Kreuzung mit mehreren Wegen schlägt man den Senté dal Custon ein. Dort hat man auf einem Moränenhügel namens **Motto Lagone** eine Nekropole aus römischer Zeit mit zehn Gräbern gefunden, deren Beigaben aus Urnen, Schalen, Gläsern, Vasen, Ringen sowie Glas- und Bernsteinschmuck bestanden. Es geht weiter geradeaus, dann links auf den Senté dal Fos. Schließlich erreicht man erneut die Strà di Pianèl da Gatic, die an einer weiteren Nekropole vorbei und wieder zurück zum Ausgangspunkt führt.

Lagoni di Mercurago – feuchte Wiesen im lichten Wald ...

Steckbrief und Service

Wir empfehlen, keine bestimmte Wanderroute zu verfolgen, sondern einfach nach Lust und Laune auf den gut markierten Wegen durch den kleinen Park zu streunen und vielleicht eine Verschnaufpause auf der Wiese am Lagone einzulegen. Motorfahrzeugen ist die Zufahrt verboten. Interessierte Gruppen können geführte Besichtigungen vereinbaren. Jede Gruppe, die den Park besichtigen möchte, muss das vorher ankündigen. Die Uferzonen der Teiche stehen unter Schutz und dürfen nicht betreten, in den Gewässern darf nicht geschwommen werden.

An- und Rückreise: Der Parco Naturale dei Lagoni di Mercurago ist in Arona von mehreren Stellen aus erreichbar. In Mercurago, Via Gattico 6, sind der Hauptzugang und der Sitz des Besucherzentrums, dort sind auch Karten für das Wandergebiet erhältlich, und man kann das Auto auf einem Parkplatz abstellen. Weitere Zugänge gibt es von Dormelletto, Via dei Lagoni (Parkplatz), von Comignago und von Oleggio Castello.

Wanderkarte: Kompass Nr. 90, Lago Maggiore, Lago di Varese, 1:50 000.

Einkehren/Übernachten
Unterkunft direkt beim Eingang zu den Lagoni: B&B *Lagoni*, www.bnb-lagoni.it.

...rahmen die Teiche, Seen und Tümpel

In der Umgebung: in **Arona** *Enoteca il Grappolo*, Via Pertossi 7, und *Circolo Cà De Mat*, Via 20 settembre 3. Schöne Unterkunft in den Hügeln bei Arona: *Cascina Incocco*, Via per Incocco 1, www.incocco.it.

Markt: In Arona ist am Dienstag Markt auf der Piazza del Popolo.

Tipp: Besucherzentrum Lagoni di Mercurago, Mercurago di Arona, Via Gattico 6, www.parcoticinolagomaggiore.com/it-it/aree-protette/servizi/riserva-naturale-di-fondo-toce (mit Karte)

Tourismusbüro: Ufficio Turistico Arona, Piazzale Duca d'Aosta, turismo.arona@comune.arona.no.it.

💧 **Zum Lido!** Als Badeseen sind die unter Naturschutz stehenden Lagoni nicht geeignet. Aber wenn man nach Arona zurückkehrt, bietet sich im Süden der Stadt der begrünte Sand- und Kiesstrand **Lido di Arona** am Corso Europa 12 an, wo es auch eine Bar gibt und einen Verleih von Liegen und Sonnenschirmen. Ein Parkplatz ist nicht weit entfernt.

📍 Der Parco Naturale dei Lagoni di Mercurago ist auch ein archäologischer Fundort: An mehreren Stellen finden sich am Wegrand **Nekropolen aus der Bronze- und Eisenzeit.** Die ältesten Fundstücke, drei Holzräder und zwei aus Baumstämmen geformte Piroggen, Keramik, Waffen und Metallschmuck aus der Zeit von 1800 bis 1300 v. u. Z., sind nach Turin in das Museo delle Antichità gewandert, andere ins Archäologische Museum von Arona. Aufgrund dieser Funde und der zufälligen Entdeckung von Resten prähistorischer Pfahlbauten am Ufer des Lagone wurde das Naturschutzgebiet 2011 zum Unesco-Welterbe erklärt.

Route 4.3 Rundtour zum Wasserfall Tina Bautina

Im hügeligen Hinterland von Arona

Arona mit seiner schönen Seepromenade und seinen eleganten Altstadtgassen hat zweifellos Atmosphäre. Auf der weitläufigen Piazza del Popolo sitzt man gern mit seinem Espresso und blickt auf die imposante Rocca di Angera auf der gegenüberliegenden Seeseite. Das Pendant zu dieser Bastion der Borromäer, die Rocca di Arona, thront auf einem Steilfelsen über der Stadt, ist aber damit nicht allein, denn auch der Carlone, die kolossale, 35 Meter hohe Statue des heiligen Karl Borromeo, hat das Geschehen auf dem See von oben fest im Blick. Die Piazza del Popolo, einst der Handelshafen des florierenden Städtchens, hat man 1988 zugeschüttet und den Hafen in den Süden der Stadt verlegt; nur seine Umrisse sind noch auf der Piazza markiert.

In Arona kommt man langsam dem südlichen Ende des Lago Maggiore näher, und so geht es im Umland jetzt deutlich weniger schroff zu als weiter im Norden. Der Gebirgszug des Vergante, dessen Kuppen sich hier nur noch bis zu einer Höhe von 800 Metern aufschwingen, durchzieht das Hinterland, eine sanfte Berg- und Tallandschaft, die fast ein wenig ans Allgäu erinnert und von kleinen Ortschaften durchsetzt ist. Wie zum Beispiel Dagnente, ein Bergdorf auf den letzten südlichen Hügeln des Vergante. Das auch bei Prominenten beliebte Dörfchen mit Seesicht geriet vor einigen Jahren durch einen Leichendiebstahl von seinem Friedhof in die Schlagzeilen. Entwendet wurde der Sarg eines ehemaligen italienischen Fernsehstars, des vor allem als Quizmaster erfolgreichen Mike Bongiorno. Monate später wurde der Sarg in der Nähe von Mailand

Tina Bautina

wieder aufgefunden, aber die Hintergründe dieses Diebstahls aus dem Familiengrab konnten nie ganz aufgeklärt werden.

Rote Steine und Algen

Ganz in der Nähe von Dagnente liegt das Dorf Montrigiasco, umgeben von schönen Wanderwegen, zum Beispiel einer Route zum Wasserfall Tina Bautina. Über alte Saumpfade geht es zunächst durch die Hügellandschaft und den üblichen Kastanienwald hinunter auf die Gemeinde Paruzzaro zu. Dann führt ein kleiner Abstecher mäandernd an einem Bach entlang, bis sich am Ende der Blick auf den 15 Meter hohen Wasserfall öffnet – ein bemerkenswerter Ort, übrigens auch für Mineralienliebhaber. Denn in dem Bachlauf, der nach gut einem Kilometer Fließstrecke in den Vevera-Bach mündet, lassen sich zwei Phänomene beobachten. Eines davon ist der Porphyr von Montrigiasco, ein vulkanischer roter Stein, der einem Pflasterstein ähnelt und in der Vergangenheit oft für Denkmäler und Gräber verwendet wurde. Das zweite Phänomen sind rote, fast blutfarbene Algen, die an den Steinen des kleinen Wasserlaufs haften.

Gleich um die Ecke liegt ein ungewöhnliches und besonders schönes historisches Anwesen, ein Bed and Breakfast, in dem den Gästen das Frühstück in einer Kapelle serviert wird: die Cascina Incocco in der Gemeinde Paruzzaro. Die Cascina ist auch ein Bauernhof und ein Gestüt, bestehend aus dem Herrenhaus, Stallungen und der kleinen, entweihten Kirche Madonna delle Grazie.

Ein Priester baut sich ein Haus

Gegen Ende des 19. Jahrhunderts nutzte ein Priester namens Don Falcone die sonnige Hanglage der heutigen Cascina, um sich hier einen ganz besonderen Wohnsitz zu schaffen. Dafür beschäftigte er viele Einheimische, die mit Ochsenkarren die Steine aus den Bergen holten und die mehr als einen halben Meter dicken Mauern seiner Bleibe errichteten. Es entstanden unter anderem eine prächtige Steintreppe und ein schmiedeeisernes Geländer, an dem sich eine Schlange emporschlängelt.

Ein verwunschener Weg

Unterwegs zur Cascata Tina Bautina: Laubwald spendet Schatten

Der Pfarrer ließ sich auch Bäder einbauen, und er war einer der ersten in der Region, der sowohl Strom als auch Telefon hatte. Die Krönung seines Wohnprojekts war der Bau der Kirche Madonna delle Grazie.

Nach dem Tod von Don Falcone wechselte die Cascina Incocco mehrmals den Besitzer, bis in den Dreißigerjahren des letzten Jahrhunderts eine Bauernfamilie aus der Gegend das Anwesen erwarb und daraus eine autarke Farm machte, die Holz zum Verbrennen, Obst und Feldfrüchte lieferte, wo man Hühner, Truthähne, Schweine, Arbeitsochsen und Rinder züchtete und sogar eigenen Wein anbaute. Leider bieten die heutigen, sehr freundlichen Besitzer des zum Bed and Breakfast umgewandelten Anwesens den vorbeikommenden Wandernden keine Verköstigung an, sodass man den Rundweg beenden muss, um zum Abschluss in eines der attraktiven Speiselokale von Montrigiasco einzukehren.

Weg zum Wasser 4.3

Rundtour zum Wasserfall Tina Bautina

Die Rundwanderung startet in Montrigiasco (424 m). Hat man das Auto, von Arona kommend, auf dem Parkplatz im Ort (hinter der Kirche und dem Ristorante Strattoria) abgestellt, geht man die Straße wieder ein Stück zurück, auf die Kirche zu. Kurz vor ihr zweigt man dann rechts ab in die Via della Conciliazione (rot-weiß markiert), auf den gut ausgeschilderten Wanderweg A4, der über einen mit Steinen durchsetzten Pfad durch Kastanienwald nur leicht abschüssig den Hang hinunterführt. Man trifft unterwegs auf Abzweigungen auf den Wanderweg A5, aber man bleibt immer auf dem A4, passiert links einen Angelteich, den **Laghetto del Picchio,** bis man zu der Stelle kommt, wo der A4 auf den A3 trifft, der nun wieder nach Montrigiasco zurückführt (ausgeschildert ist auch die Cascina Incocco). Geht man hier stattdessen noch weiter geradeaus, kommt man zum **Oratorio Sant'Eufemia.**

An der Cascata Tina Bautina: ein erfrischendes Flüsschen

Hat man aber den Rückweg über den A3 eingeschlagen, trifft man schon nach wenigen Metern auf eine ausgeschilderte Abzweigung nach links in den Wald hinein, zur **Fontana Tina Bautina.** Unterwegs dorthin überquert man mehrmals den kleinen Bach, bis der Weg vor dem Wasserfall endet. Man kehrt auf gleicher Strecke wieder auf den Ausgangsweg A3 Richtung Montrigiasco zurück. Jetzt passiert man rechter Hand die **Cascina Incocco** im offenen Hügelgelände. Dahinter steigt der Weg etwas an und führt durch Waldgelände zurück nach **Montrigiasco.** Bei der Ankunft empfiehlt sich eine Einkehr im Dorfzentrum in der nahe gelegenen Strattoria.

Man kann die Wanderung aber auch noch in einer weiteren Schleife nach Dagnente und wieder zurück fortsetzen. In diesem Fall läuft man, an der Straße angekommen, ein paar Meter nach rechts, um auf der anderen Straßenseite den Startpunkt des Wanderwegs A8 oder A9 zu nehmen (siehe 📍; zusätzliche Wanderzeit nach Dagnente hin und zurück: 2 h).

Steckbrief und Service

Der gut ausgeschilderte Rundweg bietet einen einfachen und nicht allzu langen Spaziergang, der weitgehend durch Wald und ohne große Höhenunterschiede verläuft, mit einem sehr poetischen Abstecher an einem Bächlein entlang und zu einem Wasserfall – womit Erfrischung garantiert ist. Die Runde ist daher auch für heiße Sommertage geeignet. Sie lässt sich mit anderen Wanderwegen in der Gegend um Montrigiasco gut verlängern und mit einer hervorragenden Einkehr dort verbinden.

Strecke: 5 km

Wanderzeit: 1 h 45

An- und Rückreise: Von Arona nimmt man die SP 33 und dann die SP 35, biegt in San Carlo auf die SP 110 nach links ab und gelangt über Campagna nach insgesamt 6 Kilometern nach Montrigiasco, wo man das Auto auf dem Parkplatz in der Ortsmitte hinter der Kirche, der Chiesa di San Giusto, abstellt.

Bus: Mit Autolinee Pirazzi gibt es seltene Verbindungen zwischen Arona und Montrigiasco sowie Dagnente.

Wanderkarten: Kompass Nr. 90, Lago Maggiore, Lago di Varese, 1:50 000. Zanetti Nr. 51, Arona, 1:30 000.

Einkehren/Übernachten
Unterkunft am Wanderweg: *Cascina Incocco,* Arona, Via per Incocco 1, www.incocco.com. Restaurants am Wanderweg in **Montrigiasco:** *Strattoria,* Piazza Gnemmi 4, und *Castagneto,* Via Vignola 14. Bei **Paruzzaro:** *Agriturismo Molino del Sabbione,* Via Sant'Eufemia 24. Unterkunft in **Dagnente:** B&B *White Lilac,* Via Verbano 70. Ristorante in Dagnente: *Arca di Noè.*

Baden: Mit dem Bachwasser kann man sich unterwegs erfrischen.

Tipp: Man kann die Wanderung rund um Montrigiasco auch zu Fuß von Arona aus starten. Dazu gibt es eine Wegbeschreibung im Tourismusbüro in Arona.

Tourismusbüro: Ufficio Turistico Arona, Piazzale Duca d'Aosta.

🔵 **Teatro sull'Acqua** heißt ein herbstlicher Event in **Arona,** der sich mit Wasserbühnenfestivals wie den Bregenzer Festspielen und dem Marionettentheater auf dem Wasser in Hanoi vergleichen lässt. Es gibt nicht etwa eine schwimmende Bühne, sondern der See selbst wird zur Bühne. Ganz nach dem Credo der Festivalbegründerin Dacia Maraini, dass Theater überall stattfinden kann, bezieht das Festival aber auch die gesamte Altstadt von Arona ein.
Informationen: www.teatrosullacqua.it

 Seit 1698 steht der riesige **Carlone** auf seinem Sockel hoch über **Arona** und wacht über den See. Der Clou ist: Man kann den einstigen Erzbischof von Mailand und das Mitglied des einflussreichen Borromäer-Clans sogar begehen. Über eine Wendeltreppe und eine Leiter gelangt man ganz nach oben, dann ist man im Kopf von Carlo Borromeo angelangt und blickt durch die kreisrunden Öffnungen seiner Augen auf den Lago Maggiore. Fast zwei Jahrhunderte lang war der mit Sockel 35 Meter hohe Koloss die höchste Statue der Welt, bis ihm 1886 die New Yorker Freiheitsstatue den Rang ablief.
Informationen: www.statuasancarlo.it

Blickfang Wasser: Rundtour um Dagnente und Montrigiasco

Dieser Rundweg schlängelt sich durch die Landschaft zwischen Dagnente und Montrigiasco oberhalb des Lago Maggiore und lässt sich mit dem oben beschriebenen Wanderweg von Montrigiasco zum Wasserfall Tina Bautina wunderbar zu einer längeren Wanderung verbinden. Start ist an der Straße, die, von Arona kommend, nach Montrigiasco hineinführt, kurz vor der Kirche, rechter Hand und etwa in der Höhe, wo der Wanderweg A3 von unten (von der Cascina Incocco und dem Wasserfall kommend) auf die Straße stößt. Die Route ist an der Straße ausgeschildert und führt entweder über den Wanderweg A8 über den Motto Mirabello (517 m) oder den A9 über den Motto della Rape oberhalb des Lago Maggiore in einer rund einstündigen Wanderung nach Dagnente und wieder zurück. In Dagnente hat man von der Kirche aus einen einmaligen Ausblick auf den Lago Maggiore.

Fischerei am Lago Maggiore

Heute kein Fisch

Sauberes Seewasser – magere Fänge – gründelnde Monster

Für viele Fische ist das Wasser zu sauber

5011NOP ist startklar. In der Bucht von Solcio bei Lesa besteigen im Morgengrauen Giorgio Brovelli und seine dreiköpfige Crew in orangefarbenen Gummihosen einen dunkelblau-stählernen, 8 Meter langen Fischerkahn. In der Seeenge vor Sesto Calende soll ein besonderes Experiment Aufschluss über den Fischbesatz in der Bucht geben. An Bord ist ein Netz aus alten Zeiten, wie es die Fischer früher noch benutzen durften; heute erlauben das die Regeln der Italienisch-Schweizerischen Fischereikommission CIPAIS nicht mehr. Daher hat im Begleitboot ein Vertreter der *Polizia locale* ein Auge darauf, dass sich Fischer Brovelli an die von den Behörden erteilte Ausnahmegenehmigung hält. Der Kahn hat bald sein Ziel vor der imposanten Kulisse der Burg von Angera erreicht, und Giorgio schaltet den Außenborder auf Tuckertempo. Dann packen alle Mann an Bord in rhythmischen Zügen an. An einer langen Linie von Korkschwimmern gleitet ein Rundnetz ins Wasser, bildet einen Kreis mit einem Durchmesser von 60 Metern und bis zu 20 Meter Tiefgang von der Wasseroberfläche. Damit muss doch Beute zu machen sein!

Das wird sich gleich zeigen. Denn jetzt zieht die Mannschaft das Netz Ruck für Ruck allmählich zusammen, verkleinert den Radius, zerrt es dann Meter für Meter wieder zurück über die Bordwand, bis nur noch ein kleiner Netzbeutel im Wasser verbleibt. Ohne einen einzigen Fisch. Das kann passieren. Fischer brauchen Zuversicht, und so geht es ein zweites Mal gemächlich im Kreis, bis die Schwimmerleine auf dem Wasser ihr volles Rund entfaltet. Dann erneut: zupacken, einholen. Aber wieder nichts, nur ein paar Stücke Schwemmholz und einige Wedel von Wasserpflanzen. Beim dritten Versuch haben sich wenigstens ein mittelgroßer Barsch und ein Zander in den Maschen verfangen. Drei Stunden für zwei Fische – auch der Polizist zeigt sich beindruckt von dieser Ausbeute.

Alles hat seinen Preis

Auf der Rückfahrt in den Hafen schwankt Giorgio zwischen Wut und Resignation, Kampfgeist und Erinnerungen. Noch vor 50 Jahren haben mehr als 200 Fischer und ihre Familien von ihren Fängen am See gut leben können. Heute sind es gerade noch 20. Warum? »Weil das Wasser einfach zu sauber ist«, meint er. »Die Kläranlagen halten doch alle Nährstoffe zurück. Wen wundert's, wenn wir hier in Trinkwasser baden und in einer langen Nacht nur zehn Kilo Fisch fangen.« Was wie die abwegige Meinung eines gestressten Fischers klingt, bestätigen die wissenschaftlichen Analysen von Pietro Volta. Der Fischexperte beim CNR, dem renommierten Umwelt- und Wasserforschungsinstitut in Verbania-Pallanza, ist auch Sekretär der CIPAIS, die mittlerweile grenzüberschreitend alle Angelegenheiten rund um den Fischfang am Lago Maggiore regelt. »Wir haben einen Konflikt zwischen dem sauberen Wasser für den Tourismus, der Trinkwassergewinnung und einem *lago produttivo* für die Fische«, erläutert Pietro Volta. »Um es offen zu sagen: Mehr Tourismus ist wichtiger als die Fänge von ein paar Fischern. Seit den 1970er Jahren landet dank Kläranlagen und Ringkanalisation kein ungereinigtes Abwasser mehr im See. Also haben wir auch weniger Nährstoffe, die sich wachstumsfördernd auf die Fischbestände auswirken könnten.« Alles habe seinen Preis – in gewissem Rahmen könne belastetes Wasser für die Fischerei deutliche Vorteile bringen. »Aber wollen wir wirklich in die Vergangenheit zurück?«, fragt Pietro Volta.

Daniele Magni, Umweltreferent der Region Lombardei, akzentuiert diese Position noch ein wenig: »Wir können doch nicht die Kläranlagen abschalten, nur um mehr Fische im See zu haben. In den vergangenen Jahrzehnten wurden Millionen Euro in die Optimierung der Abwasserreinigung investiert, weil auch für uns die Europäische Wasserrahmenrichtlinie verbindlich ist.« Das richtungsweisende Regelwerk, von dem Magni spricht, schreibt seit Dezember 2000 allen europäischen Mitgliedsstaaten vor, ihre Gewässer so natürlich wie möglich zu entwickeln.

Auf dem Weg zum Gewässerschutz

Ende des 19. Jahrhunderts wurden die Fischereiaktivitäten in den schweizerisch-italienischen Gewässern noch nach den in den jeweiligen Staaten geltenden Gesetzen geregelt. Wer damals mit unerlaubtem Gerät oder auf Fang nach geschützten Fischarten unterwegs war, wurde nach unterschiedlichen nationalen Gesetzen bestraft. Um die Sanktionen zu vereinheitlichen, trat 1898 ein interstaatliches Übereinkommen in Kraft. 1907 regelte ein königlicher Erlass ein neues »Übereinkommen zwischen Italien und der Schweiz über einheitliche Bestimmungen für die Fischerei in den gemeinsamen Gewässern beider Staaten«. Aber es dauerte bis in die 1970er Jahre, bis trübes Seewasser, wiederholte Algenplagen und zunehmendes Fischsterben zu einem wirklich verbindlichen gemeinsamen Abkommen zum Gewässerschutz führten. Was war da passiert?

Eutrophierung nennen Fischerei- und Umweltexperten den Zustand eines Gewässers, dem die Luft ausgeht. Zunächst sind Nährstoffe wie Phosphate aus Waschmitteln oder Nitrate aus landwirtschaftlichem Kunstdünger ein Wachstumsturbo für pflanzliches und tierisches Plankton. Mehr Plankton heißt mehr Nahrung für wachsende Fischpopulationen, aber auch erhöhter Sauerstoffverbrauch. Zu viel darf es daher nicht sein, sonst kippt der See, und die zum Boden absinkenden, sich allmählich zersetzenden Algenmassen entziehen den Fischen die noch verbliebene Luft zum Atmen. Algenblüten reduzieren Menge und Diversität der Fischbestände so lange, wie die Menschen die Einleitung von Nährstoffen nicht verhindern. Was am Lago Maggiore ohne grenzüberschreitende und einheitliche Regeln, Gesetze und Vorschriften nicht funktionierte.

Und so kam es schließlich nach Jahrzehnten zu einer neuen, überarbeiteten Übereinkunft zwischen der Schweiz und Italien, den Regionen Piemont und Lombardei. Die Fischereikommission CIPAIS engagierte sich erfolgreich für das Phosphatverbot in Waschmitteln und verpflichtete alle Anrainer des Sees, das Abwasser zu klären. Der Lago Maggiore kam wieder zu sich, das Wasser wurde klarer und sauberer, die Fischbestände erholten sich allmählich. Im weiteren Verlauf einigte sich die Kommission auf einen Grenzwert von 10 bis 12 Mikrogramm Phosphor pro Liter Seewasser. Gut für die Wasserqualität, eher ungünstig für die Größe und Zusammensetzung der Seefauna.

Giorgio Brovelli – einer der verbliebenen Berufsfischer

DDT-Krise: Verseuchte Fische

Eine viel größere Katastrophe blieb allerdings wegen des Algenwachstums lange Jahre unbemerkt: die DDT-Krise. Sie habe den Fischern am See fast den Todesstoß versetzt, vom dem sie sich bis heute nicht erholt hätten, so Marina Manca, die ehemalige Leiterin des Forschungszentrums CNR in Pallanza. Zwischen 1948 und 1996 wurde das weltweit eingesetzte Insektizid DDT auch in einem großen Chemiekomplex zwischen Fondotoce und Domodossola im Norden des Lago Maggiore hergestellt. Das belastete Abwasser gelangte über den Fluss Toce in den See und reicherte sich über die Nahrungskette in den Fischen an. Eine erste Studie aus dem Jahr 1998 wies eine DDT-Konzentration weit über den gesetzlichen Grenzwerten für den Verzehr von Fischen nach. Die Forscher des CNR schlugen Alarm. Die

Produktion in Pieve Vergonte wurde zwar stillgelegt, doch das tröstete die betroffenen Fischer nur wenig. Denn noch zehn lange Jahre durften die Fische aus dem Lago Maggiore weder gefangen noch verkauft werden. Mittlerweile gilt die Belastung der Seeorganismen zwar als unbedenklich, und Fischfang ist wieder möglich, erholt hat sich die Branche von dieser Umweltkatastrophe jedoch kaum. »Es waren verdammt harte Jahre«, erinnert sich Giorgio Brovelli. »Viele Kollegen mussten damals aufgeben. Ein Grund mehr, dass wir hier heute nur noch eine Handvoll professionelle Fischer sind.«

Das Firmenareal in Pieve Vergonte ist inzwischen im Besitz des staatlichen Mineralölkonzerns ENI. Der hat ein millionenschweres und weltweit einmaliges Pilotprojekt aufgesetzt, um mit einer Filter- und Waschanlage Grundwasser und Böden von den Rückständen des gefährlichen Insektenvertilgungsmittels zu befreien. Ein Verfahren, das eine fachliche Kommission der CIPAIS wissenschaftlich begleitet. Zu groß ist die Gefahr, dass Regen das Gift wieder in den Toce und dann in den Lago Maggiore spülen könnte. »Momentan sieht es so aus, als machten sie einen guten Job«, meint Pietro Volta vom CNR. »Bisher zeigen unsere biologischen Proben keine erhöhte Kontamination an.«

Seit dem 1. Januar 2015 sind neue Regeln für die Wasserqualität und den Fischfang in Kraft. Zugelassene Fangausrüstung, Mindestfanggrößen, Fischquoten, Grenzwerte: Alles ist über die Kommission verbindlich und einvernehmlich zwischen Italien und der Schweiz geregelt. Die Zusammenarbeit mit den wissenschaftlichen Forschungsgruppen ist richtungsweisend. Regelmäßige Studien geben den Takt für die Empfehlungen an die nationalen Regierungen vor. Diese überführen sie dann in Regelwerke, auf deren Einhaltung die Kommission ein Auge hat. Es wäre viel gewonnen, wenn die Kooperation zwischen Wissenschaft und Politik auch beim Pegelmanagement des Sees so gut laufen würde.

Wenn, dann Meeresfisch

Giorgio Brovelli sitzt in seinem kleinen, schlichten und lichtdurchfluteten Restaurantboot im Hafenbecken von Solcio an einem Tisch und bespricht mit seinen beiden Chefköchen die Tageskarte. Draußen vor dem Fenster liegen seine zwei Fischerboote, daneben ein Schwimmcontainer mit

Hobby- und Berufsfischer teilen dasselbe Schicksal: Es gibt zu wenig Fische im See

Netzen, Reusen, Benzinkanistern und Gerümpel. Etwas weiter am Ufer Kräne einer Schiffswerft. Im Hafenbecken große metallene Fischreusen, in denen Millionen von Kleinfischen darauf warten, als Wachstumsschub für die Fischpopulation in den See entlassen zu werden. »*Aquafarming*, das ist meine Antwort auf die Fischarmut im See«, meint Giorgio. »Mit unserer Brutanlage in Solcio versuchen wir etwas dagegen zu unternehmen. Letzte Woche haben wir 600 Forellenbabys in den See entlassen.« Auch andere Fischerkollegen bemühen sich um die Wiederbesiedlung. Im Sommer 2022 setzte die Fischervereinigung La Riva aus Verbania 40 000 marmorierte Forellenbrütlinge aus. Werden sie den Fang auf dem Lago Maggiore wieder attraktiver machen?

Giorgio Brovelli rührt Zucker in seinen Espresso, nimmt zwischendurch noch ein paar telefonische Bestellungen an und erzählt von seiner Kooperative, einem achtzehnköpfigen Verbund aus Familienmitgliedern und drei anderen Fischern: »Wir betreiben hier zwei Restaurants, eines mit Meeres- und das andere an der Hauptstraße nur mit Seefisch: Terrine mit Seefisch, Risotto mit Barschfilets, Zanderscheiben in Kapernsauce. Auf der Westseite des Lago Maggiore sind wir zwischen Sesto Calende und Locarno das einzige Restaurant, das ausschließlich Fische aus dem See auf der Speisekarte hat. Felchen, Zander, Hecht, Barsch und Forelle – die verkaufen wir auch fangfrisch am Morgen in unserem Wagen an Land. Aber es ist gar nicht so einfach, den Leuten Lust auf Fische aus dem See zu machen. Obwohl sie doch aufgrund des sauberen Wassers so gut schmecken.«

Giorgio ist nicht der Einzige, dem das Image des Seefischs und vor allem die Nachfrage danach am Herzen liegt. In Angera betreibt seit ein paar Jahren ein engagiertes Fischerpaar einen Laden mit frischem Seefisch. Und dann gibt es noch die Brüder Ruffoni auf der Isola dei Pescatori, die wie Giorgio Brovelli die gesamte Lieferkette bedienen – vom Fangschiff ins Restaurant, vom Hafen im kleinen Tiefkühltruck zu den Kunden. Dennoch haben es die Fische aus dem See schwer, auf die Einkaufszettel und Speisekarten zu kommen. »Wenn eine Trattoria Renkenfilet auf die Tageskarte schreibt, dann wissen die meisten Gäste gar nicht, was das ist«, sagt Giorgio Brovelli. Die Fische aus dem Meer – Dorade, Schwertfisch, Heilbutt – sind bekannter und nachgefragter. Was auch daran liegen mag, dass die Italiener mit ihrer maritimen Geschichte ein selbstverständlicheres Verhältnis zum Meer und seinen Schätzen haben und die Ausbeute aus den Binnengewässern daher links liegen lassen. Kann die Initiative »Slow Fish« aus dem Sommer 2022 eine Wende bringen? Zu den wichtigsten Zielen soll zukünftig die Aufwertung von Fischarten gehören, die in der Öffentlichkeit weniger gefragt sind.

Ein See in Privatbesitz

Egal ob Restaurantbesitzer und Köche die Abnehmer sind oder Kunden im Supermarkt – die Verbraucherpräferenzen entscheiden sich auch über den Preis. Und in dieser Hinsicht haben die wenigen Fischer am Lago Maggiore ebenfalls schlechte Karten. »Es ist bizarr«, sagt Pietro Volta, der Experte für Fischerei vom CNR. »Die Felchen kosten am Lago Maggiore rund 7 Euro pro Kilogramm; der gleiche Fisch aus dem Comersee hat zwar nicht ganz dieselbe Qualität, ist jedoch um die Hälfte billiger.« Es überrascht daher nicht, dass dort die Kunden eher zugreifen. Dass im Preiswettbewerb die Fischer am Lago Maggiore nur schwer mithalten können, ist auch einer langen feudalen Tradition geschuldet. Außer einer kleinen Seeregion um Intra und Pallanza ist das gesamte Seeterritorium bis heute im Besitz eines

Nur wenige Restaurants haben Seefisch auf der Speisekarte

Adelsgeschlechts. Denn am 10. Januar 1882 hat ein Dekret des Präfekten von Novara die Fischereirechte am Lago Maggiore an die einflussreiche Familie der Borromäer vergeben, und ihre Nachkommen lassen sich eine Fischereilizenz bis auf den heutigen Tag teuer bezahlen. 3500 Euro kostet es jeden Fischer vor Ort pro Jahr, die Netze auszuwerfen. Was den wenigen Berufsfischern auf der Schweizer Seite ganz nebenbei einen Konkurrenzvorteil gegenüber ihren italienischen Mitbewerbern bringt. Die Lizenzgebühren lassen auch Giorgio Brovelli nicht kalt. »Wir haben doch ohnehin schon ein richtiges Nachwuchsproblem«, ereifert er sich. »Wer will denn heute noch diesen unsicheren und anstrengenden Beruf des Fischers ergreifen? Und wer hat das Geld, die Investitionen für Boot und Ausrüstung, Benzin und Reparaturen aufzubringen, um dann noch Tausende Euro im Jahr an die Familie Borromeo zu entrichten?«

Gründelnde Monster

Schon ihr Anblick löst bei vielen Menschen ein Gruseln aus. Ein lang gestreckter, bulliger und schleimiger Körper, lange Barthaare an einem mächtigen, zahnbewehrten Maul, tief liegende Augen – irgendwie unheimlich. Und dann noch diese riesigen Körper! Gefangene Exemplare aus dem Lago Maggiore brachten schon bis zu 50 Kilogramm auf die Waage, bei einer Länge von eineinhalb Metern. Die Rede ist vom *Silurus glanis*, dem Wels. Er gilt als invasive Art, die, weil er keine natürlichen Fressfeinde hat, ganze Biotope vernichtet. Tagesüber verharren die Welse meist reglos am Grund und versinken im Schlamm. Als Raubfische verschlingen sie dann Nacht um Nacht Unmengen an Fisch – große und viele kleine, was vor allem dem Nachwuchs und damit dem Fischbestand schadet. Seit rund 15 Jahren mischen sie nun das Wasser des Lago Maggiore auf und sind zu einer ernsthaften Gefahr für die Bestände und die Fischerei geworden, vor allem im Süden des Sees. »Wir hier im Norden haben nicht so das Problem«, sagt der Profifischer Walter Branca aus dem Schweizer Vira Gambarogno. »Die Welse lieben das wärmere Wasser und setzen sich schnell Richtung Süden ab.«

Der Streit, wer für die Ausbreitung der Fischmonster im Lago Maggiore Verantwortung trägt, entzweit seit Jahren die Amateur- und Berufsfischer. Die Profis behaupten, dass die Anglerteiche entlang der Tresa und des Po mit ihnen bestückt wurden, um den Hobbyanglern exotische Trophäen zuzuspielen. Unwetter und Starkregen hätten dann die Fischbecken über die Ufer treten lassen und die Welse in den See gespült. Die Amateure dementieren kategorisch, verweisen auf die kapitalen Fänge entlang der Zuflüsse des Sees in den letzten Jahren und sagen, die Raubfische seien über die Flussläufe in den Lago Maggiore eingewandert.

Kampf gegen Invasoren

Inzwischen hat ein von der EU gefördertes Projekt des CNR den exotischen Fischen den Kampf angesagt. Entlang des Fondotoce-Kanals werden wandernde Fische in großen Fallen abgefangen. »Hier ist einer drin«, ruft ein Mädchen aus einer Schülergruppe Pietro Volta zu, dem wissenschaftlichen Leiter des Projekts. Der fischt mit seinem Kescher den rund 40 Zentimeter langen Wels heraus; die Forellen, die auch im Sammler gelandet sind, lässt er wieder frei. Gemeinsam mit Schulklassen der Region inspizieren die Wissenschaftler regelmäßig die vergitterten Fischsammler. Während sie einheimische Arten wieder in den See entlassen, übergeben sie die Welse lokalen Fischern, die gute Handelsbeziehungen nach Rumänien unterhalten. Denn in Osteuropa gilt der Wels als Delikatesse. »Hier am See können sie den Wels, der mittlerweile die viertgrößte Biomasse aller Fänge auf dem Lago Maggiore ausmacht, kaum verkaufen«, sagt Pietro Volta. »Die Rumänen hingegen zahlen einen fairen Preis. Und zugegeben: Der Raubfisch schmeckt auch wirklich lecker, weil das Wasser unseres Sees einfach so gut ist. Es wird Zeit, dass wir das Image des Monsters, das angeblich sogar kleine Kinder fressen soll, verändern. Denn so schnell werden wir diese Invasoren nicht wieder los«, meint der Wissenschaftler.

Das grenzüberschreitende Projekt »Sharesalmo« hat den invasiven Arten mit einer Doppelstrategie den Kampf angesagt. Deren Eindämmung geht damit einher, den See und seine Zuflüsse wieder mit Forellen zu besiedeln. In Zusammenarbeit mit lokalen Fischern kommt dabei eine innovative Methode zum Einsatz. Tausend Forellen wurden mit Transpondern ausgerüstet, deren Signale von Unterwasserrekordern aufgefangen werden, die an den Mündungen der Flüsse Tresa, Toce und Ticino sowie an verschiedenen Stellen am Lago Maggiore und Lago di Lugano installiert sind. Denn Forellen schwimmen diese Wasserwege hinauf, um sich fortzupflanzen, aber zu Zeiten und auf Wegen, welche die Wissenschaftler noch zu wenig kennen. Die Informationen der Transponder sollen das ändern. Die Experten beim CNR gehen davon aus, dass die 2 Millionen Euro Projektkosten gut angelegt sind.

Im Etagenhaus wird es wärmer

Nicht nur im Lago Maggiore, sondern auch in anderen Binnenseen Europas führt der Klimawandel dazu, dass sich das Wasser allmählich erwärmt. In den vergangenen 15 Jahren ist die Temperatur des Lago Maggiore um knapp 2 Grad gestiegen, was die Fischexperten zwar nicht in Unruhe versetzt, aber doch nachdenklich stimmt. Noch sind die wissenschaftlichen Studien jedoch zu dünn, um eindeutige Trends und Zusammenhänge festzustellen. Klar ist allerdings: Erhöhte Wassertemperaturen verändern die Zusammensetzung der Fischpopulationen und des gesamten Ökosystems. Viele Fischarten wachsen schneller, entwickeln eine andere Körpergröße und verschieben ihre jahreszeitlichen Fortpflanzungsrhythmen. Weil Temperaturschichtung und Durchmischung des Wassers durcheinandergeraten, verteilen sich außerdem die Nährstoffe im wärmeren See neu, was gerade manchen invasiven Arten wie zum Beispiel dem Rotauge gut be-

Angeln braucht Zuversicht

kommt und so ebenfalls die biologische Vielfalt bedroht.

Man muss sich den See wie ein Etagenhaus für Fische und Wasserlebewesen vorstellen. Auf den unterschiedlichen Stockwerken herrschen immer eine andere Wassertemperatur, andere Lichtverhältnisse und eine andere Sauerstoffkonzentration, an die sich die Nahrung der Fische, nämlich die winzigen Algen und tierischen Organismen, das sogenannte Plankton, jeweils angepasst haben. Je nach Jahreszeit, Wind und Wetter wird in diesem Temperaturgebäude ein Aufzug aktiv, der neue Nährstoffe und Sauerstoff heranschafft. Diese vollständige oder anteilige Durchmischung der Wassersäule schafft die Voraussetzung für weiteres Wachstum. Als wissenschaftlich gesichert gilt: Die durch den Klimawandel bedingte erhöhte Wassertemperatur wirbelt dieses über Jahrtausende kalibrierte Gleichgewicht von Plankton und Fischarten auf den Stockwerken durcheinander. »Aber nicht jedes gestörte Gleichgewicht muss eine Katastrophe sein«, meint Pietro Volta vom CNR. »Der Zander lebt beispielsweise im wärmeren Oberflächenwasser und kommt mit den Verhältnissen gut zurecht. Ebenfalls auf dem Vormarsch im See ist die Brasse.« Im Tiefenwasser haben die Forscher bisher noch keine Veränderungen für die Fische festgestellt. Zusätzliche Probleme bereiten allerdings viele farbenprächtige Fische, die, von ihrer überdrüssig gewordenen Villenbesitzern am See aus ihren Aquarien ausgesetzt, im wärmer gewordenen See ein neues, bekömmliches Zuhause finden, was den eingeborenen Wasserbewohnern nicht gut bekommt. Sofern der Wels die Neuankömmlinge nicht frisst.

Flower-Power

Kamelien, Azaleen und andere Blütenträume

Im Park der Villa Giulia in Pallanza

Im 19. Jahrhundert kann man sich Pflanzenzüchter und -liebhaber als globalisierte Netzwerkende vorstellen. Schon die Entdecker und Kolonisatoren ferner Länder und Kontinente brachten exotische Gewächse an Bord ihrer Schiffe nach Europa. Ihnen folgten die Sammler und Biologen, die grenzüberschreitende Kontakte hatten und an der Klassifizierung und Züchtung von unbekannten Gewächsen interessiert waren. Dafür fanden sie am Lago Maggiore perfekte Bedingungen vor: mildes Klima und Wasser, kaum strenge Winter, warme, regenreiche Sommer sowie saure Böden. Geld, Image und Nachfrage brachten dann vor allem die wohlhabenden Adeligen, Großbürgerlichen und Intellektuellen internationaler Provenienz mit, die ihre repräsentativen Anwesen am See in üppige und exotische Parklandschaften eingebettet sehen wollten. Aufgrund des günstigen Klimas gelang hier der industrielle Anbau von Rhododendren, Kamelien und Azaleen besonders gut. Die aus fernen Kulturen importierten Pflanzen akklimatisierten sich hervorragend, und der Lago Maggiore entwickelte sich zu einem Floristen-Hotspot und Exportstandort. Am westlichen und reputierlichen Ufer des Sees verwandelten immer mehr Villen, Hotelanlagen und Parks die Landschaft in kunstvoll inszenierte Terrains.

Die Modeblume schlechthin

Eine Blume tat sich am Lago Maggiore ganz besonders hervor, wurde gar zu seinem inoffiziellen Wahrzeichen: die Kamelie. Sie kommt ursprünglich aus China, Taiwan, Japan und dem südlichen Korea, wo sie in Wäldern auf Höhen zwischen 300 und 1100 Metern wächst. Im frühen 18. Jahrhundert hatten Händler und Seefahrer sie nach Europa gebracht.

Kamelien, Azaleen und Bambus

Der schwedische Arzt und Naturforscher Carl von Linné, dem die Botanik ihre Systematik und Nomenklatur verdankt, benannte sie übrigens nach dem Jesuitenpater und Botaniker Joseph Kamel, der sie als Erster beschrieb. Die Kamelie gewann Kultstatus und wurde zum Treiber einer Pflanzenindustrie, die sich mit dem eingetragenen Warenzeichen »La Camelia del Lago Maggiore« auf den Märkten positionierte. Die Blumenzucht, die Gärten und Parks, die Blumenausstellungen wurden zum Tourismusmagnet. Wer die Parks, Anwesen und Villen an den Ufern des Lago Maggiore besucht, wird sie in den Frühlings- und Wintermonaten in ihrer Farbenvielfalt bewundern können.

Vor gut zehn Jahren erinnerte sich einer der Gärtner, der Inhaber der Compagnia del Lago Maggiore in Verbania, daran, dass die Kamelie nicht nur eine Zier-, sondern auch die Teepflanze überhaupt ist. Paolo Zacchera beginnt im Ossola-Tal zunächst kleine Anbauflächen mit ihr zu kultivieren, aber der Erfolg macht ihn zuversichtlich. Tee vom Lago Maggiore – warum sollten die Blätter für Tee eigentlich nur aus Indien, Ceylon oder Sri Lanka kommen? Seit Sommer 2022 kann man den Tee vom Lago Maggiore online bestellen.

Parks und Gärten

Isola Bella, Stresa
60 000 Quadratmeter Fläche
www.isoleborromee.it

Isola Madre, Stresa
80 000 Quadratmeter Fläche
www.isoleborromee.it

Villa Pallavicino, Stresa
200 000 Quadratmeter Fläche
www.parcozoopallavicino.it

Botanischer Garten Alpino, Stresa
40 000 Quadratmeter Fläche
www.giardinoalpino.it

Villa Ducale, Stresa
10 000 Quadratmeter Fläche
www.rosmini.it

Villa Fedora, Baveno
28 000 Quadratmeter Fläche
www.festivalgiardino.it

Villa Giulia, Verbania-Pallanza
5000 Quadratmeter Fläche
www.commune.verbania.it

Villa Rusconi Clerici, Verbania-Pallanza
8700 Quadratmeter Fläche
www.villarusconiclerici.it

Villa Taranto, Verbania-Pallanza
160 000 Quadratmeter Fläche
www.villataranto.it

Villa San Remigio, Verbania-Pallanza
80 000 Quadratmeter Fläche
www.verbania-turismo.it

Villa Maioni, Verbania-Pallanza
30 000 Quadratmeter Fläche
www.bibliotechevco.it

Villa Bernocchi, Premeno
60 000 Quadratmeter Fläche
www.villabernocchi.it

Villa Anelli, Oggebbio-Gonte
15 000 Quadratmeter Fläche
www.villaanelli.cjb.it

Botanischer Garten Ticino, Isole di Brissago
25 000 Quadratmeter Fläche
www.isolebrissago.ch

Kamelien-Park, Locarno
10 000 Quadratmeter Fläche
www.ascona-locarno.com

Gambarogno Park, Gambarogno
17 000 Quadratmeter Fläche
www.parcobotanicogambarogno.ch

Von Angera bis Sesto Calende

Entlang der Kanäle im Parco del Ticino, Panoramarundwanderung rund um di Rocca di Angera und zum Isolino im Lago di Varese

Route 5.1 Rund um das Stauwehr Panperduto

Immer im Fluss: Im Parco del Ticino

Wasser kennt keine Grenzen? Wohl doch. Jedenfalls mündet der Ticino im Norden aus dem nach ihm benannten Kanton Tessin als Schweizer Fluss in den Lago Maggiore, um ihn im Süden bei Sesto Calende als Italiener wieder zu verlassen. Und um dann – bevor er bei Pavia in den Po mündet – selbst eine Grenze zu ziehen, nämlich die zwischen dem Piemont und der Lombardei. Der Landschaftspark, den er dabei mit seinem Flussbett durchschneidet, setzt sich allerdings über diese regionalen Grenzen hinweg, breitet sich auf beiden Seiten aus, der lombardischen und der piemontesischen. Der Parco del Ticino ist einer der größten Flussparks in Europa und mit seinen vom Ticino und dessen Kanälen durchzogenen Kastanien-, Eichen- und Kiefernwäldern, mit seinen Feucht- und Heidegebieten und ausgedehnten landwirtschaftlichen Flächen seit 2002 von der Unesco als Biosphärenreservat anerkannt.

Ein wilder Fluss

Bis ins Mittelalter war der Ticino ein wilder, nicht schiffbarer Fluss, der weite Teile der Region südlich des Sees versumpfen ließ. Abhilfe schaffte schließlich die Kanalisierung: Der im 12. Jahrhundert erbaute *Naviglio Grande* verband fortan den Lago Maggiore mit Mailand, und es entstand mit ihm zugleich ein Bewässerungssystem, das Wasser für die Mühlen und Felder lieferte und die Basis für den Reichtum der Region legte. An der Planung für die Schleusen des Kanals, die erst später erfolgte, war übrigens auch Leonardo da Vinci beteiligt. Über die schiffbare, 50 Kilometer lange Wasserstraße des *Naviglio Grande*

Am historischen Stauwehr…

gelangten nun Menschen und Waren nach Mailand, nicht zuletzt auch der Marmor für den Bau des Doms aus dem nördlich vom Lago Maggiore gelegenen Steinbruch von Candoglia – was nur deshalb möglich war, weil sich der Kanal damals noch bis in die Mailänder Innenstadt zog. Heutzutage verläuft dieser letzte Teil des *Naviglio Grande* unterirdisch. Stromaufwärts wurden die schwer beladenen Barken von Pferden auf Treidelpfaden in Richtung See gezogen. Inzwischen sind aus diesen attraktive Spazier- und Fahrradwege längs des Kanals geworden. Unterwegs auf den alten Pfaden passiert man am Ufer auch immer wieder imposante Patriziervillen, einst Sommersitze wohlhabender Mailänder Familien.

Hydraulischer Knotenpunkt

Eine architektonische Augenweide in dieser Flusslandschaft ist ein 1884 eingeweihtes Regulierwerk, die Staustufe Panperduto hinter Somma Lombardo. Die 290 Meter breite klassizistische Industriekathedrale überspannt den gesamten Ticino und teilt sein Wasser in zwei Kanäle, in den Villoresi und den Industriale. Entworfen haben den hydraulischen Knotenpunkt die Ingenieure Eugenio Villoresi und Luigi Meraviglia. Der nach seinem

Erbauer benannte Villoresi-Kanal sorgte fortan für die großflächige Bewässerung der Landwirtschaft in der Po-Ebene, während der zweite Kanal, der Industriale, – der in seinem weiteren Verlauf in den mittelalterlichen *Naviglio Grande* mündet – bis heute vor allem der Energieerzeugung dient und mehrere Wasserkraftwerke versorgt.

Der Staudamm und mit ihm das gesamte komplexe Wassersystem blieb seit der Entstehung des Panperduto nahezu unverändert und spielt weiterhin für die Landwirtschaft und die Energieversorgung in der Region eine wichtige Rolle. Zu dem ungewöhnlichen Namen – »Panperduto« bedeutet auf Deutsch »verlorenes Brot« – kam die Staustufe, weil die Lastkähne mit der Ware zuweilen in den Stromschnellen umgeworfen wurden, womit der Tagesverdienst der Schiffer, also ihr Broterwerb, verloren war. Heute kann man sehr viel gemütlicher mit dem Touristenboot im Rückhaltebecken der Staustufe herumschippern, zwischen der Anlegestelle an der Mündung des kleinen Baches Strona in Somma Lombardo und der Insel Confurto, dem Landstreifen zwischen dem Ticino und dem Panperduto-Stausee.

... Panperduto

Vögel und Flugzeuge

Im Parco del Ticino finden viele Tier- und Pflanzenarten einzigartige Lebensbedingungen vor. Marder, Fuchs, Dachs, Wiesel, Iltis und Steinmarder streifen in den Wäldern umher, und auf dem Wasser sind Reiher, Schwäne und Stockenten auf Nahrungssuche. Auch über den Köpfen tut sich einiges, denn zahlreiche Vogelarten haben in dem Naturschutzgebiet ihr Zuhause gefunden. Zu den Flugobjekten am Himmel gehören aber auch Jets, die den nahe gelegenen Mailänder Flughafen Malpensa ansteuern oder verlassen. Umso poetischer ist es im Park, wenn

Im Parco del Ticino

sich – was keine Seltenheit ist in dieser flachen Wasserlandschaft – eine Nebeldecke über ihn legt, die dann manchmal sogar den Flugverkehr lahmlegt. Kein Thema ist das Wetter für die vielen Angler, die geduldig an den Ufern von Fluss und Kanälen ihre Ruten auswerfen und darauf warten, dass eine Forelle oder Äsche nach dem Köder schnappt.

Weg zum Wasser 5.1

Unterwegs rund um das Stauwehr Panperduto

Vom Parkplatz erreicht man das **Stauwehr Panperduto** über einen 600 Meter langen Kiesweg. Bei dem imposanten Wehr trifft man auf eine Bar und einen Infopoint und passiert eine alte, heute stillgelegte **Schiffsschleuse.** Dann geht der Uferweg am Staubecken entlang bis zu dem Teil des Wehrs, an dem die Weichen für die beiden Kanäle gestellt werden und das man überqueren kann. In der Mitte dieses Wehrs kommt man hinunter zu einem auf dem Grünstreifen zwischen den beiden Kanälen verlaufenden Weg. Auf diesem Pfad unterquert man eine erste Brücke und steigt dann auf eine zweite Steinbrücke hoch, um auf der anderen Kanalseite über den Uferweg wieder zum Ausgangspunkt zurückzukehren.

Steckbrief und Service

Die Tour entlang der Kanäle ist kurz und flach und vor allem wegen der Wehrbauwerke und der Flusslandschaft eindrucksvoll. Auf der Uferstrecke sind immer viele – auch schnelle – Fahrradfahrer unterwegs.

Strecke: 6 km (hin und zurück)

Wanderzeit: 1 h 30

An- und Rückreise: Von Somma Lombardo führt die SS 336 direkt zur Diga Panperduto. Wenn man vom Süden des Sees aus der Gegend von Sesto Calende kommt, fährt man auf der SP 27 Richtung Golasecca, biegt in die kleine Straße rechts ab zur Diga della Miorina und fährt weiter auf der Uferstraße am Fluss entlang bis zum großen Parkplatz.

Von dort geht es über einen breiten Kiesweg zum nahen Panperduto.

Bus: Von Angera kommt man mit dem Bus Nr. 20 nach Sesto Calende.

Wanderkarte: Geo4map Valle del Ticino Nr. 1, Arona, Legnano, Magenta, 1:50 000.

Einkehren/Übernachten

Unterwegs: An der Diga Panperduto gibt es eine *Bar*, in der man auch Kleinigkeiten essen und außerdem in sechs Doppelzimmern mit Bad günstig übernachten kann. Man kann dort auch Fahrräder leihen (mit denen man an den Kanälen entlang bis nach Mailand oder Pavia radeln kann). Nebenan werden im Sommer an einem Stand Drinks ausgeschenkt. Um die Ecke auf dem Weg vom Kanal zum Fluss gibt es einen Agriturismo: *La Viscontina*, www.agriturismolaviscontina.it.
Unterkunft in **Sesto Calende** in den schönen Altstadtgassen: *Hotel del Sole*, Ruga del Porto Vecchio 1.

Strand: Um die Ecke gibt es am Ticino einen langen Kiesstrand, die 💧Spiaggia del Fogador.

Tipp: Der Infopoint beim Panperduto ist außer im Februar ganzjährig geöffnet (www.panperduto.it). Bei der dort angebotenen *Bootstour* geht es über den Ticino bis zum **Staudamm Porto della Torre;** sie schließt einen Besuch im Museo delle Acque Italo Svizzere ein.

Tourismusbüro: Infopoint Sesto Calende, ex Chiosco Dante, Viale Italia, www.prosestocalende.it (mit Fahrradverleih), E-Bikes bei www.ticinobikehub.it.

🔵 **Zum Lido!** Wenn man die Wasserweiche das Panperduto-Wehrs, an dem sich die beiden Kanäle trennen, überquert hat, führt auf der anderen Seite ein schmaler Weg vom Kanal weg in den Wald hinein und dann am Bach entlang bis zu einer – wenn nicht viel los ist – verwunschenen Ecke. Am langen Kiesstrand liegt hier ein sehr beliebter Sommerbadeplatz, die **Spiaggia del Fogador** am hier sehr breiten Ticino.

🔴 Das **Museo delle Acque Italo Svizzere,** das Italienisch-schweizerische Wassermuseum auf der Isola Confurto, thematisiert die Bedeutung des Wassers für das Leben, die Landwirtschaft, die Ernährung, die Landschaft und die Stromerzeugung. Neben dem Museum befindet sich ein (im Winter geschlossener) Wasserspielgarten für Kinder und Jugendliche, der spielerisch physikalische Prinzipien beim Umgang mit Wasser vermitteln will. Eine Reservierung des Besuchs per E-Mail ist obligatorisch (visit@panperduto.it).

🟠 **Am Ticino-Ufer: Von Sesto Calende nach Golasecca (und zu den Dighe del Panperduto)**

In Sesto Calende startet ein beschaulicher **Uferweg** (etwa 2 km lang) entlang des Ticino gen Süden nach Golasecca, mit Blick auf die zum Teil prächtigen Anwesen auf der anderen Uferseite in Castelletto sopra Ticino. Der Spazierweg führt in Sesto Calende hinter dem Ponte di Ferro über die Uferpromenade Via Italia, die im weiteren Verlauf in die Viale Alzaia und die Via Mattea Leandro mündet. Man kann von **Golasecca** wieder auf gleichem Weg zurückkehren oder noch weiterlaufen bis zum **Panperduto.** Dann muss man allerdings hinter dem Ortseingangsschild von Golasecca ein Stück an der Straße (SP 27) entlanglaufen, um schließlich – hinter der Autobahnbrücke über die Straße – in den nach rechts führenden Asphaltweg zum Miorina-Staudamm abzubiegen. Danach geht es über dieses – von sehr wenigen Autos befahrene – Asphaltsträßchen immer weiter am Flussufer entlang bis zu den Dighe del Panperduto.

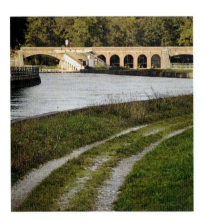

Seemanagement

Das pegelt sich nicht ein

Wasserstress am Lago Maggiore

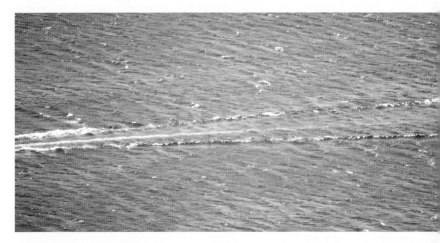

Mal zu viel, mal zu wenig Wasser

Seit Tagen schüttet es wie aus Eimern. Innerhalb von elf Tagen schnellt der Wasserstand des Lago Maggiore um 3 Meter in die Höhe. Die Meteorologen sprechen von einer Südstaulage. Das ist der Fall, wenn mit Feuchtigkeit aus dem Mittelmeer gesättigte Regenwolken vor den Alpen kehrtmachen, um über dem Meer wieder aufzutanken und diese Last dann vor dem Gebirge erneut abzulassen. Dann steigt der Pegelstand des Sees rasant. Auch der Po ist bald bis zum Rand gefüllt, und die Anrainerstädte müssen Überflutungen fürchten.

Dann: Frühjahr und Sommer 2022. Dürrealarm – seit einem halben Jahr hat es nicht geregnet. Es herrscht die schlimmste und längste Trockenheit seit 60 Jahren. Der Wasserspiegel des Lago Maggiore sinkt konstant, dem See fehlen Milliarden Liter Wasser, und bald ist der historische Tiefstand von Januar 2008 erreicht. Es mangelt nicht nur an Regen, sondern auch an Schmelzwasser, denn im Winter ist wenig Schnee gefallen, und viele wasserspeichernde Gletscher tauen nach und nach ab oder sind sogar schon weggeschwommen. Die Trockenzeit des Jahres 2022 wird in die Seegeschichte eingehen.

Ist das noch Wetter oder schon der Klimawandel? In den vergangenen Jahrzehnten nahmen die meteorologischen Extremereignisse am Lago Maggiore zu: Hochwasser im Herbst und Winter, Dürrezeiten im Frühjahr und Sommer. Der Pegel des Sees kann in einer einzigen Starkregennacht um bis zu 2 Meter steigen, worauf Wochen ganz ohne Niederschläge folgen können, in denen der Ticino, der Abfluss im Süden des Sees, fast trockenfällt. Es ist das enorm große Wassereinzugsgebiet des Lago Maggiore, das den zweitgrößten der oberitalienischen Seen für Wetterereignisse so verletzlich macht. Einzugsgebiet und Seefläche stehen in einem Verhältnis von 30 zu 1. Fällt in der weiteren Umgebung des Lago Maggiore ein Zentimeter Regen, dann erhöht dieser Niederschlag den Seepegel rechnerisch um 30 Zentimeter. Aus einem Umland von mehr als 6500 Quadratkilometer Fläche landet über kurz oder lang jeder Tropfen Regen im See. Eher über kurz, denn die steilen und felsigen Talhänge der großen Zuflüsse Ticino, Toce, Verzasca, Maggia und Tresa speichern nur wenig Wasser, transportieren es hingegen auf direktem Weg in das Seebecken. Ticino und Toce speisen ihre Flüsse aus der Schnee- und Gletscherschmelze, während die anderen Zuflüsse stark von den Regenfällen in ihren Einzugsgebieten abhängen. Das Tessin, zu Recht eigentlich als Sonnenstube der Schweiz bekannt, ist auch das Gebiet mit den stärksten Niederschlägen – was die Flüsse immer wieder zu reißenden Strömen anwachsen lässt.

Bei starken Regenfällen kann man dem See dabei zuschauen, wie er von Minute zu Minute ansteigt. Mit dramatischen Folgen ringsum: Die Strandpromenade in Locarno wird überflutet, und von den Bänken in den Grünanlagen schauen gerade noch die Rückenlehnen aus dem Wasser. In Pallanza sind die Restaurants und Eisdielen der Stadt nur noch mit dem Boot erreichbar. Die Seeschifffahrt ist längst eingestellt. Am Westufer zwischen Cannero und Cannobio machen Schlammlawinen die Straße unpassierbar. In den Kellern der seenahen Häuser von Angera laufen die Pumpen auf Hochtouren. Was nicht viel hilft, denn der Pegel des Lago Maggiore steigt weiter. Man muss gar nicht bis zur historischen Flut des Jahres 1868 zurückgehen, die damals Hunderte Tote forderte und große Zerstörungen mit sich brachte. Oktober 2020, November 2014, Oktober 2000, November 1993: *Acqua alta* ist am Lago Maggiore ein immer wiederkehrendes Ereignis.

Aber umgekehrt dann auch wieder extremes Niedrigwasser. Bleiben die regionalen Niederschläge aus, fällt der Wasserstand täglich um mehrere Zentimeter. Auch in Trockenzeiten zeigt der Lago Maggiore seine Abhängigkeit von seinem Umland.

Strategisches Regulierungsinstrument

Mal zu wenig, dann wieder zu viel Wasser: Das Pegelmanagement des Lago Maggiore steht unter Druck. Und die dafür verantwortlichen Institutionen haben Stress. Denn der Lago Maggiore ist ein natürliches, aber zugleich ein von Menschenhand gesteuertes

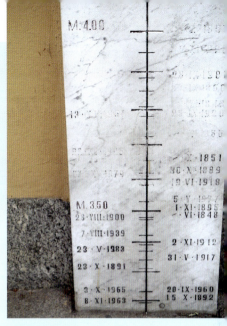

Hochwasser haben Geschichte

Gewässer, reguliert durch eine Wehranlage im Fluss Ticino, der im Süden bei Sesto Calende den See verlässt. Bereits im 15. Jahrhundert hatte es erste Versuche gegeben, den Seepegel insbesondere für Warentransporte wie Holz und Steine nach Mailand zu beeinflussen. Im 19. Jahrhundert entstanden dann erste Studien für die Konstruktion eines Regulierungswerks, das den See mit einem ausgeklügelten Pegelmanagement bändigen sollte. Im Jahr 1942 und mitten in den Verwerfungen des Zweiten Weltkriegs war es dann so weit: Die Stau- und Rückhaltestufe Miorina, 5 Kilometer hinter Sesto Calende, war betriebsbereit. Seither ist der Lago Maggiore mit seiner beträchtlichen Speicherkapazität ein reguliertes Gewässer.

 Die Stauanlage ist nicht nur ein Zeugnis besonderer Ingenieurleistungen, sie ist vor allem Zankapfel, Politikum und Brennpunkt unterschiedlicher Interessen. Wie viele Kubikmeter Wasser den Lago Maggiore über den Ticino verlassen, hat nämlich Konsequenzen für ganz Norditalien und auch die Schweiz. Hier entscheidet sich, wie viel Wasser die Seeanrainer nutzen können, insbesondere die Energieproduzenten der sieben Wasserkraftwerke am südlichen Ticino und die mehr als 7000 Agrarproduzierenden, die in der Po-Ebene ihre Felder über ein 12 000 Kilometer langes Netz

Lago Maggiore ...

von Kanälen bewässern. Und es entscheidet sich hier auch das Schicksal des größten Wasserlaufs Italiens, des Po, sowie der Städte, die an seinen Ufern liegen. Das etwas versteckte Stauwehr am Ticino ist von enormer strategischer Bedeutung, denn hier fließen Interessen, Macht und Nutzungskonkurrenzen zu einer komplizierten Gemengelage zusammen. Und wie die historische Dürre des Jahres 2022 zeigt: In Zeiten des Klimawandels laufen die an der Miorina ausgetragenen Konflikte um das Wasser heiß.

Die Quadratur des Wasserkreises

Seit das Stauwehr in Betrieb ist, entscheidet das italienische Consorzio del Ticino über die Wasserstände. Die aus den großen lombardischen und piemontesischen Bewässerungskonsortien sowie dem Energieunternehmen ENEL gebildete Koordinationsgruppe soll ganz grundsätzlich tiefe Wasserstände vermeiden und zu hohe eindämmen. Dabei orientiert man sich an dem »Disciplinare di Concessione« aus dem Jahr 1940. Das von der Schweiz und Italien gezeichnete Protokoll sieht vor, dass der See in den Monaten von März bis Oktober mit Pegelständen von einem halben bis zu eineinhalb Metern über dem hydrometrischen Nullpunkt schwanken darf. Nicht mehr und nicht weniger. Wenn die Obergrenze erreicht ist, müssen alle Tore des Wehrs geöffnet sein. Und sobald der Seespiegel die Unter-

... ein von Menschenhand reguliertes Gewässer

grenze erreicht, darf der Abfluss aus dem See den Zufluss nicht mehr übersteigen. Am runden Tisch soll dem Consorzio die Quadratur des Kreises gelingen: Hochwasserschutz ja, aber zugleich hinreichend Wasser für die Wasserkraft im Tessin und in Italien, außerdem auch für die Sicherung der regionalen Naturparks entlang des Ticino und für die Bewässerung der landwirtschaftlich genutzten Po-Ebene sowie ausreichende Wassermengen für die Entwicklung der Fischbestände.

Die Regulierung muss sich außerdem an den jahreszeitlichen Schwankungen der Zuflüsse und möglichen Überflutungsgefahren orientieren – eine schwierige Aufgabe. Dafür legt ein sogenannter *Tavolo tecnico* immer wieder leicht angepasste Spielräume fest. An ihm ist seit dem Jahr 2016 auch die Schweiz vertreten, sie hat jedoch kein offizielles Votum, und so sitzt Italien im wahrsten Sinn des Wortes am längeren Wasserhebel, da das Wehr Miorina ja auf italienischem Terrain liegt. Was fehlt, sind verbindliche vertragliche Grundlagen zum Seemanagement zwischen Italien und der Schweiz. Daher werden am *Tavolo tecnico* nur informelle Vereinbarungen getroffen. Der sich seit Jahrzehnten verschärfende Wechsel von Dürreperioden und niedrigen Wasserständen zu Starkregen und Überflutung erfordert jedoch langfristige, von allen mitgetragene Regelungen – einen Seevertrag, vergleichbar mit dem des benachbarten Lago di Lugano. Was kein einfaches Unterfangen ist.

Widerstreitende Nutzerinteressen

Rivale – das vom lateinischen *riva* abstammende Wort – bezeichnete ursprünglich die konkurrierenden Wassernutzer an einem Bach oder Flusslauf. Rivalen am Lago Maggiore: Hier entfaltet das Wort seine ganze historische Bedeutung. Denn die komplizierte Gemengelage rivalisierender Nutzungsinteressen wird hier zusätzlich durch zwei Grenzen markiert, die Italien und die Schweiz sowie die Regionen Piemont und Lombardei voneinander trennen.

In den Sommermonaten erwarten die landwirtschaftlichen Betriebe in der Po-Ebene, insbesondere die italienischen Reisbauern im größten europäischen Reisanbaugebiet, einen hohen Wasserstand, um ihre Felder zu bewässern. Die Bürgermeister auf der piemontesischen Seite des Sees, deren Kommunen vom Tourismus leben, beklagen indes, dass ihre Strände bei hohem Wasserstand kleiner werden oder gar verschwinden. Auch auf der Schweizer Seite hält man nichts von einem hohen Pegel, vergrößert er doch das Risiko von Hochwasser und macht den See als Rückhaltebecken bei Starkregen weniger tauglich. Die Betreiber der Stromkraftwerke im Tessin wiederum wollen ihre Schleusen dann öffnen können, wenn in den Sommermonaten der Strombedarf durch den Betrieb von Klima- und Kühlanlagen steigt oder die aktuellen Preise an der europäischen Strombörse ein »Wasser marsch« einträglich machen. Außerdem haben die Naturschutzorganisationen und Fischereiverbände diesseits und jenseits der italienisch-schweizerischen Grenze ihre jeweils eigenen Vorstellungen von einem angemessenen Wasserstand. Die Schweiz sieht außerdem durch einen hohen Pegel die Feuchtgebiete und die Auenlandschaft der Bolle di Magadino im Norden des Sees gefährdet. Die italienischen Naturschützer wiederum befürchten, dass ohne eine hinreichende Wassermenge aus dem Lago Maggiore die Uferzonen der Naturparks am Ticino in ihrer Vegetations- und Artenvielfalt Schaden nehmen. Und selbst die Naturschützer im 200 Kilometer entfernten Delta des Po wollen ein Wort mitreden. Denn bei zu niedrigem Wasserstand drohen dort die Flussmündungen durch eindringendes Meerwasser zu versalzen.

Rivalen – alle diese Wassernutzer haben ihre jeweils eigenen Interessen. Die oft dramatisierende mediale Berichterstattung über die sogenannten »Wasserschlachten am Lago Maggiore« stellt den Streit um den Seepegel als einen nationalen Konflikt zwischen der Schweiz und Italien dar. Aber ein zweiter Blick macht die Dinge klarer. Tatsächlich treffen am See die gegenläufigen Interessen von Ober- und Unterliegern aufeinander. Tourismus und Schweizer Wasserkraft sowie die Natur- und Umweltschützer auf der Schweizer und der italienischen Seite könnten nämlich mit einem mittleren Wasserpegel des Lago Maggiore gut leben. Es sind die italienischen Kraftwerksbetreibenden, Landwirte und Reisbauern in der Po-Ebene, die mit einem hoch aufgestauten See mehr Wasser zur Verfügung haben wollen und für die überfluteten Strände und Naturschutzgebiete zweitrangig sind.

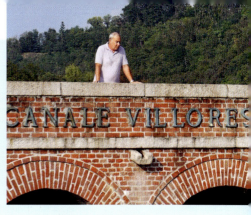

Die Wasserstraßen gehen bis Mailand

Hinter dem Konflikt um den Seepegel verbirgt sich außerdem ein Dissens um Leitbilder und Paradigmen. Wirtschaftsinteressen, die in einfachen Ursache-Wirkungs-Verkettungen denken, sehen den Lago als eine Badewanne. Die Speicherseen im Norden des Tessins sind für sie die Wasserhähne, mit denen sich das Seebecken befüllen lässt. Wird Wasser benötigt, muss man nur im Süden des Sees den Stöpsel ziehen und die Tore des Miorina-Wehrs im Ticino öffnen. Eine andere, ganzheitliche Perspektive betrachtet das Gewässer als komplexes Ökosystem, auf das alle beteiligten Anrainer und Akteure Einfluss nehmen; deshalb müssen auch alle Berücksichtigung finden. Und weil sich solche Systeme nicht durch einfache On-off-Verfahren steuern lassen, müssen intelligente Lösungen gesucht werden. Warum soll man den See schon im März aufstauen, wo doch beispielsweise die Reisbauern in der Po-Ebene das Wasser erst im Mai und Juni für die Aussaat benötigen? Warum nicht den Pegel in den Wintermonaten anheben, zu einer Zeit, in der das den Stränden und den Feuchtgebieten weniger anhaben kann? Und falls genug Schnee als Wasservorrat in den Bergen liegt, könnte man sich im Frühjahr doch auch Zeit lassen mit dem Aufstauen des Sees.

Trockensommer 2022 – die Strände werden immer größer

Italienischer Alleingang

Statt auf angepasste Maßnahmen setzte die italienische Seite im Dezember 2021 jedoch auf ein starres und wenig flexibles Regelwerk und stellte damit alle Akteure vor vollendete Tatsachen. Der Beschluss der italienischen Regulierungsbehörden sieht nun vor, den Sommerpegel für die kommenden fünf Jahre dauerhaft auf 1,50 Meter über null zu erhöhen. Die Wasservolumina eines hohen Seepegels sollen die Bewässerung der Po-Ebene sicher- und die Interessen der Agrarindustrie und Reisproduzenten zufriedenstellen. Damit ging der Kampf um das Wasser des Lago Maggiore in eine neue Runde. Die mit der Schweizer Seite nicht abgestimmte Intervention der Italiener rief heftige Proteste auf den Plan. Der Schweizer Leiter des Amtes für Gewässer bei der Tessiner Behörde für Raumplanung erklärte in einem Interview: »Wir bitten Italien, sich mit uns an einen Tisch zu setzen und eine Lösung zu finden, die für alle die beste ist. Neben den Fragen der Bewässerung und der Erzeugung von Wasserkraft gibt es auch die Aufgaben der Hochwassersicherheit, die Sicherstellung der Schifffahrt und des Umweltschutzes an den Seeufern.« Auch in vielen Kommunen am See ging man auf die Barrikaden und meldet sich mit offenen Briefen zu

Wort: »Die Bürgermeister von Baveno, Cannero Riviera, Cannobio, Mergozzo, Oggebbio, Stresa und Verbania sind bereit zu kämpfen«, hieß es da. »Das Ziel, den Pegel des Sees zu erhöhen, orientiert sich ausschließlich an einer besseren Wasserversorgung für die Landwirtschaft, die Industrie und die Stromproduktion.« Das Schweizer Bundesamt für Natur und Umwelt schickte an das Umweltministerium in Rom eine Depesche mit der Bitte, am runden Tisch mitentscheiden zu dürfen. Der Direktor des Consorzio del Ticino Alessandro Ubialdi wandte dagegen im Schweizer Fernsehen SRF ein: »Wenn wir sehen, wie der Klimawandel fortschreitet, werden wir gar nichts anderes tun können, als den Seepegel zu erhöhen. Wir haben das Problem, dass es immer weniger Wasser gibt, um die vielen Felder der Po-Ebene zu bewässern.«

Ein konstruktiver Dialog?

Nicht erst seit der extremen Trockenperiode des Jahres 2022 steht außer Frage, dass die Regulierung des Lago Maggiore eine neue technische und vertragliche Grundlage braucht. So sieht es auch Doriana Bellani, die seit 46 Jahren für das Wassermanagement am Miorina-Stauwehr verantwortlich ist. In einem Interview im Sommer 2022 stellte sie fest: »Wir wissen ganz genau, dass es nicht mehr lange so weitergehen kann. Das Klima hat sich geändert. Wir sind uns alle einig, es müssen Lösungen gefunden werden.« Eine Position, die Fabio Regazzi als Nationalrat des Kantons Tessin ausdrücklich begrüßte: »Wir Schweizer sind schon seit Jahren an einer formellen Einigung mit den Italienern interessiert. Aber mit ihnen zu bindenden Vereinbarungen zu kommen, ist nicht so einfach. Denn bei Verhandlungen sitzen nicht nur die betroffenen Regionen, sondern auch die Zentralgewalt aus Rom immer mit am Tisch. Aber wenn die Verhandlungen in der zuständigen Kommission nicht weiterkommen, werde ich erneut versuchen, mit einer parlamentarischen Anfrage im Bundesrat in Bern Druck zu machen. Wir setzen auf einen konstruktiven Dialog.« Die Dürre und der Wassermangel im Jahr 2022 haben dafür gesorgt, dass die beteiligten Akteure wieder im Gespräch sind.

Route 5.2 Rundtour Monte San Quirico – Burg von Angera

Den See unter Kontrolle: Rund um die Rocca di Angera

Laut Duden ist eine Burg »eine große, massiv befestigte Wohn- und Verteidigungsanlage des Mittelalters«. Wenn eine Burg dieser Definition perfekt gerecht wird, dann ganz bestimmt die von Angera. Mehr Burg geht eigentlich nicht: Die lang gestreckte Rocca di Angera mit ihrem weithin sichtbaren Wehrturm thront oben auf einem steil abfallenden Kalksteinhügel über der Stadt, selbstverständlich mit atemberaubender Panoramasicht auf den Lago Maggiore. Die ältesten Mauern der Festung, die zunächst ein Kriegsbollwerk war, stammen aus dem 12. und 13. Jahrhundert. Dann erwarb sie Mitte des 15. Jahrhunderts die Fürstenfamilie der Borromäer und gestaltete sie zu einem glanzvollen Anwesen um; sie ist bis heute in ihrem Besitz.

Die Burg zu erwerben war sicher nicht die schlechteste Idee des einflussreichen Adelsgeschlechts. Sie sicherte den Borromäern nämlich die Kontrolle über die Schifffahrt und den Handelsverkehr auf dem südlichen Lago Maggiore. Der hat hier seine schmalste, nur 2 Kilometer breite Stelle – gut überschaubar und eine perfekte strategische Position. Hier musste alles vorbei, was unterwegs in Richtung Mailand war: Menschen und Tiere, Holz, Granit und Marmor. Schützenhilfe bei der Beobachtung des Geschehens auf dem Wasser kam damals von einer Zwillingsfestung, der Rocca di Arona, direkt gegenüber auf der anderen Seeseite. Von ihr stehen heute nur noch Mauerreste, nachdem Napoleon sie im Jahr 1800 schleifen ließ.

Doch noch immer wacht ein Mitglied der Familie Borromeo im gegenüberliegenden Arona über das Wasser: Carlo Borromeo, genannt Don Carlone. Der ehemalige Erzbischof von Mailand steht auf seinem Podest über der Stadt und hält aus der Höhe schützend die Hand über den See. Als Einziger aus der Familie schlug dieser Borromäer eine kirchliche Karriere ein, wurde dank seiner inquisitorischen Strenge sogar heiliggesprochen und schließlich im 17. Jahrhundert in der gewaltigen Kupferstatue verewigt – von der Rocca di Angera aus unübersehbar.

Eine beeindruckende Puppensammlung

Die trutzige Rocca di Angera zeigt sich in ihrem Innern von der spielerischen Seite. Denn mit einer Sammlung von Kinderpuppen und -kleidung setzt sie einen Kontrapunkt zu ihrer kriegerischen Vergangenheit. Das im Jahr 1988 eröffnete Museo della Bambola e del Giocattolo widmet sich in immerhin zwölf Sälen der Historie dieses Spielzeugs. Der Kernbestand der Ausstellung stammt aus einer Sammlung der Familie Borromeo. Mittlerweile gehören dazu mehr als tausend Puppen aus Holz, Wachs, Stoff, Porzellan und Zelluloid, einige aus Japan, Afrika und Südamerika. Vor einigen Jahren ist noch eine aus dem französischen Tours stammende Kollektion von Spielautomaten dazugekommen, die dem Museum gestiftet wurde und seitdem bunt und laut tönend Teil der Ausstellung ist.

Aber auch unten am See hat Arona seine Reize, zum Beispiel die ausgedehnte, von Kastanien gesäumte Uferpromenade, an der es sich wunderbar flanieren lässt. Oder man kehrt gleich auf einen Espresso am Seeufer ein, mit Blick auf die kleine, unbewohnte Insel Partegora.

Um die Rocca di Angera

Weg zum Wasser 5.2

Rundtour um den Monte San Quirico und zur Burg von Angera

Man stellt das Auto im kleinen, zwischen Ranco und Angera gelegenen **Uponne** an der Kirche ab; ein paar Meter weiter startet dann der *Anello di San Quirico* links an der Straße (ausgeschildert). Es geht etwas bergan, und man folgt nun beständig der Ausschilderung über einen schönen Waldweg, passiert schließlich ein Haus mit einem größeren Grundstück, auf dem lebensgroße Plastikkühe stehen. Dahinter hält man sich rechts, folgt weiter auf weitgehend ebenem Weg den Schildern und gelangt schließlich zu der Stelle, wo auf der linken Seite ein Abstecher zur **Chiesetta San Quirico** abzweigt. Der ist wegen der großartigen Aussicht auf den Lago Maggiore sehr zu empfehlen und hat hin und zurück eine Länge von etwa 2 Kilometern.

Ist man danach auf den Ausgangsweg zurückgekehrt, geht es über Waldwege weiter, bisweilen schimmert rechts der See durch die Bäume. Der Rundweg führt schließlich abschüssig auf eine gepflasterte Straße, man nähert sich über einen asphaltierten Weg den ersten Siedlungsausläufern und erreicht die Ortsgrenze zwischen Angera und Ranco. Dort trifft man auf die Via per Ranco und folgt ihr in Richtung Angera. Nun geht es eine ganze Weile über die höher gelegene und wenig befahrene Asphaltstraße an Häusern am Hang über dem See entlang. Links kommt eine Wasserstelle, rechts geht schließlich die kleine Via Fornetto ab, und wer Lust auf einen Sprung ins Wasser hat, sollte zur Unterbrechung dorthin abzweigen, denn man ist schnell unten am See am attraktiven **Lido di Angera** und zur Einkehr an der sehr schönen Uferpromenade von **Angera.**

Zurück auf dem *Anello di San Quirico* wird es dann wieder grüner, und das Sträßchen, auf dem man weiterläuft, entfernt sich in einem Bogen vom See; rechts eine große Wiese, der Blick geht auf die Rocca di Angera. Man läuft immer weiter geradeaus, Nebengassen wie die Via Vigne Secche links liegen lassend, bis man vor sich wieder einige Häuser sieht, wo man (ausgeschildert) links in die Via Prato Chiuso abbiegt. Möchte man zuvor noch einen Abstecher zur **Rocca di Angera** machen, geht man hier geradeaus weiter und erreicht nach einem guten Kilometer die Burg. Ansonsten gelangt man auf der Rundroute jetzt auf ein kleines Sträßchen, geht auf ihm geradeaus, bis der asphaltierte Weg schließlich an einem Haus mit grünen Klappläden endet und man wieder auf einen Feldweg kommt. Man sollte den Blick an dieser Stelle noch einmal rückwärts wenden, auf die imposante Rocca di Angera, bevor man rechter Hand das B&B Cascina Canée passiert.

Um die Rocca di Angera: schattige Wege im Hinterland

Dahinter erreicht man einen Waldweg, trifft nach ein paar Metern auf eine schöne Stelle zum Picknicken, geht an Weinbergen und vereinzelten Häusern vorbei weiter, folgt erneut der Ausschilderung des *Anello* auf die Via ai Ronchi, wieder Weinberge passierend. Man gelangt nun auf ein kleines, nach rechts führendes Sträßchen, zwischen Häusern und Grün. Von diesem Weg muss man dann rechtzeitig nach links in einen Feldweg einbiegen, bevor man auf die SP 69 stößt (Via Varesina, in Sicht- und Hörweite). Hier fehlt ausnahmsweise an der Abzweigung die Ausschilderung. Auf dem Feldweg läuft man parallel zur Via Varesina auf Uponne zu. Dann gelangt man zu einer Wegkreuzung, die rechts zum Agriturismo Vecchio Castagno führt. Man bleibt links auf dem *Anello di San Quirico* nach **Uponne** und geht zum Schluss noch einmal durch Wald, bis man wieder am Ausgangspunkt des Rundwegs angelangt ist.

Steckbrief und Service

Der komfortable und sehr abwechslungsreiche Rundweg, den man mit einem Badeausflug zum Lido di Angera unterbrechen kann, verläuft mit einem Höhenunterschied von knapp 300 Metern um die Hänge des Monte San Quirico im Gemeindegebiet von Ranco und Angera, zwischen dem Lago Maggiore und der Rocca di Angera. Er startet und endet im kleinen Dorf Uponne bei der Kirche, führt vor allem in der ersten Hälfte durch Wald, dann über Dorfstraßen und auch an Weinbergen vorbei, zuweilen mit Ausblicken auf den See. Lohnend ist ein Abstecher zur kleinen Chiesetta San Quirico: Auf einem Gipfel (408 m) gelegen, bietet sie nach beiden Seiten eine ganz besondere Aussicht auf den Lago Maggiore. Ein weiterer Abstecher führt hoch zur Rocca di Angera. Die Route ist gut ausgeschildert (als VVL-N1 mit roten und weißen Wegweisern). Man kann die Wanderung zu jeder Jahreszeit unternehmen, aber besser nicht an sehr heißen Tagen, da sie zum Teil ohne Schatten über kleine Dorfstraßen führt. Sie ist auch ein besonders schöner Winterspaziergang.

Strecke: 10 km

Wanderzeit: 2–3 h

An- und Rückreise: Von Angera aus gelangt man zum Startpunkt nach Uponne zunächst über die Via Varesina (SP 69). Von ihr geht es beim Ristorante Delfino Blu links ab. Kurz darauf erreicht man das Dorf und parkt bei der kleinen Kirche.
Schiff: Die Anlegestelle in Angera ist an der Piazza della Vittoria: www.navigazionelaghi.it.

Wanderkarten: Kompass Nr. 90, Lago Maggiore, Lago di Varese, 1:50 000. Vie Verdi dei Laghi, hg. von Agenda 21 Laghi, 1:25 000, erhältlich im Tourismusbüro. Zanetti Nr. 51, Arona, 1:30 000.

Einkehren/Übernachten
Unterwegs, am Ende der Wanderung **kurz vor Uponne**: *Agriturismo Vecchio Castagno*, www.ilvecchiocastagno.com. Unterkunft am Wanderweg: *Cascina Canée*, Via Prato Chiuso 36, www.cascinacanee.com/de. In der Umgebung: *Pizzeria Damino* in **Angera** am Seeufer, Viale Pietro Martire 34 (kurz bevor der sehr schöne lange Strand von Angera beginnt). Das *Hotel Lido* liegt mit Garten direkt am Wasser auf dem Weg von Angera nach Ranco. An der sehr grünen und charmanten Uferpromenade von Angera (Piazza Garibaldi, Viale della Repubblica, Viale Pietro Martire) finden sich zahlreiche Einkehrmöglichkeiten. In der Umgebung: in **Capronno di Angera**: *Osteria Vecchia Capronno*, Piazza Matteotti 17.

Strand: Mit einem kurzen Abstecher über die Via Fornetto kommt man vom Wanderweg zum ●Lido di Angera.

Markt: In Angera ist auf der Piazza Garibaldi am Donnerstag Markt.

Weine vom Lago Maggiore: Cascina Piano, Via Valcastellana 33, www.cascinapiano.it. Zu kaufen gibt es den Wein online und zum Beispiel im Alimentari Gastronomia F.lli Del Torchio in Angera in der Via Mario Greppi 67.

Von Angera bis Sesto Calende

Tipp: Die Tore der Burg *Rocca di Angera* und des *Museo della Bambola e del Giocattolo* stehen von Mitte März bis Ende Oktober offen. In diesem Zeitraum ist die Rocca täglich von 9 bis 17.30 Uhr geöffnet.

Tourismusbüro: Infopoint Angera, Piazza della Vittoria, in der Nähe des Landungsstegs, geöffnet vom 15. April bis 30. September, www.angera.it.

In das Überschwemmungsgebiet der Oasi della Bruschera

Die Oasi della Bruschera ist ein geschütztes Gebiet am Ufer des Lago Maggiore bei **Angera** mit einem ausgedehnten Erlenbruchwald, Wiesen, Teichen, Schilf und Eichen – eines der letzten Beispiele für überschwemmten Wald in der Lombardei. Es gibt überall Wege, gesäumt von Schwarzerlen, Weißweiden und Schilf. Viele Wasservögel – Stockenten, Teichhühner, Eisvögel – nisten und überwintern hier. Das Gebiet umfasst auch die unzugängliche Insel **Partegora,** auf der sich seit einiger Zeit eine Kormorankolonie aufhält. Der Zugang zum Sumpf ist dank gut ausgebauter Feldwege das ganze Jahr über möglich. Es gibt drei Eingänge: einen von der Via Arena und zwei von der Via Bruschera her. Kostenlose Parkplätze findet man am Ende der Via Arena.

Informationen: www.angera.it/it/esplora/luoghi/oasi-della-bruschera

Zum Lido! Der **Lido di Angera** ist ein attraktiver Kies- und Sandstrand (unterhalb der Alleestraße in Richtung Ranco), auf den man hinter der mit Kastanien gesäumten langen Seepromenade gelangt – ein attraktiver Badeplatz an einer schmalen Stelle des Sees mit Blick hinüber nach Arona.

Vom **Parco Comunale** im Dorf **Taino** aus hat man eine großartige Sicht auf das gewaltige Massiv des **Monte Rosa** im Westen. Dazu findet sich an diesem Belvedere ein besonderes Monument, eine in den 1990er Jahren von dem renommierten italienischen Bildhauer, Grafiker und Bühnenbildner Giò Pomodoro geschaffene Steinskulptur, in der Kunst und Natur verschmelzen und suggestive Schattenspiele erzeugen.

Route 5.3 Gavirate – Isolino Virginia

Zum Lago di Varese

Er ist 9 Kilometer lang, gut 3 bis 4 Kilometer breit und durchschnittlich nur 10 Meter tief. Auch an diesen überschaubaren Maßen liegt es, dass der nur wenige Kilometer vom Lago Maggiore entfernt gelegene Lago di Varese alles andere als ein Badeparadies ist – was übrigens für fast alle Seen im sogenannten Varesotto gilt, den Lago di Monate und den kleinen Lago di Ghirla ausgenommen. Die Wasserqualität des Lago di Varese war durch die Einleitung von Abwasser und Überdüngung sogar so schlecht, dass das Baden in diesem am besten überwachten See Italiens über viele Jahre verboten war. Umso begeisterter war dann die Stimmung, als am 2. Juli 2022 an zwei Stellen, am Lido di Schiranna und am Bodio Lomnago, das Gewässer versuchsweise zum Schwimmen freigegeben wurde – in der Hoffnung, es in den kommenden Jahren ganz öffnen zu können. »È l'inizio di una nuova vita per il lago di Varese«, feierte der Präsident der Region Varese die Ankündigung der Badepremiere in einer Videobotschaft.

Mehr als 12 Millionen Euro hat man für Renaturierungsarbeiten ausgegeben, und so konnten vor allem die Phosphorkonzentration und die immer wieder auftretende Algenblüte reduziert werden. Bei aller Euphorie gab es aber doch auch vorsichtig-kritische Stimmen zu der probeweisen und punktuellen Aufhebung des Badeverbots. Man erkenne zwar die erreichten Verbesserungen an, so eine Stellungnahme von »Verdi – Grünes Europa« der Stadt Varese, sorge sich jedoch, ob durch die Konzentration der Maßnahmen auf die Badequalität des Sees der biologischen Vielfalt und den Lebensräumen des Sees nicht zu

Die kleine Insel Virginia ...

wenig Aufmerksamkeit geschenkt werde. Zu fürchten sei nämlich, dass das Baden und vor allem die damit verbundene zunehmende Frequentierung des Sees in Zukunft eine erhebliche Störung der Natur verursachen könnten.

Refugium für Wasservögel

Ohne Zweifel hat der Lago di Varese tatsächlich eine ganz besondere ökologische Qualität, was durch seine schlimme Verschmutzung zuweilen etwas aus dem Blickfeld geraten ist. Da er vom ökologischen Standpunkt aus einer der am besten erhaltenen Voralpenseen Italiens ist, hat die Europäische Union ihn in das System der Naturschutzgebiete Natura 2000 aufgenommen, das besondere Habitate und seltene oder vom Aussterben bedrohte Arten schützt. Hier bei Varese kann man wie an wenigen anderen Gewässern noch die typische Abfolge der Seevegetation studieren, wo hinter Seerosenteppichen Schilf wuchert und Erlen und Weiden wachsen. Zudem ist der land-

...ein Wasserparadies

schaftlich attraktive Lago di Varese ein Refugium für Wasservögel wie Graureiher und Haubentaucher oder auch besonders seltene Exemplare wie Zwergdommeln und Moorenten.

Zu erleben ist diese Vielfalt auch zu Fuß oder vom Fahrrad aus, wenn man auf der 28 Kilometer langen, gut ausgebauten Route den in eine sanfte Hügellandschaft eingebetteten See umrundet. Wer unterwegs bei Cazzago Brabbia einen Abstecher macht, kann einen Blick auf Eishäuser aus dem 18. Jahrhundert werfen, in denen man einst das im Winter von der Seeoberfläche gewonnene Eis lagerte, um damit den Fisch über das ganze Jahr kühl zu halten. Oder sich in Biandronno mit dem Fährboot zur kleinen Insel Virginia schippern lassen, die ebenfalls ein Natur- und Vogelparadies ist und wo außerdem mit einer 3000 Jahre alten Pfahlbausiedlung prähistorische Funde gemacht wurden, die zum Teil in einem archäologischen Museum auf der Insel ausgestellt sind.

Weg zum Wasser 5.3

Von Gavirate zum Isolino Virginia

Start des Spaziergangs ist in Gavirate am Nordufer des Lago di Varese am **Lido di Gavirate** (beim Ristorante Golden Beach). Die stets ebene Strecke am See entlang führt zunächst nach **Bardello,** quert den gleichnamigen Fluss und führt dann vorbei an Gärten und Wiesen weiter auf **Biandronno** zu. Man bleibt immer am See, bis man zu dem Steg kommt, an dem die kleinen Schiffe zum Isolino ablegen. Nach der Tour auf das Inselchen geht es auf dem gleichen Weg wieder zurück.

Lago di Varese – kein guter Badesee

Steckbrief und Service

Der Spaziergang verläuft hin und zurück zwischen den Uferorten Gavirate und Biandronno am Seeufer entlang auf dem rund um den ganzen Lago di Varese führenden befestigten Fahrrad- und Fußgängerweg. In der Saison kann man mit kleinen Booten auf den Isolino Virginia übersetzen.

Strecke: 3,5 km bis zur Anlegestelle (einfache Strecke)

Wanderzeit: 1 h

An- und Rückreise: Mit dem Auto gelangt man von Angera in gut 25 Minuten auf der SP 69 über Brebbia und Besozzo nach Gavirate. Am Ende der Via al Lido kann man parken.
Bus und Zug: Mit Bus (Linie 20, www.ctpi.it/IT/LineeExtraUrbane) und Zug (Trenord RegioExpress RE1, www.trenord.it) kommt man von Laveno nach Varese und nach Gavirate.
Schiff: Von Biandronno setzen in der Sommersaison am Wochenende kleine Boote auf die Insel über. www.navigazioneinterna.it/lago-di-varese-isolino-virginia

Wanderkarten: Kompass Nr. 90, Lago Maggiore, Lago di Varese, 1:50 000. Vie Verdi dei Laghi, hg. von Agenda 21 Laghi, 1:25 000, erhältlich im Tourismusbüro. Zanetti Nr. 51, Arona, 1:30 000.

Einkehren/Übernachten
Auf dem **Isolino**: *Tana dell'Isolino*.
Unterkunft am Wanderweg in **Biandronno**: B&B *Villa Chiara*, Via Rimembranze 24.
In **Varese**: *Hotel und Ristorante Bologna*, Via Giuseppe Broggi 7, www.albergobologna.it; *Palace Grand Hotel Varese*, ein Mix aus Jugendstil und Mussolini-Architektur, www.palacevarese.com. Schleckereien in der *Pasticceria F.lli Ghezzi*, Corso Mateotti 36. *Ristorante Luce* in der Villa Panza, einem eindrucksvollen Ausstellungsort zeitgenössischer amerikanischer Kunst, www.ristoranteluce.it, www.fondoambiente.it.
In der Umgebung bei **Gavirate**: *Ristorante Fra-Mar-Tina* in Cocquio Trevisago in einem ehemaligen Kloster, Via Roma 74, www.ristoranteframartina.it.

Strand: Am Lago di Varese herrschte wegen der schlechten Wasserqualität bis 2022 Badeverbot. Nach umfangreichen Renaturierungsarbeiten ist er nur punktuell seit Juli 2022 zum Schwimmen freigegeben. Besser eignet sich zum Baden der nicht weit entfernte ▸ Lago di Monate.

Markt: In Gavirate am Freitagvormittag.

Tipp: Naturkundliche Ausflüge am Lago di Varese bietet die *Italienische Vereinigung für den Vogelschutz* LIPU an: www.lipu-varese.it/category/escursioni-natura.

Tourismusbüro
In Varese: IAT, Piazza Monte Grappa, www.cittagiardino.it.
In Gavirate: Pro Loco Gavirate im Bahnhof, Piazza Dante 1, www.progavirate.com.

🔵 Vom Lago di Varese ist es nicht weit zum sehr viel kleineren **Lago di Monate,** neben dem noch kleineren Lago di Ghirla das einzige Gewässer des Varesotto mit sehr guter Wasserqualität und somit ein beliebter Badesee. Die Ufer sind weitgehend in Privatbesitz; Schwimmgelegenheiten gibt es beim kleinen Ort Monate am kommunalen Strand **Oltre Lago** in der Via Agostino Binda oder am Strand **L'Ultima Spiaggia,** beide mit Bars ausgestattet. Auch in **Cadrezzate** findet man Badestrände. Der See ist übrigens fischreich, aber als Ergebnis von Zucht und Selektion gibt es nur wenige Arten, vor allem Felchen, Forellen und Barsche.

🔴 Bei Varese, etwa 8 Kilometer von der Stadt entfernt, erstreckt sich das **Naturschutzgebiet Campo dei Fiori,** ein schönes Wanderrevier. Dort liegt mit dem **Sacro Monte di Varese** ein herausragendes Pilger- und Ausflugsziel auf einem knapp 900 Meter hohen Gipfel. Man erreicht den Sacro Monte auch mit einer Standseilbahn. Zu Fuß ersteigt man ihn über den im Zuge der Gegenreformation entstandenen Kapellenweg, der an der Chiesa dell'Immacolata startet und dann in die Höhe führt, vorbei an 14 in ihrem Innern mit lebensgroßen Holz- und Terracottafiguren ausgestatteten und der Wundertätigkeit Marias gewidmeten Kapellen. Station 15 ist dann die Wallfahrtskirche Santuario di Santa Maria del Monte, deren besondere Attraktion eine schwarze Madonna aus dem 14. Jahrhundert ist. Der ziemlich steile Weg zieht sich über 2 Kilometer in die Höhe, etwa 300 Höhenmeter muss man überwinden, insgesamt ist man hin und zurück etwa eineinhalb Stunden unterwegs.

Einkehr: *Caffè al Borducan*. Der Funicolare ist in der Sommerzeit samstags und sonntags in Betrieb, zu Stoßzeiten auch jeden Tag.

Informationen: www.parcocampodeifiori.it, www.varesefunicolari.org

Unterwegs zur Isolino Virginia

Rund um Laveno

Unterwegs zu den Kalksteinöfen am Seeufer von Ispra, zum spektakulären Uferkloster Santa Caterina del Sasso und ins Wasserfallland bei Laveno

Route 6.1 Auf dem Anello delle Fornaci in Ispra

Weißer Stein:
Kalksteinabbau am südlichen Seeufer

Imposant ragt der weiße Fels über dem See auf, hier und da begrünt und weithin sichtbar, ein Blickfang auch von der anderen Uferseite des Lago Maggiore aus. Die Rocca di Caldè bei Porto Valtravaglia nördlich von Laveno ist ein Balkon über dem See, einst ein privilegierter Kontroll- und Beobachtungspunkt und Sitz einer Burg, von der heute nur noch Mauerreste existieren. Steil fällt die Felswand zum Ufer hin ab und lässt unten nur wenig Platz für drei aus Ziegelstein gemauerte Türme, die von dichtem Grün halb verdeckt, an mehreren Stellen eingestürzt und mit bunten Graffiti bemalt sind: Kalkbrennöfen, die seit mehr als 50 Jahren nicht mehr in Betrieb sind. Ein wahrhaft faszinierender Ort mit einem struppigen Charme, an dem sich Geschichte, Natur und Straßenkunst begegnen.

Kalkstein für den Mailänder Dom

Bei Laveno und ein ganzes Stück weiter südlich um Ispra herum wird die im Norden des Lago Maggiore so markante Berglandschaft hügelig, und zum Südende des Sees hin, dort wo der Ticino bei Sesto Calende aus dem Lago Maggiore abfließt, wird es vollends flach. In diesem kalksteinreichen Gebiet zwischen der Po-Ebene und dem südlichen Lago Maggiore wurde schon im 14. Jahrhundert Kalk hergestellt. Das helle Gestein, das man in Steinbrüchen aus dem Berg gewann, brannte man anschließend. Ab der Mitte des 19. Jahrhunderts benutzte man dazu Öfen mit schornsteinähnlich gemauerten Türmen, die heute

Die Öfen von Caldè …

am Seeufer in Caldè und in Ispra eine malerische Kulisse abgeben. Die Öfen standen nicht von ungefähr alle nah am Wasser, denn so konnten die Lastkähne dort zum Beladen anlegen, um anschließend das fertige Produkt über den seit dem Mittelalter schiffbar gemachten Kanal *Naviglio Grande* nach Mailand zu transportieren, unter anderem auch zur Baustelle für den Mailänder Dom.

Architektonische Highlights

Kalk verwendete man schon vor Jahrtausenden, um Mörtel zu gewinnen. Aber er wurde nicht nur zum Bauen benötigt, man benutzte ihn auch als Düngemittel in der Landwirtschaft und für das Gerben von Leder. Heute wird er zum Beispiel bei der Herstellung von Seifen und Zahnpasta, aber auch in der Metallurgie, in der Zuckerindustrie oder in Textilfärbereien verwendet. Noch bis zur zweiten Hälfte des 19. Jahrhunderts bestanden

...einst Arbeitsplatz von hundert Kalkbrennern

die Öfen meist nur aus einfachen Hohlräumen im Boden, in die man das Material zum Brennen des Steins legte und die nur temporär befeuert werden konnten. Der Brennstoff kam aus den umliegenden Wäldern, später benutzte man auch Torf aus den Mooren in der Umgebung. Erst als ab Mitte des 19. Jahrhunderts die Durchlauföfen aufkamen, die man dauerhaft betreiben konnte, nahm das Gewerbe richtig Fahrt auf. Die Brennöfen von Caldè produzierten im Durchschnitt etwa 75 000 Doppelzentner Kalk pro Jahr und beschäftigten etwa hundert Arbeiter, darunter Bergleute, Heizer, Hilfsarbeiter und Bootsführer. In Ispra gab es Anfang des 20. Jahrhunderts zehn Kalksteinunternehmen. Die Öfen, die damals entstanden, sind architektonische Highlights und zugleich sehr effizient: Die speziellen Ziegel und Steine, mit denen sie gebaut wurden, widerstanden der Verbrennungshitze.

Ein Keramikmuseum

Doch als dann um die Mitte des letzten Jahrhunderts effizientere und wirtschaftlichere Lösungen für die Kalkverarbeitung zur Verfügung standen, war der Niedergang des Gewerbes nicht aufzuhalten. In den 1960er Jahren wurden die letzten Brennöfen geschlossen, auch alle Steinbrüche stillgelegt. Einige der unbrauchbar gewordenen alten Öfen stürzten ein, andere aber sind noch erhalten oder wurden restauriert, und sei es – wie in Ispra geschehen –, um sie in eine ungewöhnliche Privatunterkunft zu verwandeln. Die Brennöfen von Caldè befinden sich noch immer im Besitz der Santa Veronica S. r. l. Rom, das Gebiet ist jedoch von der Unesco als schützenswerte Landschaft eingestuft, was es bis jetzt vor fragwürdigen Projekten der Eigentümer schützt. Allerdings ist es auch seit einiger Zeit offiziell nicht mehr zugänglich.

Kalk wurde übrigens auch zur Herstellung von Keramik verwendet, eine Industrie, die im benachbarten Laveno eine lange Tradition hat. Die Società Ceramica Internazionale stellte in dem Städtchen noch bis in die Sechzigerjahre des letzten Jahrhunderts Porzellan und Haushaltsartikel her und beschäftigte zur Hochzeit mehr als 1500 Menschen. Heute sind die Fabrikareale alle abgerissen, und von der keramischen Tradition zeugt nur noch ein Museum, das Museo Internazionale Design Ceramico im kleinen, sehr netten Ort Cerro. Keramiktafeln finden sich auch am Beginn des Rundwegs zu den Kalksteinöfen in Ispra, dem *Anello delle Fornaci*, auf einem ersten Teilstück, das sich »Passeggiata dell'amore« nennt. Weniger bekannt als sein ligurisches Gegenstück, versammelt es auf bunten, an einer Mauer befindlichen Tafeln Liebesgedichte, die bei einem nach dem ligurischen Künstler Mario Berrino benannten Literaturwettbewerb gewonnen haben.

Industrieruinen und die Feuchtlandschaft bei Caldè

Weg zum Wasser 6.1

Auf dem *Anello delle Fornaci* in Ispra

Die Route beginnt in **Ispra** am Amerigo-Vespucci-Ufer beim Tourismusbüro mit der »Passeggiata dell'amore«. Man passiert einen Segelclub, das Terrassenlokal Vespucci und dann linker Hand eine Pumpstation, die zum Joint Research Center gehört, einer Forschungseinrichtung der Europäischen Union, die seit 1960 in Ispra angesiedelt ist. Dahinter führt der Weg nun sehr malerisch über flache Felsen, die sich mit Kieselsteinen abwechseln, und über kleine Brücken. Die Aussicht auf beide Seeufer ist herrlich, reicht weit über den See bis zur Isola Bella und auf die Berge im Hintergrund. Schließlich nimmt man eine kurze Steintreppe nach rechts, gelangt auf einen asphaltierten Weg und kommt – jetzt ein paar Meter höher, aber weiter immer am See entlang – linker Hand zum ersten Brennofen, dem **Fornace Buti,** der auf dem Grundstück einer Villa steht.

Man folgt dem Weg weiter, und nachdem man einige Wohnhäuser passiert hat, gelangt man rechter Hand über den jetzt schmal gewordenen Weg zu einer längeren Holztreppe, die hoch zum **Fornace in Salvalada** führt. Dort stößt man auf eine Straße (Via Valcanale), in die man direkt hinter dem Fornace nach links einbiegt und so wieder hinunter an den See zum **Fornace del Pinett** mit seinem charakteristischen Steg und einem kleinen Hafen gelangt. Noch ein Stück weiter erreicht man noch den **Fornace della Punta.** Danach schlägt der *Anello delle Fornaci* die Rückrunde durch den Ort ein (wenn man es nicht vorzieht, nun wieder den gleichen Weg am See entlang zurück zu nehmen). Man steigt durch Wald hinauf in ein Wohngebiet; von hier aus geht es wieder hinunter in Richtung Stadtzentrum, über die Via Belvedere, die Via Tana della Volpe und schließlich die Via Monte dei Nassi. Jetzt kehrt man zurück in die Altstadt auf die **Chiesa San Martino** zu und von da wieder hinunter zum See und zum Ausgangspunkt der Wanderung, mit kleinem Strand und einer Bar.

Brennöfen – faszinierende Industriearchitektur

Wer weiterwandern will, macht von hier aus einen Abstecher (jetzt auf der Uferpromenade, dem Lungolago Cristoforo Colombo) in die andere, also südliche Richtung, am Schiffsanleger vorbei, in den 📍**Parco della Quassa** und meist am Seeufer bis nach **Ranco** und kehrt von da – wenn zeitlich möglich – mit dem Schiff wieder nach **Ispra** zurück.

Steckbrief und Service

Der *Anello delle Fornaci* verläuft unten in der Altstadt von Ispra zunächst direkt am Seeufer und ist ein abwechslungsreicher und mit Ausnahme eines Treppenanstiegs nicht besonders anstrengender Rundweg mit verlockenden Rast- und Badeplätzen. Erst geht es in zum Teil ausgesprochen idyllischen Passagen am See entlang, dann zurück durch den Ort auf kleinen Straßen bis zum Startpunkt.

Strecke: 4 km

Wanderzeit: 1 h 15

An- und Rückreise: Ispra erreicht man von Laveno aus über die Uferstraße SP 69.
Bus: Die Linie Nr. 18 fährt von Laveno über Cerro, Reno, Leggiuno (Caterina del Sasso) nach Ispra, die Linie Nr. 3 von Laveno nach Luino: www.ctpi.it/IT/LineeExtraUrbane.
Zug: Vom Bahnhof in Laveno fahren Züge nach Mailand und Locarno.
Schiff: Wenn man die Wanderung noch durch den Golfo della Quassa bis nach Ranco fortsetzt, kann man das allerdings nur zweimal täglich verkehrende Schiff von Ranco zurück nach Ispra nehmen. Von Laveno fährt das ganze Jahr über die Autofähre auf die andere Seite des Sees nach Intra/Verbania (etwa von 5 bis 24 Uhr, tagsüber zweimal pro Stunde, www.navigazionelaghi.it).

Wanderkarte: Kompass Nr. 90, Lago Maggiore, Lago di Varese, 1:50 000.

Einkehren/Übernachten
Am Start/Ziel der Wanderung in **Ispra**: *Caffè Vespucci* am Seeufer.
In der Umgebung: in **Laveno** *Ristorante Calianna*; B&B *Villa Clementina*; in **Ranco** *Il sole di Ranco*.

Strand: Vor allem im ersten Teil des *Anello* finden sich am Seeufer wunderbare Badeplätze. Ein schöner Sandstrand 2 Kilometer nördlich von Ispra bei Monvalle ist die Spiaggia Guree (mit Bar/Pizzeria L'ultima spiaggia).

Tourismusbüro: Beim Start der Wanderung in Ispra, Via Verbano 208.

In den Parco delle Fornaci am Seeufer in Caldè

Caldè ist ein Ortsteil von Castelveccana, erreichbar über die Uferstraße SP 69. Man startet in dem sehr netten Ort unten am Seeufer und überquert den Bach Froda, um in den **Parco delle Fornaci** zu gelangen – zwischen Klippen und Rasen ein guter und romantischer Rast- und Badeplatz ganz nah bei den alten Brennöfen und unter dem steilen Felsen der Rocca di Caldè. Gleich am Anfang passiert man einen ersten alten Ofen, danach die beiden großen mit Graffiti bemalten: **Le Fornaci.** Das eigentliche Gelände ist privat und darf nicht betreten werden. Es lohnt sich auch, noch einen Abstecher nach oben zur **Chiesa Santa Veronica** zu machen. Der ausgeschilderte Weg dorthin beginnt ebenfalls hinter der Brücke über die Froda, aber am Parkplatz. Dort führt der schmale Pfad seitlich in wenigen Minuten steil hinauf. Das Plateau bietet einen weiten Blick auf den Golf von Caldè, unten kann man die Öfen sehen.

Einkehr in Caldè am Seeufer: *Sunset Ristobar.*
Unterkunft: *Casa Vallate* (Apartments), Via Zampori 28 (www.casavallate.com) und B&B *Da Pio*.
Strand: Am Anfang des Parco gibt es schöne Badestellen, und südlich von Caldè liegt unterhalb der Uferstraße die Spiaggia Cinque Arcate.
Informationen: www.vivivarese.com/calde

Mit der Seeschifffahrt und den Wasserwegen befasst sich eine Initiative, die in **Laveno** in den **Officine dell'Acqua** direkt beim Bahnhof und den Landungsbrücken der Autofähre ihren Standort hat. Geplant ist eine Ausstellung, die die seefahrerische Geschichte des Lago Maggiore lebendig macht. Wer die Räume der Officine betritt, kommt aus dem Staunen nicht heraus: Ruderkähne mit kunstvoll geschichteten Holzrümpfen, Flachboote mit Segeln für den Seetransport, Schiffe für die Jagd, den Fischfang und den Transport ziehen die Blicke auf sich. Wer seefest ist, kann auch eine Ausfahrt auf einem historischen Segelboot buchen und dann vom Wasser aus einen Blick auf das **Kloster Santa Caterina** werfen.

Der **Golfo della Quassa** ist eine große Bucht, die sich zwischen Ispra und Ranco an den Ufern des Lago Maggiore erstreckt – mit zahlreichen erratischen Felsbrocken an den flachen, sandigen Ufern. Eiszeitliche Gletscherbewegungen haben einst diese Findlinge und riesige Mengen an Schlick- und Moränenmaterial hinterlassen, wovon sich der Name *Quassa* – Schlamm – ableitet. Der kolossalste unter den Felsbrocken ist der **Sasso Cavallazzo,** der seinen Namen von der Ähnlichkeit mit einem Pferdekopf hat. Daneben lädt ein Sandstrand zum Baden ein.

Route 6.1   Auf dem Anello delle Fornaci in Ispra

Route 6.2 Rundwanderung bei Cerro

Einsiedelei über dem Wasser: Zum Kloster Santa Caterina del Sasso

Das Schiff nähert sich dem Seeufer, und man will seinen Augen nicht trauen: Vom Wasser her ist der Blick auf Santa Caterina del Sasso einfach unglaublich. Das entlegene Kloster schwebt förmlich am Hang zwischen Fels und Wasser, isoliert und faszinierend. Fast übergangslos gehen seine Mauern in den weißen Kalkstein über, in den es eingelassen ist. *Sasso* ist das italienische Wort für Stein, und tatsächlich müssen es Steinmetze gewesen sein, die an diesem verschachtelten Ensemble ein Kunstwerk vollbracht haben. An sonnigen Tagen wirft es sein Spiegelbild auf die Seeoberfläche, und außer Wassergeräuschen ist es ganz still. So ergreifend ist der Anblick, dass es sofort einleuchtet, dass das Kloster schon mehrmals als Filmkulisse gedient hat. Vor ein paar Jahrzehnten drohte es aufgrund der extremen Hanglage auseinanderzubrechen, daher begann man 1970, den ganzen Bau samt der ihn umgebenden Felszone zu sichern. Seit 1970 ist das Kloster in Besitz der Provinz Varese. Bis 1996 wurde es von Dominikanern geleitet, bis 2018 von Benediktinern, und seit 2019 wird es von Franziskanern bewohnt.

Am Anfang war ein Schiffsunglück
Das Eremitenkloster verdankt seine Existenz angeblich einem Schiffsunglück. Der wohlhabende Tuchhändler und Kaufmann Alberto Besozzi soll im 12. Jahrhundert auf der Rückkehr von einem Markt mit seinem Boot von einem Unwetter überrascht worden sein. Regen und Sturm brachten das Boot zum Kentern,

und nur an ein Stück Holz geklammert, erreichte der Händler in Todesangst das Steilufer. Er schickte Stoßgebete an die heilige Katharina und verpflichtete sich, im Fall seiner Rettung ein Leben als gottesfürchtiger Einsiedler zu führen, was er auch wahr machte. Zunächst zog er sich in eine natürliche Höhle in der Felswand zurück und ließ dann Jahre später auf einem felsigen Bergrücken eine kleine Kapelle zu Ehren der Heiligen errichten. Über Jahrhunderte wuchs diese Kapelle mit weiteren Kirchen und Klostergebäuden zusammen, die ein 15 Meter hoher romanischer Glockenturm überragt.

Das Herz der Einsiedelei ist die dreischiffige Kirche, die im 16. Jahrhundert die alten Kapellen zu einem einzigen Gebäude zusammenfasste. Verschiedene Bruderschaften bewohnten im Lauf der Zeit das Kloster. Mehrmals wurde es umgebaut und erweitert, um den wachsenden Pilgerströmen Raum zu bieten. Zu Beginn des 18. Jahrhunderts trug ein wundersames Geschehen zu seinem Ruf unter den Gläubigen bei: Eine Steinlawine rollte herab und durchbrach das Gewölbe der Kapelle, blieb aber wenige Meter über dem dort begrabenen Alberto Besozzi stecken.

Porzellan und Steingut im Keramikmuseum

Man erreicht das Eremitenkloster Santa Caterina del Sasso nicht nur vom Wasser her, sondern auch zu Fuß, zum Beispiel auf einer Wanderung, die man ein paar Kilometer weiter nördlich, im netten, zu Laveno gehörenden Uferort Cerro beginnt. Wo man vor dem Start vielleicht noch einen Blick in das Keramikmuseum Museo Internazionale Design Ceramico im eindrucksvollen Palazzo Perabò wirft, das mit seinem Mix von Kunstwerken aus Porzellan und Alltagsgegenständen aus Steingut an die Industriegeschichte der Region erinnert. Seit der Mitte des 19. Jahrhunderts und bis in die 1960er Jahre stellte die Società Ceramica Internazionale in Laveno noch in großem Maßstab Porzellan und andere Artikel für den Haushaltsbedarf her. Im Umfeld fand sie alles, was sie für die Produktion brauchte: Wasser in Hülle und Fülle, Brennmaterial für die Öfen und

Über schattige Wege zum auratischen Kloster Santa Caterina

Verkehrswege über den See, den Fluss Ticino und seine Kanäle, die es ermöglichen, die Produktion nach Mailand zu bringen. Die Keramikindustrie prägt die Stadt am See für das gesamte 19. und einen Großteil des 20. Jahrhunderts und beschäftigte in der erfolgreichsten Zeit mehr als 1500 Menschen. Im Jahr 1997 ging diese Ära zu Ende, und nach 141 Jahren schloss in Laveno das letzte Unternehmen der Industriekeramik.

Weg zum Wasser 6.2

Rundwanderung bei Cerro

Die Wanderung beginnt in **Cerro** unten an der Seepromenade, wo man das Auto auf dem großen Parkplatz abstellen kann, um von dort hochzulaufen, an der Bar Non solo Caffè (in der man sich noch mit Proviant ausstatten kann) die Straße zu überqueren und die dort nach oben abzweigende Via Buonarroti am Circolo von Cerro vorbei bis zum Friedhof zu nehmen. Oder man startet direkt im oberen Ortsteil beim Friedhof, wo sich ein kleiner Parkplatz befindet. Dort führt dann der nach Leggiuno und Monvalle Lido ausgeschilderte Weg rechts in den Wald hinein. Dann taucht schon bald ein Steinhaus auf, vor dem ein schmaler Pfad im Wald nach links abzweigt (mit rot-weißer Markierung). Diesem schönen Pfad durch ein fast ein wenig dschungelartiges und feuchtes Gebiet mit kleinen Bächen und mit Palmen durchsetztem dichtem Wald folgt man, bis man auf ein eingezäuntes Grundstück stößt. An

Die Anfahrt von Stresa mit dem Schiff – ein Traum

diesem geht es entlang bis zu einem breiteren Kiesweg, an dem man sich links hält, der Ausschilderung Richtung Monvalle Lido folgend. Bald kommt schon das Ortsschild von **Mombello** in Sicht und auf der ansteigenden Straße dann rechts eine Abzweigung Richtung Leggiuno. Von hier hat man einen schönen Blick auf den See, die gegenüberliegende Seite mit Stresa und dem Hausberg Mottarone. Wenn man Wetterglück hat, sieht man sogar die Gipfel der Monte-Rosa-Gruppe.

Dann nimmt man die Straße bergab bis zu einem Waldweg, der an der Torbiera di Mombello vorbei – einem Sumpfgebiet mit einem Teich, der umgeben ist von Torf und typischer Feuchtgebietsvegetation – halb links in den Ortsteil **Mirasole** führt. Hinter einem Tennisplatz zweigt man rechts ab und gelangt auf die Via Colombo, von der man erneut rechts abbiegt und auf den **Belvedere di Mirasole** in der Via XXIV Maggio zuläuft. Weiter geradeaus mündet die Route schließlich in einen steinigen Waldweg, ein altes Bachbett, hinunter nach **Reno**. Man hält sich nun links, passiert einige Villen bis zur vorbei am Circolo von Reno zum See hinunterführenden Straße. Bevor man hier das Sträßchen zum **Kloster Santa Caterina del Sasso** einschlägt, kann man ein Bad nehmen oder auf der Terrasse des Hotels Riva am Seeufer pausieren.

Das Kloster erreicht man, indem man hinter dem Ristorante Il Bucaniere in der Via Verbano 13 die kleine Via Santa Caterina nimmt (rund 1 km, 20 min). Zurück nach Cerro kommt man von Reno über die Via Brughiera und dann die Via Gattirolo, beide wenig befahrene Asphaltstraßen, die an üppigen Palazzi mit riesigen Parks vorbei geradlinig wieder nach **Cerro** führen.

Caterina del Sasso: einmalige Panoramalage

Steckbrief und Service

Der Weg ist einfach zu gehen, meist flach und abwechslungsreich und führt durch Wald und besiedeltes Gebiet bis nach Reno di Leggiuno und zum See hinunter, von wo aus man dann über eine kleine Straße zum Kloster kommt. Man kann unterwegs baden und in Cerro und Reno einkehren. Zurück nach Cerro geht es etwas näher am See über einen Asphaltweg. Die Route zählt zu den sogenannten *Vie Verde dei Laghi* und ist Teil eines größeren Rundwegs mit dem Kennzeichen VVL C1 (Anello di Santa Caterina), ist aber nicht gut ausgeschildert.

Strecke: 10 km (ohne Abstecher zum Kloster)
Zeit: 3 h
An- und Rückreise: Cerro liegt 3 Kilometer südlich von Laveno unterhalb der Uferstraße SP 69. Wer direkt zum Kloster Santa Caterina will: Vor Reno di Leggiuno biegt man, von Süden kommend, von der SP 69 links ab und gelangt auf einen großen Parkplatz, von dem ein kurzer Fußweg zum Eingang führt.
Bus: Die Linie Nr. 18 fährt von Laveno über Cerro, Reno, Leggiuno (Caterina del Sasso) nach Ispra, die Linie Nr. 3 nach Luino: www.ctpi.it/IT/LineeExtraUrbane.
Schiff: Mit dem Schiff kommt man von Stresa zum Kloster. Von Laveno fährt das ganze Jahr über die Autofähre auf die andere Seite des Sees nach Intra/Verbania (von etwa 5 bis 24 Uhr, tagsüber zweimal pro Stunde, www.navigazionelaghi.it).
Zug: Vom Bahnhof in Laveno fahren Züge nach Mailand und Locarno.
Wanderkarten: Kompass Nr. 90, Lago Maggiore, Lago di Varese, 1:50 000. Vie Verdi dei Laghi, hg. von Agenda 21 Laghi, 1:25 000, erhältlich im Tourismusbüro.

Einkehren/Übernachten

Unterwegs in Cerro: *Pizzeria Croce Bianca* an der Piazza, ein schöner Platz draußen am Seeufer; *Caffè/Bar Non solo caffè*, Via Fortino 110 und Circolo di Cerro.
In Reno: *Albergo Riva* am Seeufer mit Terrasse, Via Lungolago 14, www.albergoriva.it.
In der Umgebung: in **Laveno** *Ristorante Calianna*; B&B *Villa Clementina*.

Strand: In Cerro und in Reno gibt es beliebte Strände.

Markt: Am Dienstag ist Markt in Laveno.

Tipps: Segelzentrum **Centro Vela** in Cerro, Kurse und Bootsvermietung (www.centrovela.com). Das **Keramikmuseum** ist von Oktober bis Juni dienstags bis donnerstags von 10 bis 12.30 Uhr geöffnet, freitags, samstags und sonntags auch von 14 bis 17 Uhr. Juli, August und September: dienstags bis donnerstags von 10 bis 12.30 Uhr, freitags und samstags von 15 bis 20 Uhr, sonntags von 10 bis 13 und von 14.30 bis 19 Uhr. Öffnungszeiten **Santa Caterina del Sasso:** vom 15. Oktober bis 15. Dezember und vom 7. Januar bis 15. März Montag bis Freitag von 13.30 bis 18 Uhr, Samstag, Sonntag und an Feiertagen 9.30 bis 19.30 Uhr. Vom 16. März bis 14. Oktober und vom 16. Dezember bis 6. Januar täglich geöffnet von 9.30 bis 19.30 Uhr, www.santacaterinadelsasso.com.

Blickfang Wasser: Von Laveno zum Sasso del Ferro (Seilbahn) und nach Vararo

Von Laveno kommt man mit der Seilbahn (jede zweite Kabine ist eine offene Tonne!) oder zu Fuß und steil ansteigend auf den **Sasso del Ferro.** Wer will, läuft oben noch eine Schleife über das Bergdorf **Vararo** (einfache Strecke 3 km, 1 h), bevor es wieder hinunter nach Laveno geht. Beste Ausblicke auf den See sind inbegriffen!

Einkehr: oben im *Hotel Ristorante Funivia* mit Aussichtsterrasse. Die Seilbahn fährt von Mitte Juni bis Mitte September Montag bis Samstag von 11 bis 21 Uhr, Sonntag schon ab 10 Uhr. Von Mitte März bis Mitte Juni und Mitte September bis Anfang November Montag bis Samstag von 11 bis 18 Uhr und Sonntag schon ab 10 Uhr, www.funiviedellagomaggiore.it.

Hinab geht es über 268 Stufen oder mit einem kostenpflichtigen Aufzug (www.eremosantacaterina.it).

Tourismusbüro: IAT Laveno Mombello, Piazzale Ferrovie Nord.

Zum Lido! Sowohl bei **Reno** wie bei **Cerro** gibt es sehr beliebte größere Strände, auch mit sandigen Abschnitten, an denen man sich vor oder nach der Wanderung im See abkühlen kann. Vielleicht kehrt man dabei in Cerro auf der schönen Piazza zu einer Pizza ein.

Ein großer Park im Barockstil und ein herrschaftliches, sehr elegantes Haus, dessen stilvolle Zimmerfluchten mit floralen Fresken des 18. Jahrhunderts ausgemalt sind: Das ist die **Villa della Porta Bozzolo** in **Casalzuigno,** Viale Senatore Camillo Bozzolo 5, etwa 10 Kilometer von Laveno landeinwärts. Die ehemalige Adelsresidenz ist heute in Besitz der italienischen Stiftung für Denkmal- und Umweltschutz und kann besichtigt werden. Oder man macht ein **Picknick im Park.**

Öffnungszeiten: 1. Oktober bis 8. Dezember Mittwoch bis Sonntag von 10 bis 17 Uhr, 28. Februar bis 30. September Mittwoch bis Sonntag 10 bis 18 Uhr.

Einkehr: Besucher können bei dem mit der Villa verbundenen *Ristorante I Rustici* einen Imbisskorb reservieren und damit im Park picknicken.

Informationen: www.fondoambiente.it/luoghi/villa-della-porta-bozzolo

Route 6.3 Tagestour nach Castelveccana, Cuvio und Cittiglio

Faszination Wasserfall: Im Hinterland von Laveno

Ein Wasserfall ist laut Definition das *»über eine oder mehrere Stufen senkrecht abstürzende Wasser eines Flusses«*. Was bloß ist daran so faszinierend? Die Frage stellt sich allerdings nicht mehr, wenn man sich einem dieser Naturspektakel nähert. Zunächst kündigt es sich nur mit einem leisen Rauschen und Plätschern an. Dann wird das Wasser nach und nach lauter und drängender, bis man endlich vor den herabschießenden weißen Fluten steht, die sich gegenseitig überholen, Gischt versprühen, tosen und schäumen und schließlich donnernd unten aufprallen. Man kann sich nicht sattsehen und -hören, schmeckt das Wasser auf den Lippen. Einfach wunderbar.

Ein botanisches Paradies

Wasserfälle führen uns die ungeheure Kraft vor Augen, das Potenzial, das in jedem einzelnen Tropfen steckt. Sie sind ein Ereignis für alle Sinne, erst recht, wenn sie, je nach Sonneneinfall, begleitet sind von einem schillernden Regenbogen. Und da, wo die Fluten aufprallen, Becken und kleine Seen bilden, fühlen sich auch Tiere und Pflanzen besonders wohl, tummeln sich bis zu 500 Arten in einem botanischen Paradies.

Natürlich haben sich auch Künstler der Wasserfälle angenommen, vor allem im 19. Jahrhundert waren sie ein beliebtes Motiv. Denn Wasserfall ist nicht gleich Wasserfall. Gemeinsam ist ihnen allen die Dramaturgie, egal wie mächtig, wie hoch oder wie tief sie sind. Erst schießen sie, dann fallen und stürzen sie, schließlich prallen sie auf. Aber jeder tut das auf seine Art: Mal springen sie aus dem Berg heraus, mal gleiten sie, mal laufen und hüpfen sie in Kaskaden über Felsstufen, mal sind sie ganz dünn und dann wieder sehr breit oder bestehen sogar aus mehreren Strömen. Und jeder Wasserfall hat seine ganz eigene Umgebung, die lieblich oder schroff sein kann, sehr grün oder felsig. Der Lago Maggiore mit seinen vielen kleinen und großen Wildbächen rundum ist ein perfektes Wasserfall-Land. Jeder kann sich aus dieser Fülle seinen Lieblingswasserfall aussuchen. Zum Beispiel im Hinterland von Laveno auf der Ostseite des Sees, wo es gleich mehrere gibt: die Cascate di Cittiglio, die Cascata della Froda und, noch ein bisschen weiter weg vom See, die Cascate di Cuvio. Durchweg sind sie beliebte Ausflugziele, auch wenn die drei Wasserfälle von Cittiglio nicht immer und nicht alle erreichbar sind.

Badebecken und Wassersprünge

Der spektakulärste Wasserfall in dieser Region ist vielleicht der des Torrente Froda bei Castelveccana. Er fällt aus einer knapp 100 Meter hohen Wand auf der Nordostseite des Pizzo di Cuvignone in ein felsiges Becken – ein ideales Ziel an heißen Tagen. Wie ergiebig die Cascata della Froda ist, hängt allerdings davon ab, ob und wie viel es geregnet hat.

Die drei Wasserfälle bei Laveno, die Cascate di Cittiglio, entspringen dem Wildbach Torrente San Giulio und stürzen sich am Hang des Sasso del Ferro, des Hausbergs von Laveno, in die Tiefe. Der erste der drei – und noch am ehesten erreichbare – fällt aus gut 40 Meter Höhe in ein Flussbett voll riesiger, glatt gewaschener Steine.

Schließlich bildet tiefer im Landesinnern der Bach Broveda oberhalb des Dorfes Cuvio in einer wilden Naturlandschaft lauter kleine Wasserfälle. Sie sind zwar nicht besonders hoch, machen aber schöne Sprünge und sind gut zum Abkühlen.

Alle Wasserfälle verändern ihr Gesicht je nach Jahreszeit und Wetterlage. Und manchmal geht das auch auf menschliche Eingriffe zurück. Ein italienisches Beispiel: Bei Formazza, am

Im Hinterland von Luino: Gumpen laden zum erfrischenden Bad

Wasserfälle haben viele Gesichter

Ende des nördlich des Lago Maggiore gelegenen Valle d'Ossola, hat man einen wahrhaft spektakulären Wasserfall, die Cascata del Toce, auf den Rang eines Wasserhahns gezähmt. Er ist mit seiner Fallhöhe von 143 Metern einer der höchsten in Europa und fasziniert mit seiner Power. Allerdings nur von Juni bis September. In den übrigen Monaten versorgt er damit die Wasserkraftwerke im Tal – und wird daher kurzerhand abgestellt.

Weg zum Wasser 6.3

Wasserfallhüpfen: Eine Tagestour nach Castelveccana, Cuvio und Cittiglio

Die Rundtour führt zu den Wasserfällen im Hinterland von Laveno. Auf der Strecke passiert man kulturelle Höhepunkte wie das bemalte Dorf Arcumeggia und die eindrucksvolle Villa della Porta Bozzolo in Casalzuigno, wo man zum Essen oder Picknick im Park einkehren kann (siehe 📍 Tour 6.2). Auch Cuvio und das in der Nähe gelegene Castello Cabiaglio sind sehenswert und schöne Orte zur Einkehr abseits des trubeligen Seetourismus.

Zur Cascata della Froda bei Castelveccana

Der kurze Weg zur Cascata della Froda führt zunächst auf einem breiten Waldweg hinunter zum Bach. Man überquert ihn auf Steinen und läuft an ihm entlang. Kurz vor dem Wasserfall quert man noch einmal den Bach über eine kleine Brücke und klettert noch ein Stück auf einer Eisentreppe hoch, dann hat man die **Cascata della Froda** mit ihrem Auffangbecken erreicht. Der Wasserfall ist allerdings unterschiedlich ergiebig: Die Wassermenge hängt stark davon ab, wie viel es in den vorausgegangenen Tagen und Monaten geregnet hat. Rückkehr auf demselben Weg.

Strecke: 2,5 km (einfacher Weg)

Wanderzeit: 0 h 30

An- und Rückreise: Der Weg zum Froda-Wasserfall beginnt in Nasca, einem Ortsteil von Castelveccana. Von dort folgt man der SP 7 nach Sant'Antonio, bis nach etwa einem Kilometer ein Schild auf der rechten Seite den Weg zur Cascata della Froda anzeigt. Wer die wenig befahrene, in vielen Kurven ansteigende Straße vermeiden will, fährt mit dem Auto bis zu diesem Einstieg zum Wasserfall. Allerdings ist die Parkmöglichkeit dort beschränkt. Wenn man die Straße von dort weiterfährt, gelangt man über das bemalte Dorf Arcumeggia und über Casalzuigno mit der sehr sehenswerten Villa della Porta Bozzolo nach Cuvio mit seinem schönen Wasserfallweg.

Weiterfahrt zu den Broveda-Wasserfällen bei Cuvio

Der kurze Pfad führt beim Waschhaus am Ende der Via XX Settembre in den Wald hinein (ein Schild weist das **Valle Inglese** aus) und dann entlang des Bachs Broveda durch das sogenannte Englische Tal mit seinen vielen kleinen Wasserfällen. Man bleibt immer am Ufer des Bachs und überquert ihn auch mal über Steine, sollte also möglichst trittsicher sein. Unterwegs findet man viele wunderbare Gelegenheiten zum Rasten und um sich in Gumpen abzukühlen. Rückkehr auf dem gleichen Weg. Achtung bei Feuchtigkeit! Einkehr in der Umgebung: im bei Cuvio gelegenen Ort Castello Cabiaglio im stilvollen Palazzo Ronchelli (nur Unterkunft) und sehr schön und gut im Circolo Verderamo (nur Donnerstag bis Sonntag).

Strecke: 1 km (einfacher Weg)

Wanderzeit: 0 h 30

An- und Rückreise: Um von Casalzuigno nach Cuvio zu kommen, nimmt man die SS 394 nach Cureglio, wo man im Ortszentrum rechts zur SP 45 nach Cuvio abbiegt. In Cuvio fährt man entweder direkt zum Waschhaus, wo der Weg entlang des Bachs Broveda startet, die Parkmöglichkeit aber beschränkt ist, oder man beginnt die Wanderung im Ortszentrum und gelangt über die Via Pretorio und dann die Via XX Settembre zum Waschhaus.

Letzte Etappe: Zu den Cascate di Cittiglio

Die **Cascate di Cittiglio** setzen sich aus insgesamt drei Wasserfällen zusammen. Nur der erste ist erreichbar (kann aber je nach Wetterlage auch mal geschlossen sein, am besten erkundigt man sich vorab), der Weg zu den anderen beiden ist zu unwegsam und gefährlich. Besonders reizvoll ist die Region um die Cascate di Cittiglio zur Herbstzeit im September und Oktober. Dann sammeln hier auch viele Leute Kastanien. Rückkehr auf dem gleichen Weg.

Strecke: 1 km (einfacher Weg)
Zeit: 0 h 15

An- und Rückreise: Von Cuvio zurück Richtung Castelveccana fährt man wieder über Cureglio und dann auf die SS 394 nach Cittiglio. Zu den Wasserfällen geht es im oberen Ortsteil mit Start am Parkplatz an der Piazza degli Alpini. Von dort ist der kurze Wanderweg zum ersten Wasserfall gut ausgeschildert. Nach Cittiglio kommt man von Laveno auch mit dem Zug (RegioExpress RE1, www.trenord.it).

Schifffahrt

Maschinenzeiten

Die Geschichte der Seefahrt am Lago Maggiore

Fährboote dominieren den Schiffsverkehr

Vom Vorplatz der Kirche in Ronco sopra Ascona, einem Balkon über dem See, hat man eine atemberaubende Aussicht auf den Lago Maggiore. Tiefblau liegt der See in der Sonne, mit hier und da ein paar vereinzelten Schaumkämmen wie aufgesetzten Sahnetupfern. Ein Segelschiff kreuzt gerade gegen den Südwind, ein Passagierschiff steuert Ascona an, und an den Isole di Brissago entlang tuckern zwei kleine Motorboote.

Auch von der Panoramaterrasse des Sasso del Ferro bei Laveno auf der Ostseite des Sees hat man einen fantastischen Blick auf das Wasser. Hier zieht gerade die Pendelfähre zwischen Intra und Laveno ihre Bahn, einige Windsurfer nutzen den Nachmittagswind, und ein kleines Anglerboot ist gemächlich Richtung Pallanza unterwegs. Und noch ein Panoramaausblick: Von der Rocca di Angera scheint das gegenüberliegende Ufer, wo der monumentale San Carlo die Hand zum Gruß hebt, zum Greifen nah. Im Hafen dort liegen Jachten und Segeljollen. Sonst ist es ruhig auf dem großen See.

Was bei all diesen spektakulären Aussichten auffällt: Kein Transport- oder Lastenschiff, Wassertaxi oder Arbeitsboot ist auf dem Wasser unterwegs, nur die Fähren der Navigazione Laghi und die Freizeitkapitäne. Von wirklicher Schifffahrt ist auf dem Lago Maggiore nichts zu sehen. Weder die Aussichtspunkte über dem See noch die Piere an den Häfen lassen Spuren von Seehandel, Logistik und Schiffsbau erkennen. Keine Landungsbrücken, Lastkräne oder Lagerhäuser am Ufer erinnern daran, dass auf dem Wasser einst rege seefahrerische Geschäftigkeit herrschte. Und die Anwohner rund um den See nehmen heute eher das Auto denn ein Boot, um ihre alltäglichen Besorgungen zu erledigen.

Knotenpunkt für den Handel

Einst war der Lago Maggiore mit seinen verlässlichen Winden eine wichtige Logistikachse für Seetransporte, und Ascona und Magadino im Norden sowie Sesto Calende im Süden waren bedeutende Umschlagplätze für Waren und Personen. Da im schwierigen, meist bergigen Umland keine begehbaren, geschweige denn befahrbaren Straßen und Wege zur Verfügung standen, war der See bis ins hohe Mittelalter ein Knotenpunkt für den Handel. Der Transport von Wein, Lebensmitteln, Holz und Baumaterialien über das Wasser durchbrach die Isolation von Städten und Dörfern. Kähne mit besonderen Flachrumpfkonstruktionen segelten über den Lago, wurden dann auf dem Ticino gerudert und über Kanäle auf Treidelpfaden von Pferden oder Maultieren gezogen. Sogar mächtige, 15 Meter hohe steinerne Obelisken gelangten so vom Lago Maggiore bis nach Venedig und von dort über die Adria um den Stiefel herum und dann auf dem Tiber nach Rom. Auch der Bau des Mailänder Doms wäre ohne die Wasserstraße Lago Maggiore unmöglich gewesen. Das Holz aus dem Val Grande und der Marmor aus dem Toce-Tal erreichten über den *Naviglio Grande* die Dombauhütte in Mailand. »AUF«, die Abkürzung für »ad usum fabricae«, hauten damals die Steinmetze in Candoglia in die für den Kirchenbau bestimmten Granitquader, was den Transport kostenfrei machte. Denn die damalige Herrscherfamilie in Mailand gewährte als Gegenleistung für die

Errichtung des Doms den Gratistransport auf den Kanälen, welche die Stadt über den See mit den Steinbrüchen im Norden des Lago Maggiore verbanden.

Noch in der ersten Hälfte des 19. Jahrhunderts herrschte in Sesto Calende ein reger Schiffsverkehr. Die vielen mit Baumaterialien und Lebensmitteln beladenen Lastkähne, die mit der Strömung des Ticino von hier weiter nach Mailand reisten, mussten ja auch wieder zurück – und vor Sesto Calende gefährliche Stromschnellen überwinden. Also stellten findige Ingenieure eine Pferdeeisenbahn, die *Ipposidra*, in Dienst. Auf den niedrigen, langen Holzwagen dieses frühen Huckepackzugs ging es dann, von acht Pferden gezogen, 18 Kilometer flussaufwärts bis zum Hafen in Sesto Calende, um von dort die Reise nach Norden über den Lago Maggiore fortzusetzen. »Um die Stromschnellen zu umgehen«, berichtet ein Zeitzeuge, »brauchen die Konvois aus zehn oder zwölf von Pferden gezogenen Schiffen zwei Wochen, während die Boote, von erfahrenen Lotsen gesteuert, flussabwärts mit beängstigender Geschwindigkeit hinunterfahren.«

Die Dampfer kommen

Als die ersten mit Dampf getriebenen Maschinen aufkamen, wendete sich die Geschichte des öffentlichen Verkehrs auf dem Lago Maggiore. Am 15. Februar 1826 begann dort die moderne Schifffahrt. Die *Verbano* lief als erstes Dampfschiff, allerdings noch mit Holzrumpf, im Schweizer Hafen Magadino vom Stapel und versah fortan als reguläre Linie ohne Zwischenstopps ihren Dienst als Fracht- und Passagierschiff. Einen ganzen Tag brauchte sie, um vom Nordende des Sees nach Sesto Calende im Süden zu kommen. Die 20 Jahre später in See stechenden ersten Eisendampfer *San Carlo* und *Verbano II* waren mit besseren Motoren deutlich schneller. Dampf war Fortschritt, und neuer Schiffsbau versprach verheißungsvolle Nutzungen – die Einführung der Heizkesselmaschinen ließ Euphorie aufkommen. Die Anfänge der Motorschifffahrt fielen jedoch in politisch und militärisch unruhige Zeiten. Im frühen 19. Jahrhundert reklamierten nämlich gleich drei Machtzentren, die Schweiz, das Piemont und Österreich, die Vorherrschaft über den Lago Maggiore. Im Krieg von 1848/49 wurden die Königreiche Sardinien und Österreich zu erklärten Feindstaaten. Die Österreicher befestigten den Handelshafen von Laveno als militärischen

Stützpunkt. Die Dampfer – in Friedenszeiten im kommerziellen Dienst – fuhren nun unter österreichischer Flagge und wurden zu Kanonenbooten umgerüstet. Dann brachen noch Streitigkeiten aus, die den Zweiten italienischen Unabhängigkeitskrieg einleiteten.

Eisenbahnzeit

Als endlich die Waffen schwiegen und die politischen Verhältnisse neu geordnet waren, sah es auch für die Dampfschifffahrt zunächst wieder besser aus. Denn mit der Ankunft der Eisenbahn begann ein zweites Maschinenzeitalter am See, das die Chance verknüpfter Mobilität von Zug und Schiff eröffnete. Es entstanden neue Mobilitätsangebote, von denen die Schifffahrt auf dem See profitierte. Die täglichen Verbindungen auf der Linie Arona–Intra–Pallanza–Magadino wurden mit den Bahnverbindungen Arona–Turin–Genua synchronisiert, die sogar auf den Postkutschenservice nach Lugano, Locarno, Luino und Mailand abgestimmt waren – »intermodaler Verkehr« würde das heute im Logistik-Sprech heißen. Größere und schnellere Schiffe fuhren nun sechsmal täglich im Zickzack über den See zu den Markttagen in Luino und Locarno. Beim Ausbruch des Ersten Weltkriegs waren auf dem Lago Maggiore 14 Dampfschiffe im Einsatz. So hätte es eigentlich weitergehen können.

Ausgediente Passagierschiffe im Hafen von Arona

Automobilmachung

Doch mit der dritten Maschinenrevolution, dem Dieselmotor, begann eine dauerhafte Strukturkrise der Schifffahrt am See. Zunächst brachte ihr der

Maritimes Liebhaberobjekt bei Luino

moderne Antrieb zwar neuen Schwung. Umgerüstete Schiffe transportierten nun Hunderte von Reisenden in schnellen Taktzeiten über den See. Die dieselgetriebenen Wasserfahrzeuge hatten mehr Power und kamen daher mit Winden und Strömungen besser zurecht. Außerdem war es wesentlich einfacher, sie mit Treibstoff zu versorgen als die Boote mit den alten Dampfkesseln, für die man die Brennstoffe Holz und Kohle heranschaffen musste. Im Jahr 1933 nahm die erste Autofähre ihren Dienst auf. In 20 Minuten transportierte das umgebaute alte Motorschiff *San Cristoforo* bis zu 250 Personen und Fahrzeuge mit einem maximalen Gesamtgewicht von 21 Tonnen in zuverlässigen Rhythmen von Intra nach Laveno. Die Regionen Lombardei und Piemont waren nun auf vitale Weise miteinander verbunden. Doch die Fähren nahmen auch immer mehr Lastkraftwagen huckepack. Hatte schon die Eisenbahn dazu geführt, dass sich Transporte vom Wasser auf die Schiene verlagerten, leiteten nun die Lkws die Finalrunde für die Logistikroute über den See ein. Unterstützt wurde diese Mobilitätsrevolution nicht nur durch die neue Antriebstechnologie der Dieselaggregate, sondern auch durch die Automobilmachung Norditaliens, mit der ein sich rasch ausbreitendes Straßennetz entstand. Wegweisend und exemplarisch: Die erste Autobahn Europas wurde am 21. September 1924 in Italien eröffnet. Das Teilstück von Milano nach Varese ist heute ein als A8 klassifizierter Abschnitt der *Autostrada dei Laghi*. Zusammen mit weiteren Schnellstraßen verband sie in den folgenden Jahrzehnten alle wichtigen Handelszentren Italiens.

Dominanz des Straßenverkehrs

Die Autofähre Intra–Laveno verbindet Ost- und Westufer

Die 1922 an die Macht gekommenen Faschisten nutzten den Autobahnbau für ihre Propaganda. Benito Mussolini pries 1925 die Autobahn als eine großartige italienische Errungenschaft und als Ausweis italienischen Ingenieurgeistes. Doch nicht nur die Faschisten verknüpften ihre politischen Interessen mit dem Automobil. Dieses war in Italien mit einem Unternehmen und einer Marke untrennbar verbunden: Fiat. Die in Turin groß gewordene Fabrik produzierte nicht nur Klein- und Lastwagen, ihre Gründer aus der Familie Agnelli wurden auch zu einflussreichen Kräften in der Politik und Gesellschaft Italiens. Als wirkungsvolle Autolobby hatten sie mehr Interesse an öffentlichen Investitionen in den Straßenbau als solche in Infrastrukturen am See. In einem nationalen Konsens setzte sich eine Dominanz des Straßenverkehrs durch, von der sich der öffentliche Transport auf dem Lago Maggiore nicht mehr erholte. Die Zeit, in der Schiffe die Verbindung zwischen den Städten und Dörfern herstellten, war vorbei. Nun waren es Lastwagen, die über die Uferstraßen die Versorgung sicherstellten. Aus dem Lago Maggiore wurde in erster Linie eine wunderbare Spielwiese für Touristen und Freizeitskipper.

Die Fährschiffe der Navigazione Laghi, die im Jahr 2021 ihre Flotte um das erste dieselelektrische Hybridschiff *Topazio* erweiterten, legen derzeit in der Hochsaison täglich 1500 Kilometer zurück. Die Gäste an Bord sind in der Mehrheit Ausflügler und Touristen, die das sommerliche Flair des Sees genießen wollen. In der Nebensaison schnurren die Dienste des öffentlichen Verkehrs dann auf 430 Tageskilometer zusammen. Nur noch wenige benutzen das Schiff, um zur Arbeit zu kommen oder Freunde und Familien auf der anderen Seeseite zu besuchen, lieber steigt man ins Auto. Ist damit die Seefahrtgeschichte des Lago Maggiore endgültig besiegelt?

Seegeschichte be-greifen

Im Hafen von Arona liegt die *Piemonte* vor Anker. Enthusiasten konnten den ersten Raddampfer Europas vor der Verschrottung retten. Nach seiner Restaurierung im Jahr 1965 wieder feierlich eingeweiht, steht er an Sommerwochenenden für touristische Kreuzfahrten zur Verfügung. Wenn der Raddampfer dann über den See stampft, kommen bei vielen Passagieren wehmütige Gefühle auf. Die Aktiven der Officine dell'Acqua in Laveno wollen es aber nicht bei solchen Erinnerungen belassen. Betritt man deren Räume auf der linken Seite des historischen Bahnhofsgebäudes, kommt man aus dem Staunen nicht heraus. Unmittelbar an den Gleisen der Züge nach Mailand und Novara findet sich in frisch renovierten, lang gestreckten Gebäuden ein ganzes Ensemble historischer Boote. Ruderkähne mit kunstvoll geschichteten Holzrümpfen, instand gesetzte Flachschiffe mit Segeln, Schiffe für die Jagd, den Fischfang und den Transport.

In den Officine dell'Acqua sind aber keine Nostalgiker unterwegs, welche die guten alten Zeiten auf dem Wasser verklären. »Wir wollen die Geschichte der Seefahrt am Lago Maggiore wieder lebendig machen«, sagt Paolo Sivelli, der Exekutivdirektor der Initiative, der gerade damit beschäftigt ist, die Antriebswelle eines historischen Außenborders zu fetten. Es gehe darum, sagt Sivelli, die jahrhundertealte Beziehung zum See und zu den Wasserwegen zu bewahren, weiterzugeben und wiederzuent-

Historische Schiffe der Officine dell'Acqua in Laveno

decken. »Die für den Lago Maggiore typischen Schiffe sind ja eigentlich verschwunden, und wir wollen die historischen Modelle wieder sichtbar machen.« Direkt am Eingang steht eine *Inglesina*, ein Schiff in der für den Lago Maggiore typischen Klinkerbauweise. Zu Beginn des 19. Jahrhunderts kam dieser Bootstyp mit betuchten britischen Familien an den See. Es waren Engländer, die als Erste den Lago Maggiore für ihre Sommerfrische entdeckten und damit den Grundstein für den Seetourismus legten. Und aus England ihre Tradition des Schiffsbaus mitbrachten, die sich die lokalen Handwerker am Lago schnell zu eigen machten. Das Handwerk wird auch in den Officine eine große Rolle spielen: »Wir werden in Zukunft Renovierungskurse anbieten«, sagt Sivelli. »Ich bin sicher: Wer auf einem unserer historischen Segelboote einen Kurs absolviert, wird von unserer seefahrerischen Tradition am See mehr als berührt sein.«

Rund um Luino und Maccagno

Zu den Mulini di Piero an der Giona, unterwegs hoch über dem See auf dem *Giro del Sole* und zum Lago Delio

Route 7.1 Spaziergang Mulini di Piero – Monteviasco

Wasser, Wald und Wild: Im Valle Veddasca

Wild und abgeschieden ist das Valle Veddasca, das Hochtal im Hinterland von Luino und Maccagno. An dicht bewaldete Hänge ducken sich Dörfer mit alten Steinhäusern, Kirchen, Mühlen und Brunnen. Unten fließt die Giona. Stets lebte man hier von und mit der Energie dieses Wildbachs. Er spendete reichlich Wasser, und es gab Holz und Wild, man betrieb Ackerbau und Viehzucht. Allerdings war die Existenz doch karg und mühselig, und viele Menschen wanderten gezwungenermaßen aus. Heutzutage ernährt die im Tal Verbliebenen vor allem der saisonale Tourismus. Denn es ist schön hier. Die grünen Hügel sind ganz unverbaut, und überall gibt es Schätze zu entdecken.

Zum Beispiel in Curiglia, einem Dorf ganz hinten im Tal. Es sieht malerisch aus, wirkt aber ein wenig aufgegeben; immerhin laufen in den Dorfgassen einige meckernde Ziegen herum. Im Ortsteil Ponte di Piero stößt man auf eine Seilbahnstation. Aber es bewegt sich nichts. Die 1989 eröffnete Bahn mit ihrer einzigen Kabine steht seit Jahren still, sie ist 2018 nach einem tödlichen Unfall des Kabinenführers außer Betrieb genommen worden. Mit Ungeduld erwartet man im Val Veddasca die geplante Wiedereröffnung. Bis dahin aber ist das oberhalb der Seilbahnstation in der Höhe von fast 1000 Metern gelegene Bergdorf Monteviasco nur zu Fuß zu erreichen. Etwa eine Stunde ist man auf dem gewundenen Saumpfad steil bergauf unterwegs, nimmt sage und schreibe 1400 breite, gepflasterte Stufen, bis man, etwa 400 Meter höher, das faszinierende und nur noch von einer Handvoll Menschen bewohnte Dorf auf dem Berg und ganz nah an der Schweizer Grenze erreicht. Hier oben scheint alles wie aus der Zeit gefallen. Die engen, gepflasterten Gassen schlängeln sich den Hang hinauf und hinunter, niedrige Häuser aus dem 16. und 17. Jahrhundert drängen sich aneinander, manche sind mit Fresken bemalt. Über die Strada Maggiore gelangt man zum Brunnen an der Piazza. Wem das alles noch nicht entrückt genug ist, der kann dem Firmament noch näher kommen und in einem Observatorium am Ortsrand von Monteviasco einen Blick in den Nachthimmel werfen, ungetrübt von jeglicher Lichtverschmutzung.

Ein magischer Ort am Fluss

Unten, an der stillgelegten Talstation der Seilbahn, kommt man ganz ohne Treppensteigen zu den Mulini di Piero, dem Mühlendorf von Piero – noch ein magischer Ort, diesmal direkt am Fluss. Die Giona rauscht und sprudelt hier talwärts Richtung Lago Maggiore, und Gumpen und kleine Wasserfälle ermuntern zu einem erfrischenden Bad. Chillen im Schatten unter Bäumen, dem quirligen Wasser lauschen, die Augen schließen und die Zeit vergessen – das geht hier mühelos. Die im 18. Jahrhundert zum Mahlen von Getreide erbauten und vor mehr als 40 Jahren stillgelegten Mühlen wurden zum Teil restauriert. Eine von ihnen hat ihr mächtiges Antriebsrad aus Kastanienholz zurückbekommen, und in den Innenräumen ist auch das Mühlsteinsystem noch erhalten.

Der historische Mühlencluster repräsentiert beispielhaft den Technologiesprung durch die vom Wasser angetriebenen Maschinen. Eine einzige Mühle von bescheidener Größe konnte an einem Tag Arbeiten verrichten, für die zuvor bis zu 40 Menschen und viele domestizierte Tiere richtig schuften mussten. Hier am Giona-Ufer kann man heute zwischen dem, was von den Mühlen geblieben ist, herumspazieren, oder aber man legt sich einfach in die Wiese und sieht den Ziegen dabei zu, wie sie im Fluss ihren Durst löschen. Die schwarze Verzascaziege ist die unbestrittene Königin dieser Landschaft. Konkurrenz machen ihr nur eine »Alpengämse« genannte Ziegenrasse und

Mulini di Piero – die Magie des Wassers

die Saanenziege: Aus der Milch dieser drei Rassen wird der Formaggella del Luinese hergestellt, ein Käse mit geschützter Ursprungsbezeichnung, mit dem die Landwirte von Curiglia und Monteviasco ein lokales Produkt wiederbelebt und zu einem Slow-Food-Produkt gemacht haben.

Ein gutes Versteck

Die Abgeschiedenheit des Val Veddasca hat immer wieder Menschen auf der Suche nach einem Versteck angezogen, zum Beispiel Schmuggler, die hier eine grenznahe Zuflucht fanden. Und nicht weit entfernt, im Dorf Dumenza, versteckte der Anstreicher Vincenzo Peruggia 1911 die *Mona Lisa*, die er aus dem Louvre gestohlen hatte, ein wahnwitziger Raub, den ein liebevoll gemachtes Museum in Cadero im Hinterland von Maccagno nacherzählt. Schließlich entdeckten Ende der 1960er Jahre auch einige Aussteiger die Mulini di Piero und richteten sich in den Mauern der alten Mühlen ein, bauten sie zum Teil wieder auf. Auch Mitglieder der RAF sollen angeblich in den 1970er Jahren auf der Flucht eine Zeit lang hier Quartier genommen haben. Vermutlich eine Legende – was nicht ungewöhnlich wäre für einen solch magischen Ort.

Weg zum Wasser 7.1

Spaziergang zu den Mulini di Piero an der Giona und hoch nach Monteviasco

Der Ausgangspunkt für den kurzen Spaziergang ist der Vorplatz der Seilbahn bei **Piero,** wo es einen großen Parkplatz gibt. Nachdem man die Seilbahnstation passiert hat, geht man geradeaus weiter und trifft auf die Abzweigung zu den Mühlen (links geht es in den Ort Piero). Man ist unterwegs auf einem relativ breiten und flachen Weg oberhalb des Flusses, gelangt auf eine schöne Wiese und sieht schon die ersten Häuser und Mühlen.

Die Kraft des Wassers – Mühlendorf Piero

Moos und Gras als angenehmer Wanderuntergrund

Steckbrief und Service

Der kurze Spaziergang zu den Mulini di Piero ist gut ausgeschildert und komfortabel. Es ist ein herausragendes Ausflugsziel mit Kindern, insbesondere im Sommer!

Strecke: 0,5 km (einfacher Weg)

Wanderzeit: 0 h 15

An- und Rückreise: Um die Mulini di Piero und Monteviasco zu erreichen, nimmt man in Luino die Straße nach Fornasette, biegt links ab nach Dumenza, das man durchquert, bis man in Curiglia ankommt, wo die Seilbahn ausgeschildert ist. Dort findet man auch einen großen Parkplatz. Monteviasco erreicht man zurzeit nur zu Fuß über den Treppenweg, da die Seilbahn nach oben vor drei Jahren stillgelegt wurde. Sie ist zwar inzwischen wieder funktionstüchtig, aber bisher ist die Suche nach einem Betreiber erfolglos.

Bus: Von Luino kommt man nur bis Curiglia, mit der Linie 1:
www.ctpi.it/IT/LineeExtraUrbane.

Wanderkarten: Geo4Map Nr. 305, Lago Maggiore, 1:25 000. Kompass Nr. 90, Lago Maggiore, Lago di Varese, 1:50 000.

Einkehren/Übernachten

In der Umgebung: *Agriturismo Kedo* in **Piero**, Via Addolorata, Curiglia di Monteviasco, www.agriturismokedo.it. In **Curiglia**: *Villa Viola*. Bei **Dumenza**: *Fattoria Roccolo*, Località Roccolo 1.

Baden: Am Fluss bei den Mulini findet man Erfrischung.

Tourismusbüro

Tourist-Info Maccagno:
www.prolocomaccagno.it
Tourist-Info Luino: www.comune.luino.va.it

Von den Mulini nach Monteviasco

Den kurzen Spaziergang zu den Mulini di Piero kann man mit dem Aufstieg nach **Monteviasco** (976 m) ergänzen. Dorthin geht es über einen gepflegten Treppenweg mit 1400 Stufen und einer Höhendifferenz von etwa 400 Metern. Man kehrt zunächst von den Mulini di Piero zurück zur stillgelegten Seilbahnstation und wendet sich dort nach rechts zu dem Treppenweg. Der Weg hinauf dauert dann etwa eine Stunde und ist für jedermann geeignet, gut ausgeschildert, folgt immer einem markierten Weg und kann das ganze Jahr über unternommen werden. Auf der Strecke kommt man an mehreren Kapellen vorbei. Zurück geht es auf demselben Weg.

Einkehr in Monteviasco: Es gibt drei Restaurants: *Barchet di Monteviasco*, *Camoscio Bellavista* und *Il Vecchio Circolo*. Oben gibt es auch eine Sternwarte.

Informationen: www.assm42.it

In den Schnee! Ein Winterziel im Val Veddasca ist der **Passo della Forcora** auf 1179 Metern mit Skilift und Langlaufloipe. Allerdings ist er trotz der Höhe nicht ganz schneesicher. Um dorthin zu kommen, zweigt man von der von Maccagno kommenden SP 5 noch vor Indemini links ab.

Ein originelles Museum in **Cadero** erzählt anschaulich vom Diebstahl der *Mona Lisa* aus dem Louvre im Jahr 1911. Die Initiative für das **Mona-Lisa-Museum** geht darauf zurück, dass es ein Mann aus Dumenza war, der das Kunstwerk stahl, um es, wie er später aussagte, in seine Heimat zurückzubringen. Nach Cadero gelangt man, wenn man auf der anderen Seite des Val Veddasca die von Maccagno kommende SP 5 nimmt (in Fahrtrichtung des Grenz- und Künstlerortes Indemini).

Einkehr: im *Agriturismo Pian di Lares* in Armio Veddasca, Via Petrolo 18 (Direktverkauf, Mittagessen gibt es täglich von Mitte Juli bis Mitte September und nur am Samstag und Sonntag von Februar bis November, www.piandulares.it).

Route 7.2 Auf dem Giro del Sole bei Agra

Luino: Mehr als ein Markt am Seeufer

Was für ein Bahnhof! Das Belle-Époque-Stationsgebäude von Luino beeindruckt mit seinen lichtdurchfluteten Säulenhallen, einem schwarz-weiß gefliesten Marmorboden und einer Dachkonstruktion aus Stahl und Glas. Das überrascht ein wenig in einer Stadt, die zwar die größte am Ostufer ist, aber mit 15 000 Einwohnern so groß nun auch wieder nicht. Als der kolossale Bahnhof 1882 eingeweiht wurde, war das im weitläufigen Delta der Tresa liegende Luino allerdings eine aufstrebende Industriestadt mit Glas-, Maschinenbau- und Textilfabriken. Noch bis Anfang des 19. Jahrhunderts konnte davon keine Rede sein. Zwar wurde die grenznahe Stadt an der Mündung der von Lugano kommenden Tresa und an der Transitstrecke des Schiffsverkehrs von der Schweiz nach Italien bereits im späten Mittelalter zum Marktplatz, denn schon 1541 hatte ihr Karl V. das Marktrecht erteilt. Ein Privileg mit nachhaltiger Wirkung: Bis heute findet in den Uferstraßen von Luino immer mittwochs der größte Wochenmarkt am Lago Maggiore statt, ein touristisches Highlight. Aber wer damals in den Dörfern in den umliegenden Bergen lebte, fand in der Regel keine Arbeit und war zur Auswanderung gezwungen.

Aufschwung mit Schweizer Textilindustriellen

Der Umbruch in der Region begann mit der Eröffnung einer Glasbläserei am Rand der Altstadt von Luino. Es folgte die Gründung einer riesigen Kristallfabrik im nahe gelegenen Porto Valtravaglia, die noch bis 1959 in Betrieb war. Den Aufschwung befeuerten dann ab Mitte des 19. Jahrhunderts Fabrikgründungen von Schweizer Textilindustriellen, zum Beispiel von Rodolfo Hüssy, der im Jahr 1868 eine Tochterfirma seiner Schweizer Baumwollweberei »mit ewigem Wasserrecht« an der Tresa gründete. Neben der Nähe zur Wasserkraft ging es diesen Pionieren darum, Zollschranken zu umgehen, außerdem war das der Schweiz und dem Lago di Lugano nahe Luino verkehrstechnisch attraktiv, und die Region bot viele billige Arbeitskräfte.

Die damals entstandenen Jugendstilresidenzen der wohlhabenden Unternehmer schmücken noch heute hier und da die Hänge von Luino, einige in sehr gutem Zustand, andere dämmern mit geschlossenen Klappläden vor sich hin. Die in schweizerischen Händen liegende Textilindustrie schuf in kurzer Zeit mehr als 1000 Arbeitsplätze und belieferte mit ihren Produkten Absatzmärkte auf der ganzen Welt. Luino wuchs nun ungestüm und galt seit der zweiten Hälfte des 19. Jahrhunderts als das wirtschaftliche Zentrum des östlichen Lago Maggiore.

Die Gotthardbahn kommt

Zusätzlichen Schub sollte der Industrialisierung der Anschluss Luinos an die Gotthardbahn bringen. Das nach den Plänen von Giovanni Faini errichtete imposante Bahnhofsgebäude und die großzügigen Gleisanlagen erinnern daran, dass hier einst die internationale Strecke Berlin–Genua geplant war. Sie sollte das Tor zum Süden für die Züge sein, die aus dem Gotthardtunnel kamen, konnte sich aber auf Dauer nicht gegen die über Chiasso am Comersee führende Linie durchsetzen.

Ein Kind des Eisenbahnzeitalters ist auch der berühmteste Sohn Luinos: der Autor, Theatermann und Satiriker Dario Fo. »Drei Schritte vom See, zwischen einem Schienenbus und einem Güterzug« sei er zur Welt gekommen, schrieb der spätere Nobelpreisträger, der 2016 in Mailand verstarb. Darios Vater war nämlich Bahnhofsvorsteher, zunächst in Sangiano, wo Dario Fo geboren wurde, dann in Pino-Tronzano und noch später in Porto Valtravaglia. Die Familie Fo hatte eine Wohnung in Luino an der Piazza Rinascimento, und als Student pendelte

Giro del Sole – entspanntes Spazieren durch lichte Wälder

Dario zur Kunstakademie in Mailand ebenfalls von Luino aus mit dem Zug. Der Vater ist in der Stadt begraben, aber der berühmte Sohn ist im Gedächtnis der Stadt eigenartig abwesend.

»La sponda magra«

Von der einstigen Prosperität ist rund um Luino und im schönen Bergland dahinter nicht allzu viel zu spüren. Es dominieren die Zweitwohnsitze – oft auch von Deutschen und Schweizern – und in den Dörfern die verlassenen Häuser. Das Ostufer des Lago Maggiore bezeichnen die Einheimischen gern als »sponda magra«, im Unterschied zu der gegenüberliegenden »fetten« Seite des Sees, zu Glanz und Reichtum von Locarno und Stresa. Die großen Villen mit Gärten, die ersten Luxushotels, die Borromäischen Inseln und die Nähe zu den Bergen des Valsesia und des Monte-Rosa-Massivs haben seit dem 19. Jahrhundert viele wohlhabende Reisende an das Westufer gelockt, während am

Der Belvedere in Panoramalage am Giro del Sole

Ostufer das Wirtschaftswachstum langsamer verlief und vor allem in eng mit dem See und seinen Ressourcen verbundenen Branchen.

Zurück zum Wasser

Seebadflair verleiht Luino inzwischen die in eine Flaniermeile umgewandelte Uferpromenade. Sie rückt die Stadt wieder näher ans Wasser heran und führt am restaurierten und in einen Kulturort umgewandelten Jugendstilpalazzo Verbania vorbei, dann am alteingesessenen Caffè Clerici und weiteren kleinen Palazzi, die den alten napoleonischen Hafen säumen. La Madonnina, eine goldene Madonnenfigur ähnlich der, die oben auf dem Mailänder Dom sitzt, schwebt auf einer Stele über dem See und erinnert daran, dass es früher eine durchgehende Wasserstraße gab, die vom Lago Maggiore an Luino vorbei bis zum Mailänder Dom reichte und über ein System von Kanälen Menschen, Waren und Baumaterialien, Marmorblöcke und Holz nach Mailand brachte.

Heute liegt vor Luino ein von der Tramontana, dem Wind aus den Bergen, begünstigtes Segelrevier. Schon 1938 ließ der zweitälteste Segelclub Italiens hier am Kiesstrand sein Clubhaus errichten. Im Hinterland von Luino und dem etwas nördlicheren Maccagno am Giona-Fluss gibt es überall Schätze in der Landschaft und den kleinen Orten zu entdecken, und stets sind – wenn man die serpentinenreichen Steilstraßen bewältigt hat – grandiose Seeblicke garantiert. Zum Beispiel auf dem *Giro del Sole,* der vom Dorf Agra oberhalb des Ortsteils Colmegna aus startet und zu zwei traumhaften Panoramabalkonen führt, dem Belvedere Zucoli und dem Belvedere Mandelli.

Weg zum Wasser 7.2

Belvedere: Auf dem *Giro del Sole* bei Agra

Startpunkt des *Giro del Sole* ist an der Piazza Pasquinelli in **Agra**, beim Lebensmittelgeschäft. Man nimmt die Via Pasquinelli, biegt links ab in die Via Montessori und gelangt dann rechts in den Viale Europa. Diesem folgt man, vorbei an der Abzweigung zur Kirche Madonna della Lupera, bis man an die Kreuzung mit der Via Giro del Sole gelangt. Ein Waschhaus passierend, erreicht man eine Gabelung, an der man sich rechts hält und nun durch Kastanienwald läuft, wo schließlich die asphaltierte Straße endet. Der Weg führt durch Wald bis zum ersten Höhepunkt des Rundwegs, dem **Belvedere Mandelli** (644 m), mit Bänken und Brunnen und wunderbarem Ausblick auf den Lago Maggiore. Nur gut 5 Minuten später gelangt man über ein paar Stufen zum zweiten Aussichtsbalkon des *Giro del Sole*, dem **Belvedere Zucoli,** einem mit Geländer gesicherten Balkon – wiederum ein spektakulärer Aussichtspunkt über dem See. Eine Informationstafel erläutert hier dessen Entstehung.

Danach läuft man noch etwa 20 Minuten durch den schattigen Laubwald bis zu einer Schranke, wo es geradeaus weiter auf den *Giro della Luna* geht (ein potenzieller Abstecher). Der *Giro del Sole* verläuft aber rechts weiter die Straße bergauf bis zu einer Kreuzung an einem Platz mit ein paar Bänken, dem **Belvedere Ganna.** Kurz zuvor schon kann man einen Abstecher (15 min) zum Monte Formica machen. Wer einkehren möchte, nimmt am Belvedere Ganna die Straße hoch zum Grotto Bedore. Ansonsten führt der Rundweg jetzt über die Via Marconi zurück ins Ortszentrum von **Agra.** Man kann den *Giro del Sole* auch mit dem *Giro della Luna* kombinieren und damit verlängern (Abzweigung in diesem Fall beim Belvedere Ganna).

Steckbrief und Service

Der Rundweg oberhalb von Luino ist kurz, gut ausgeschildert und bequem zu gehen, mit einem sehr geringen Höhenunterschied, also tauglich für jedermann. Ein Großteil des Wegs verläuft im schattigen Wald, daher ist er auch für heiße Tage geeignet. Die Highlights sind zweifellos die beiden Aussichtspunkte mit Sicht auf den Lago Maggiore.

Strecke: 3,5 km
Wanderzeit: 1 h 15
An- und Rückreise: Von Luino nimmt man die Straße hoch nach Fornasette, biegt dann links nach Dumenza ab und durchquert den Ort bis zu einer Kreuzung, an der es nach Runo geht. Dort links und über Due Cossani nach Agra.
Bus: Die Linie Nr. 1 fährt von Luino (Bahnhof) hoch nach Agra zum Startpunkt des *Giro del Sole*. Die Linie Nr. 2 verkehrt zwischen Zenna an der Schweizer Grenze und Luino: www.ctpi.it/IT/LineeExtraUrbane.
Zug: Der Bahnhof in Luino liegt an der Piazza Marconi; Verbindungen nach Mailand und Bellinzona.
Schiff: Von Luino gibt es Verbindungen nach Locarno, Maccagno, Cannobio, Cannero sowie nach Arona und Angera: www.navigazionelaghi.it.
Wanderkarten: Geo4Map Nr. 305, Lago Maggiore, 1:25 000. Kompass Nr. 90, Lago Maggiore, Lago di Varese, 1:50 000.

Einkehren/Übernachten
Unterwegs: *Grotto Bedore*, Via delle Betulle 15 (Abzweigung vom *Giro del Sole* am Belvedere Ganna, 10 min Aufstieg). In **Agra** gibt es ein *Lebensmittelgeschäft* und die kleine *Pizzeria Tio Pepe* an der Piazza Pasquinelli. In der Umgebung: *Ristorante Smeraldo* in **Dumenza**. Unterkunft unten am See in **Colmegna**: *Camin Hotel*, allerdings nicht ganz billig, www.relaisvillaporta.com. Einkehr am Hafen in **Luino**: *Caffè Clerici*.
Strand: Spiaggia Le Serenelle nördlich von Luino, mit Bar.
Markt: Markt ist in Luino am Mittwoch – der größte am See!
Tourismusbüro: Infopoint Luino, Viale Dante 5, c/o Palazzo Verbania, www.visitluino.eu.

Rund um Luino und Maccagno

Giro del Sole – ein Weg für Weitblickende

🔵 Wer sich einen Eindruck von den Hochwasserfluten machen will, die den Lago Maggiore überspülen können, fährt in **Maccagno** in den alten Ortsteil La Zecca am Hafen und dort zum **Hotel Torre Imperiale.** An der Hotelfassade ist auf einer Steinplatte die Höhe der Flut von 1868 markiert. Damals erreichte der See den höchsten bisher gemessenen Stand. Dörfer wurden evakuiert, Inseln halb überflutet, und das Wasser stieg immer weiter, bis es eine Höhe von 6,94 Metern über dem Nullpunkt erreichte.

📍 Südlich des Hafens in **Maccagno** steht die im 16. Jahrhundert erbaute, mit Schieferplatten gedeckte Wallfahrtskirche **La Madonnina della Punta** auf einem Felsen, umgeben von einem Weg, auf dem man sich ein lauschiges Plätzchen suchen und den Ausblick über den Lago Maggiore genießen kann. Mutige nutzen den Standort unterhalb der Kirche für einen Sprung in den See.

Route 7.3 Musignano – Lago Delio

Die Kraft des Wassers: Der legendenumrankte Lago Delio

Wieder einmal geht es vom Seeufer in die Höhe. Und wieder einmal schraubt man sich auf schmalen Sträßchen und über enge Serpentinen nach oben – und wird unterwegs wie stets mit herrlichen Ausblicken belohnt. Der Lago Delio (oder d'Elio) liegt oberhalb von Maccagno auf einer Höhe von rund 1000 Metern und hart an der Grenze zwischen Italien und der Schweiz. Der sich in eine Berglandschaft voller Kastanien- und Tannenwälder schmiegende See trägt einen italienischen männlichen Vornamen, der auf die griechische Mythologie zurückgeht, nämlich auf den Sonnengott Helios, der den von vier Hengsten gezogenen Sonnenwagen über den Himmel lenkt.

See-Erzählungen

Um das Gewässer im Zeichen des Sonnengotts ranken sich gleich mehrere Legenden. Die erste besagt, dass der heilige Silvester im 4. Jahrhundert versucht habe, die den Sonnengott verehrenden Bewohner eines der Dörfer zum Christentum zu bekehren. Die Mission missglückte gründlich, denn im Dorf beschuldigte man den Heiligen, Unglück über das Land zu bringen, und verbannte ihn. Nur mit Mühe konnte sich Silvester retten. Aber nun brach der göttliche Zorn über das Dorf herein: Ein Teil des Berges stürzte ein und begrub es unter einer Flut von Schlamm und Wasser.

Eine zweite Legende erzählt von einem Dorf namens Helium, das sehr wohlhabend war und dessen Bewohner für ihren

Gemächlicher Aufstieg...

Egoismus und ihre Arroganz bekannt waren. Eines Tages sei ein Bettler gekommen, habe aber nur in einem einzigen Haus Aufnahme gefunden, wo ihn zwei Frauen immerhin mit einer Kastaniensuppe bewirteten. Noch in derselben Nacht bricht auch in dieser Legende eine Katastrophe über das abweisende Dorf herein: Es versinkt in den Wassern des Sees. Nur die beiden – von dem Bettler gewarnten – Frauen können noch rechtzeitig fliehen und werden aus der Distanz Zeuginnen des Untergangs.

In der dritten Legende geht es um einiges friedvoller zu. Es ist der Tag der Sommersonnenwende, als ein junges Mädchen eine Stimme aus dem Wasser hört. Sie gehört dem Gott Helios, der ihr seine Liebe offenbart. Als am Abend die Sonne verschwindet, folgt das Mädchen ihr auf den Rat einer Quelle in den See, wird Teil der Natur und vereinigt sich so mit ihrem Geliebten Helios.

...zum Stausee Lago Delio

Unterirdisches Pumpspeicherkraftwerk

Die Realität des Lago Delio ist wesentlich prosaischer. Er ist ein Gewässer eiszeitlichen Ursprungs, das zwischen 1911 und 1971 durch den Bau von zwei Staumauern erheblich vergrößert wurde. Eine erste Staumauer errichtete die Società Idroelettrica Subalpina schon zu Beginn des letzten Jahrhunderts dort, wo sich heute der Süddamm erhebt. Mitte des 20. Jahrhunderts wurde dieser erhöht und um den Norddamm ergänzt. Das Wasser des Lago Delio speist heute ein rund 700 Meter tiefer gelegenes und vollständig unterirdisches Pumpspeicherkraftwerk, die Centrale Idroelettrica di Roncovalgrande. Um möglichst wenig Schaden an der Naturlandschaft anzurichten, hat man für dessen Bau einen tiefen Stollen in den Berg zwischen dem Lago Delio und dem Lago Maggiore gegraben, in dem es nun verschwindet. Zur Stromerzeugung nutzt man den Höhenunterschied: In der Nacht wird das Wasser mit dem dann preiswerteren Strom hochgepumpt, tagsüber gelangt es über zwei lange Rohrleitungen aus dem Stausee wieder hinunter zum Kraftwerk mit seinen acht Turbinengeneratoren, die allerdings nur Strom produzieren, wenn viel Energie gebraucht wird. Sonst pumpt man das Wasser wieder hoch in den See.

Rund um den Lago Delio verlaufen viele reizvolle Wanderwege. Wer noch höher hinauswill, nimmt den Pfad hoch zum Monte Borgna und genießt dort oben den fantastischen Blick auf den Lago Maggiore. Wenn man Glück hat, strahlt dazu der Sonnengott Helios.

Weg zum Wasser 7.3

Von Musignano zum Lago Delio

Die Wanderung startet im kleinen, von einem im Dorf ansässigen Künstler mit Holzskulpturen geschmückten **Musignano** (760 m). Hinter dem Dorf weisen Schilder links nach Bassano, aber die Route der Wanderung führt geradeaus, durch Mischwald ansteigend. Man kann allerdings zuvor doch ein kleines Stück den Weg Richtung Bassano nehmen, bis man nach wenigen Minuten zu zwei Bänken mit einer traumhaften Aussicht auf den See gelangt.

Auf den eigentlichen Weg zurückgekehrt, quert man im Aufstieg ein Bächlein, stößt dann auf eine Straße, von der es aber schon ein paar Meter weiter wieder rechts abgeht und erneut bergan. Wieder trifft man auf eine Straße, an der linker Hand das leider seit Langem geschlossene **Albergo Monte Borgna,** rechter Hand die ebenfalls geschlossene Käserei **Caseificio Lago Delio** liegt. Dahinter kommt eine Gabelung, an der man nicht die Straße nach links zum Albergo Diana (Nr. 110) nimmt, sondern den Weg rechts (Nr. 110 3v) zum Lago Delio, Diga Nord. Man muss nun ein etwas unwegsames Stück hochkraxeln, bis man wieder auf die Straße stößt, auf der man sich nach links wendet bis zu einem

Der Stausee Lago Delio

Parkplatz, bei dem der **Lago Delio** ausgeschildert ist. Man läuft nun auf den See zu, rechts unten taucht schon die Südstaumauer auf. Dort ist eine Picknickzone eingerichtet. Weiter geht es links am See entlang auf der asphaltierten, aber kaum befahrenen Straße oberhalb. Man kann jedoch auch den sanften Hang zum Kiesstrand am Ufer hinunterlaufen und am Ende des Sees bei der Diga Nord wieder auf die Straße zurückkehren. Geradeaus gelangt man zum **Albergo Diana** auf einer Höhe von 980 Metern und mit großartigem Seeblick – auf Locarno, Ascona und die Schwemmebene der Maggia.

Zurück nach **Musignano** nimmt man die gleiche Route, man muss nur aufpassen, dass man die etwas unwegsame Stelle, an der man auf dem Hinweg den Hang hochgekraxelt ist, nicht verpasst, da dort die Markierung fehlt.

Man kann die Wanderung zum Lago Delio auch unten am See im Ortskern von **Maccagno** beginnen. Das ist dann allerdings ein mühsamer, zum Teil steiler und gut dreistündiger – ebenfalls über **Musignano** führender – Aufstieg, belohnt durch viele Panoramaausblicke.

Steckbrief und Service

Die Route führt meist bergauf und bis auf eine etwas unwegsame Stelle auf guten Pfaden durch Wald. Kurze Strecken verlaufen über asphaltierte Straßen. Die Orientierung ist nicht immer ganz einfach, aber letztlich kann man das Ziel kaum verfehlen. Der Lago Delio ist kein See zum Schwimmen, aber ein guter Platz zum entspannten Sonnenbaden am Wasser.

Strecke: 3 km (einfacher Weg)

Wanderzeit: 1 h

An- und Rückreise: Im am Seeufer gelegenen Maccagno nimmt man die SP 5 über Campagnano bis Musignano. Dort kann man das Auto abstellen und die Wanderroute beginnen.

Wanderkarten: Geo4Map Nr. 305, Lago Maggiore, 1:25 000. Kompass Nr. 90, Lago Maggiore, Lago di Varese, 1:50 000.

Einkehren/Übernachten
Unterwegs: *Albergo Ristorante Diana*, Località Monte di Bassano, am nördlichen Ende des Stausees, www.albergo-diana.it.
In der Umgebung: in **Maccagno** *Ristorante Maccagno*, Piazza Vittorio Veneto 1/3. Nördlich von Maccagno Richtung Schweizer Grenze, seitlich der Uferstraße: *Grotto Mazzardit*.

Attraktiver Rastplatz am Lago Delio

Strand: Der Lago Delio ist kein Badesee. Wer schwimmen möchte, fährt nach der Wanderung zu den großen Stränden bei Maccagno oder zum kleinen Lido Ronco delle Monache.

Tourismusbüro: Pro Loco in Maccagno, Via Garibaldi 1, www.prolocomaccagno.it.

Blickfang Wasser: Vom Lago Delio hoch zum Monte Borgna

Hinter dem Albergo Diana führt ein Saumpfad weiter bis zu einer Abzweigung, an der es links Richtung **Monte Borgna** (1158 m) geht. Von dort folgt man dem rot-weiß ausgeschilderten Weg bis zum Gipfel. Oben hält man sich rechts, um einem Pfad zu folgen, von dem aus man einen weiten Ausblick auf den Norden des Lago Maggiore genießt. Der Aufstieg dauert eine gute halbe Stunde.

💧 **Zum Lido!** Wer nicht an den sehr beliebten langen Stränden von Maccagno baden will, findet einen etwas versteckten, aber pittoresken Badeplatz etwas nördlich von Maccagno am **Lido Ronco delle Monache.** Den Kiesstrand schmückt ein Kirchlein aus dem 15. Jahrhundert. Ausladende Bäume spenden Schatten. Er liegt mit einem kleinen Parkplatz an der SP 69 (man kann die Zufahrt leicht verpassen).

📍 Kletterer finden ein großartiges Felsenareal an einer Steilwand über dem See am nördlichen Ende von Maccagno: den **Klettergarten Cinzanino.** Pausen einlegen kann man auf dem Gelände unterhalb der Uferstraße in einer netten Bar mit Seeblick.

Informationen zum Klettergarten: www.la-vecchia-strada.it

Am Lago Delio

Die Tramontana bläst aus Norden

Steife Brise

Das Windregime des Lago Maggiore

Es ist das Wasser, das den Winden am Lago Maggiore ihre Richtung, Intensität und den Rhythmus verleiht. In der Nacht und in den frühen Morgenstunden ist der See wärmer als die Luft. Sie steigt daher auf, und kältere Luft aus den umgebenden Bergen strömt nach. Dann bläst die *Tramontana* von Norden, bis um die Mittagszeit nach einer kurzen Flaute die *Inverna* übernimmt. Denn jetzt haben die Berge im Norden Sonne getankt, und der Wind wechselt auf Süd. Stören keine Tiefdruckgebiete diesen Nord-Süd-Takt der am See vorherrschenden Winde, können sich Segler und Surfer auf sie verlassen.

Doch das vorherrschende Windregime des großen Sees wird auch von zahlreichen lokalen Brisen beeinflusst und konterkariert. So kommt der *Mon-*

scendrino vom Monte Ceneri im Norden und kündigt häufig schlechtes Wetter an. Der *Marenco* bläst zuweilen heftig vom Golf von Laveno in Richtung Intra, schlägt dabei Wellen und erreicht Geschwindigkeiten von bis zu 50 Knoten, also 90 Stundenkilometern.

Wenn sich im Ossola- und Toce-Tal die Bäume biegen, dann ist der *Mergozzo* unterwegs. Nach dem kleinen Nachbarn des Lago Maggiore benannt, pfeift er, vom Simplon kommend, mit Spitzengeschwindigkeiten von bis zu 100 Stundenkilometern durch die Täler. Bei der Isola Madre trifft er auf den breitesten Seeabschnitt und sorgt für meeresähnliche Bedingungen: Große Wellen bauen sich auf und brettern bei Cerro am Ostufer des Sees an Land. Bei schlechtem Wetter rast der *Valmaggino* aus dem Maggia-Tal auf den Lago Maggiore zu, und es kann äußerst ungemütlich werden. Auch der *Maggiore* aus dem Nordosten gehört zu den bedeutenden Winden am See. Bis zu drei Tage lang legt er sich ins Zeug, schafft bei Föhn warme Luft herbei und lässt in der kalten Jahreszeit das Thermometer auf mehr als 20 Grad steigen.

Die Wind- und Wetterverhältnisse am Lago Maggiore werden auch vom sogenannten insubrischen Klima verursacht, das viele Sonnentage kennt und längere trockene Perioden, aber auch reichlich Niederschläge bringt, die in den Sommermonaten oft besonders ergiebig sind. Interessant: Das insubrische Klima weist sowohl die meisten Sonnenstunden wie auch die größten Niederschlagsmengen auf.

Rund um Gambarogno

Unterwegs an der Riviera del Gambarogno, im Naturreservat der Bolle di Magadino und an den Ufern der Verzasca

Route 8.1 Von Maiensäß zu Maiensäß

Über der Riviera del Gambarogno

Langsam schraubt sich der Postbus in die Höhe, Serpentine um Serpentine, gelenkt von einem Fahrer, der niemals die Gelassenheit verliert – auch wenn jemand entgegenkommt, und zwar ausgerechnet dort, wo die Straße besonders schmal wird. Der Bus füllt sich an jeder Haltestelle mit weiteren Fahrgästen, nur wenige steigen aus, und wer einsteigt, trägt meist Wanderkleidung. Start war am Seeufer in Vira, Ziel der Fahrt ist der Bergort Indemini, am schweizerischen Ende des italienischen Valle Veddasca. Die beiden Orte trennen Welten. Vira, das ist der schmucke Uferort am Lago Maggiore, gern immer noch als altes Fischerdorf präsentiert, obwohl es nur noch einen einzigen professionellen Fischer gibt. Indemini, das ist ein abgelegenes, an den Hang geschachteltes graues Bergdorf inmitten wilder Natur und dichter Kastanienwälder, wo die Dächer mit Steinplatten gedeckt sind und die engen Gassen ein Labyrinth bilden, in dem man sich leicht verlaufen kann, obwohl das Dorf so klein ist und nur noch wenige Bewohner zählt.

Umschlaghafen für den Schiffsverkehr

Als Riviera del Gambarogno wird das 10 Kilometer lange Schweizer Ostufer nicht nur in den Tourismusprospekten gern bezeichnet. Von Magadino, wo der Ticino sich mit seinem Delta in den Lago Maggiore weitet, erstreckt es sich über Vira, San Nazzaro und Gerra bis zur italienischen Grenze bei Dirinella. Magadino war noch bis Ende des 19. Jahrhunderts, als die Schienenwege den Transport über das Wasser schließlich ablösten, ein Umschlaghafen für den aus dem Süden kommenden Schiffs-

Die Bolle di Magadino aus der Vogelperspektive

verkehr in Richtung Norden. Durch die 1874 in Betrieb genommene Bahnstrecke zwischen Locarno und Bellinzona verlor Magadino verkehrstechnisch an Bedeutung und geriet etwas ins Abseits. Glanz und Gloria des doch ganz nahen Westufers, das Flair von Locarno und Ascona, sind hier sehr weit weg. Aber das Klima an der Riviera del Gambarogno ist nicht weniger mild als auf der anderen Uferseite. Von ihm profitieren die Kamelien, Magnolien, Azaleen, Pfingstrosen und Rhododendren im riesigen, vom Gärtner Otto Eisenhut vor Jahren gegründeten botanischen Garten oberhalb von Gambarogno und gedeihen prächtig.

Panoramasicht auf die Wasserlandschaften

Der Bus hat inzwischen auf dem Weg nach Indemini den knapp 1400 Meter hohen Neggiapass passiert. Wer schon vorher ausgestiegen ist, nämlich noch oberhalb von Vira, am Bivio Piazzogna, gelangt von dort zu einem Panoramaweg, der seinesgleichen sucht. Auf halber Höhe verläuft er an der von Schluchten und Bächen durchzogenen Flanke des Monte Gambarogno entlang, mit einmaligen Ausblicken auf die Wasserwelten des Lago Maggiore. Wahrscheinlich gibt es nur wenige Orte am See, wo das landschaftliche Setting so begeistert und man gleichzeitig so viel versteht von den Kräften des Wassers. Gegenüber mündet die Maggia bei Ascona in den See, und man meint förmlich Zeuge zu sein, wie die von den Fluten mitgeschleppten Sedimente sich Meter um Meter nach vorn schieben, das Land immer weiter in den See hineintreiben, sodass Wissenschaftler davon ausgehen, dass es dem nördlichen Teil des

Auf dem Weg zu den Monti di Gerra: leichtes Auf und Ab ins nächste Seitental

Lago in hundert Jahren ähnlich ergehen könnte wie einst dem Lago di Mergozzo, der durch das Geschiebe des Toce vom Lago Maggiore abgetrennt wurde.

Wandert der Blick von der Maggia-Mündung ein Stück weiter nördlich, fällt er östlich von Locarno auf eine gewaltige Mauer. Dahinter spiegelt sich Wasser in der Sonne: Im Vogorno-Stausee findet der bis dahin ungezähmte Lauf der Verzasca ein Ende. 60 Prozent ihrer Energie gewinnt die Schweiz aus der Wasserkraft, und die Verzasca liefert ihren Teil dazu. Diese Form der Energiegewinnung gilt zwar als klima-, jedoch nicht unbedingt als umweltfreundlich. Die Auswirkungen auf die Flusslandschaft, ihre Flora und Fauna sind gravierend. Die imposante Staumauer oberhalb von Locarno macht das nachvollziehbar.

Lenkt man den Blick nun noch ein wenig weiter, kommen bei Magadino der Ticino und das Naturreservat der Bolle di Magadino in Sicht und damit eines der letzten natürlichen Flussdeltas der Schweiz. Der Blick von oben verdeutlicht die

Struktur dieser Wasserlandschaft fast besser, als es eine Landschaftsskizze könnte: Verzasca und Ticino haben hier stets neue Flächen geschaffen und wieder abgetragen – Schilf zum See hin, Wald zur Landseite, Steine und Geröll an der Verzasca-Mündung, Sand, wo der Ticino im See ankommt.

Bäche und Wasserfälle überall

Löst man sich vom Anblick dieser Wasserwelten und schlägt den Höhenweg weiter ein, geht es von Maiensäß zu Maiensäß, von Monti di Piazzogna nach Monti di Vairano und Monti di Gerra und schließlich nach Monti di Sant'Abbondio. Im Wort Maiensäß steckt der Monat Mai, denn das war der Zeitpunkt, an dem man das Vieh zum ersten Mal auftrieb, bevor es noch höher auf die Alpen gebracht wurde. Hier nahm man den Sommer über festen Stützpunkt und stellte Käse her, der meist erst mit dem Almabtrieb zu Tal gebracht wurde. An Wasser für die Viehwirtschaft mangelt es hier oben jedenfalls nicht. Der Höhenweg kreuzt ständig Bäche oder passiert Wasserfälle. Und zurück nach Vira kommt man am besten auch über das Wasser und nimmt nach dem Abstieg zum Seeufer nicht den Bus, sondern das Schiff.

Weg zum Wasser 8.1

Von Maiensäß zu Maiensäß

Zum Ausgangspunkt der Wanderung kommt man von **Vira** mit dem Postbus und fährt damit bis zur Haltestelle Bivio Monti di Piazzogna. Von der Bushaltestelle **Monti di Fosana, Bivio Piazzogna** nimmt man das Sträßchen Richtung Monti di Vairano. Bald schon hat man eine sensationelle Panoramasicht auf die Wasserwelten des nördlichen Lago Maggiore: die Bolle di Magadino, das Val Verzasca mit der Staumauer und die Schwemmebene der Maggia-Mündung. Man ist auf einem schmalen, kaum befahrenen Asphaltweg unterwegs, passiert immer wieder Häuser, einen Parkplatz und gelangt schließlich nach **Monti di Vairano** (820 m). Hinter Vairano endet die Fahrstraße, und es geht nun weiter geradeaus nach Monti di Gerra. Unterwegs passiert man rechter Hand eine Abzweigung, die nach unten zum Hotel Sass da Grüm führt (20 min Abstieg).

Geradeaus weiter geht es auf nun grasigem Weg in einen Kastanienwald, aber immer wieder mit Seeblick – und mit zahlreichen Bächen, die man quert. Wenig später ist die Schlucht des **Valle di Cedullo** mit einem eindrucksvollen Wasserfall erreicht. Hier führt eine Metallbrücke über den Bach, und man kann an dieser Stelle den Hang ein kleines Stück hinunterkraxeln und sich erfrischen. Dann führen Treppenwege weiter durch Wald, vorbei an einem kleinen Picknickplatz rechts mit Seeblick, bis man wieder zu einer Fahrstraße und einem Parkplatz gelangt. Man verlässt die Straße wieder, kommt an eine Wiese und erreicht nach etwa 10 Minuten die kleine Häuseransammlung von **Monti di Gerra** (820 m).

Zwischen Monti di Vairano und der Schlucht des Valle di Cedullo: im Wechsel von Almen und Wald

Jetzt kann man den nach rechts absteigenden Weg nach **San Nazzaro** am Seeufer einschlagen, anfangs durch Wald und später über die Fahrstraße, wofür man insgesamt etwa eineinhalb Stunden benötigt. Man könnte die Wanderung aber auch noch bis Monti di Sant'Abbondio (zusätzlich 2,5 km, 1 h) oder auch noch ein Stück weiter bis San Caviano / Dirinella fortsetzen und dann erst hinunterwandern und unten am See den Bus nehmen. Von San Nazzaro und von Gerra kommt man von März bis Oktober auch mit dem – selten verkehrenden – Schiff zurück nach Vira (unbedingt aktuellen Fahrplan prüfen).

Steckbrief und Service

Auf dem gesamten, in der Höhe sehr gut markierten und nicht besonders anstrengenden Weg, der wie auf einem Balkon über dem Lago Maggiore verläuft, hat man immer wieder fantastische Ausblicke auf den See mit den Isole di Brissago, auf das Maggia-Delta, die Verzasca-Staumauer, die Bolle di Magadino und natürlich auch auf die Bergwelt des gegenüberliegenden Seeufers. In leichtem Auf und Ab geht es mal über Asphaltsträßchen, mal über Waldwege. Viele Bäche und ein Wasserfall kreuzen die komfortable Route. Am Ende folgt ein längerer Abstieg, auch über die Fahrstraße.

Strecke: 10 km (ab Haltestelle Bivio Piazzogna über Monti Sant'Abbondio nach Gerra)

Wanderzeit: 4 h

An- und Rückreise
Bus: In Vira nimmt man das Postauto der Linie 326 (fährt von Magadino nach Indemini) an der Haltestelle beim Tourismusbüro und fährt bis zur Haltestelle Monti di Fosana, Bivio Piazzogna – eine ein wenig abenteuerliche Busfahrt in die Höhe mit schönen Seeblicken. Das Postauto der Linie 329 verkehrt längs des Seeufers, damit kommt man von San Caviano / Dirinella, San Nazzaro oder Gerra zurück zum Startpunkt der Wanderung in Vira. Von Sant'Abbondio nach Ranzo verkehrt der Bus 328, von Vairano nach Gerra der Bus 330, www.postauto.ch.
Schiff: Von März bis Oktober gibt es verschiedene Schiffverbindungen zwischen den Orten der Riviera del Gambarogno mit Halt in Vira, San Nazzaro und Gerra (Linie zwischen Locarno und Brissago). Aktuelle Fahrpläne unter www.lakelocarno.com.

Zug: Die Riviera del Gambarogno liegt an der Bahnstrecke von Cadenazzo nach Luino mit Haltestellen in Magadino-Vira, San Nazzaro, Gerra, Ranzo und dann auf der italienischen Seite Pino/Tronzano, Maccagno und Colmegna.

Wanderkarten: Kümmerly & Frey Nr. 50, Lugano, Tessin Süd und Gambarogno, 1:40 000. Kompass Nr. 90, Lago Maggiore, Lago di Varese, 1:50 000.

Einkehren/Übernachten
In der Nähe der Wanderroute in Höhenlage mit Seesicht: *Albergo Sass da Grüm*, www.sassdagruem.ch.
In **Sant'Abbondio:** B&B *Ristorante Grotto Bellavista.*
Am Seeufer in **Gerra:** *Al Pescatore* mit Terrasse zum See.

Strand: An der Riviera del Gambarogno gibt es einige gut eingerichtete öffentliche Badeplätze, zum Beispiel in Gerra.

Tourismusbüro: Gambarogno Turismo in Vira, www.gambarognoturismo.ch.

🔵 Nur Taucher können das sehen: Bei **San Nazzaro** wartet ein von Bojen markiertes Gebiet mit fantastischen Unterwasserobjekten auf. Im Cockpit eines versunkenen Helikopters schwimmen ein paar quirlige Fische, und ein Stück weiter ragt der Tragflügel einer alten Cessna aus dem Sediment. Wer tauchen kann, hat die Chance, sich diese Unterwasserwelt anzusehen. Man meldet sich bei der **Tauchschule** in San Nazzaro und kann sich dort auch die Ausrüstung leihen.

Informationen: Salvataggio Sub Gambarogno, 6575 San Nazzaro, Tel. +41 91 795 12 51 091, www.sssgambarogno.ch

🔴 Der von dem Gärtner Otto Eisenhut gegründete botanische Garten bei **Piazzogna**, der **Parco Botanico del Gambarogno,** besitzt die weltweit größte Magnoliensammlung, außerdem natürlich Kamelien, Zitronen- und Orangenbäume und Azaleen – ein grünes Paradies, das zum Spaziergang einlädt. Beste Besuchszeit ist im März und April, wenn die Kamelien und Magnolien blühen. Via Parco Botanico, Gambarogno.

Informationen:
www.parcobotanicogambarogno.ch

See, Flusstal, Wasserfall: immer im Kontakt mit dem Wasser

Route 8.2 In den Bolle di Magadino

Mitten im Grenzland: Im Delta von Ticino und Verzasca

Der Ticino fließt träge dahin, in den Altarmen und Tümpeln steht das Wasser so gut wie still. Frösche quaken, und aus dem Auenwald tönt ununterbrochen Vogelgezwitscher. Ein paar Graureiher staksen durch das seichte Wasser eines Tümpels und fangen Fische, Silberweiden strecken ihre Wurzeln aus dem Wasser. Wir sind mitten in einem Grenzland – zwischen Fluss und See, zwischen Wasser und Land und zwischen der Schweiz und Italien. Auch ein paar gefiederte Grenzgänger trudeln aus der Luft ein, machen hier Rast auf ihrem langen Flug vom Norden in den Süden und umgekehrt.

Ein Landschaftsmosaik

Die Bolle di Magadino an der Mündung des Ticino und der Verzasca in den Lago Maggiore sind eines der letzten natürlichen Flussdeltas der Schweiz mit einer enorm reichen, für den Übergang zwischen Wasser und Festland eigentümlichen Pflanzen- und Tierwelt. Und nicht zuletzt auch ein Rastplatz für Zugvögel, die hier vor und nach der Alpenüberquerung noch einmal Kraft schöpfen. Bolle? Den Namen hat das Feuchtgebiet von den Bläschen, italienisch *bolle*, die – mit dem Sumpfgas Methan gefüllt – bis heute an die Wasseroberfläche steigen. Das Mündungsgebiet ganz am Ende der betriebsamen und zersiedelten, von der Autobahn durchschnittenen Magadinoebene ist, abgesehen von den Geräuschen der Tierwelt, eine Oase der Stille. Ein Landschaftsmosaik aus Tümpeln und Mooren, Schilf und Röhricht,

Bolle di Magadino …

Sandbänken und Inseln, Streuwiesen und Auenwäldern mit Trauerweiden, Eschen, Pappeln und Weißerlen. Auf der eher bescheidenen Fläche finden Enten, Schwäne und Haubentaucher einen wunderbaren Lebensraum, aber auch Wasserschlangen, Sumpfschildkröten, Frösche, Kormorane, Reiher, Nachtigallen und Pirole. Mit etwas Glück trifft man auch auf einen Eisvogel.

Permanenter Austausch von Wasser und Land

Die Bolle di Magadino sind das letzte Überbleibsel eines riesigen Überschwemmungsgebiets, das einst, gespeist vom noch nicht kanalisierten Ticino und der noch nicht gestauten Verzasca, die Ebene immer wieder unter Wasser setzte. Die beiden Flüsse landeten stets neue Flächen auf und trugen sie wieder ab, der See überflutete periodisch die Uferlandschaften, in einem permanenten Austausch von Wasser und Land. Beide Flüsse prägen so den Charakter der Böden und der Auenlandschaft, zur Seeseite hin entstanden riesige Schilfflächen, zur Landseite Wald. In den nördlichen Teil der Bolle di Magadino brachte die

Verzasca bei Hochwasser Steine und Kies, in den südlichen Teil schwemmte der Ticino feinen Sand. Nachdem jedoch die Verzasca durch den Bau der nur wenige Kilometer entfernten Staumauer bei Vogorno eingedämmt und der Ticino durch die Kanalisierung verlangsamt worden war und große Teile der Magadinoebene in landwirtschaftliches Kulturland verwandelt wurden, trockneten die Überschwemmungs- und Sumpfgebiete nach und nach aus, bis nur noch die Bolle im Mündungsgebiet mehr schlecht als recht überlebten. Während das Delta in den Jahren von 1840 bis 1890 noch um rund 150 Meter in den See wuchs, hat sich das inzwischen umgekehrt: Der Schilfgürtel ist um ein paar Meter zurückgewichen.

… ein einmaliges Naturschutzgebiet

Flugobjekte nebenan
Seit 1974 sind die Bolle di Magadino gesetzlich geschützt und weitgehend renaturiert, auch ein im Delta tätiges Kies- und Betonwerk musste weichen. Die Stiftung Bolle di Magadino wacht über das einmalige Feuchtgebiet und investiert in den

Ein wertvolles Wasserbiotop...

Unterhalt und die Pflege. Zum Beispiel lässt sie die Wiesen regelmäßig beschneiden, weil der Wald sie sonst zurückerobern würde. Investiert wird auch in die Forschung, zum Beispiel darüber, welche Auswirkungen importierte Tierarten auf das Gleichgewicht der Bolle di Magadino haben. Für Forschungsprojekte und Langzeitstudien steht der Stiftung jährlich rund eine halbe Million Franken zur Verfügung. Die größte Gefahr droht den Vögeln in der Bolle di Magadino allerdings von anderen Vögeln – und zwar von motorisierten. Denn direkt neben dem Feuchtgebiet liegt ein Flugplatz, von dem täglich kleine Maschinen lärmend aufsteigen und damit die Zugvögel erschrecken, sodass die nicht tun, was auch sie vor der Alpenüberquerung tun sollten: fressen und auftanken. Manch einer schafft dann den Überflug nicht.

Weg zum Wasser 8.2

Unterwegs in den Bolle di Magadino

Der vorgeschlagene Weg führt in die südlichen Bolle di Magadino, Startpunkt ist der Eingang an der Via Cantonale bei der Bootswerft Züllig Boats. Eine Informationstafel zeigt dort die Wege der Bolle, an die man sich obligatorisch halten muss. Man überquert den fast stillstehenden Altarm, der durch Korrekturarbeiten von der kanalisierten Hauptrinne des Ticino abgeschnitten wurde, dann geht es weiter geradeaus, bis man den Ticino erreicht. Dort biegt man links ab und läuft nun am Damm des Flusses entlang. Der Damm wird bei größeren Hochwassern überflutet, wodurch sich Feinsand und nährstoffreicher Schlamm im dem aus Silberweiden und Schwarzerlen bestehenden Auenwald ringsum ablagern.

Biegt man vom Dammweg auf halber Strecke links ab, gelangt man durch Auenwald zur **Halbinsel Piattone** und zu einem **Aussichtsturm** mit Blick auf Streuwiesen und Schilf. Diese Flächen wurden früher im Herbst gemäht, um Streu für die Ställe zu gewinnen, was zu einer besonders artenreichen Vegetation führte. Heute übernimmt die Stiftung Bolle di Magadino den Herbstschnitt, damit sich der Auenwald nicht zulasten der Streuwiesen weiter ausbreitet.

... und ein Zwischenstopp für Zugvögel

Wenn man vom Dammweg nicht links abbiegt, sondern weiter geradeaus am Ticino entlangläuft, gelangt man ebenfalls zu einem **Aussichtsturm** mit Sicht auf die Sandbänke an der Ticino-Mündung, die sich allerdings nur bei niedrigem Wasserstand zeigen. Durch den Wasserlauf verändern sich die Inseln ständig, bei Hochwasser bilden sich neue, alte verschwinden. Hier hat man das Ende des Weges durch die Bolle erreicht. Es gibt keine Wegverbindung in die nördlichen Bolle.

Locarno und Ascona sind ganz nah! Mit dem Schiff kann man von Magadino aus einen Abstecher nach Locarno oder Ascona machen, die Anlegestelle ist von den Bolle di Magadino über die Via Cantonale schnell erreicht.

Steckbrief und Service

Ein kurzer, sehr abwechslungsreicher Spaziergang auf flachen, markierten Wegen durch ein spannendes und artenreiches Naturschutzgebiet am Wasser. Wenn man Vögel beobachten will, ist der Frühling für einen Besuch besonders geeignet. Im Winter, wenn die Bolle verschneit sind, hat die Landschaft einen eigenen Reiz. Vorsicht, an heißen Tagen kann es zahlreiche Mücken geben! Und nach starkem Regen sind Gummistiefel zu empfehlen.

Strecke: 1,5 km (einfacher Weg)

Wanderzeit: 0 h 30

An- und Rückreise: Der Eingang in die südlichen Bolle befindet sich in Magadino an der Via Cantonale 72 in Höhe der Bootswerft Züllig Boats. Von der Schiffsanlegestelle aus erreicht man ihn, indem man den Uferweg entlang des Altarms des Ticino nimmt, der hinter der Via Cantonale liegt. Es gibt aber weitere Zugänge zu den Bolle, einen zu ihrem nördlichen Teil (der nur so erreichbar ist) und insgesamt drei in die südlichen Bolle.

Bus: Nach Magadino kommt man von den Orten der Riviera del Gambarogno mit der Postautolinie 329, www.postauto.ch.

Schiff: Nach Magadino gibt es eine Schnellverbindung von Locarno über Tenero, außerdem verschiedene Schiffsverbindungen zwischen den Orten der Riviera del Gambarogno mit Halt in Vira, San Nazzaro und Gerra (Linie zwischen Locarno und Brissago). Aktuelle Fahrpläne unter www.lakelocarno.com.

Zug: Zwischen Cadenazzo und Luino gibt es einen Zug mit Haltestellen in Magadino-Vira, San Nazzaro, Gerra, Ranzo und dann auf der italienischen Seite Pino/Tronzano, Maccagno und Colmegna.

Wanderkarten: Kümmerly & Frey Nr. 50, Lugano, Tessin Süd und Gambarogno, 1:40 000. Kompass Nr. 90, Lago Maggiore, Lago di Varese, 1:50 000.

Einkehren/Übernachten
Unterwegs: Zwischen der Schiffsanlegestelle und den Bolle di Magadino die Kneipe *Pirates of the Gambarogno* mit Terrasse. In der Umgebung: bei **Magadino** *Grotto La Baita* mit Seeblick, Via Orgnana 75B, www.grottolabaita.ch.

Strand: Die Bolle di Magadino selbst sind zum Baden nicht geeignet. Neben der Kneipe Pirates of the Gambarogno gibt es einen Strand zum Schwimmen.

Tipp: Informationen und Reservierung von Führungen: Fondazione Bolle di Magadino, Via Cantonale in Vira, www.bolledimagadino.com.

Tourismusbüro: Gambarogno Turismo, Via Cantonale in Vira, www.gambarognoturismo.ch.

Geführte Wanderungen: (auf Italienisch, Deutsch und Französisch) finden auf Vereinbarung von April bis Oktober statt (Informationen: www.bolledimagadino.com/bs_visitare_le_bolle.html).

Wasserspaß auf dem See nahe der Bolle

🔵 Mit Marco Nussbaum, dem **Gondoliere der Bolle,** kann man auf einem **Weidling** durch die Bolle schippern und unter seiner kundigen Leitung die Tier- und Pflanzenwelt vom Wasser aus erleben. Die Bootstouren finden nur im Juli und August statt, mit maximal sieben Gästen. Jeden Montag- und Donnerstagmorgen gibt es drei Fahrten. Reservierung: Tourismusbüro Gambarogno, Via Cantonale 29, 6574 Vira Gambarogno.
Informationen: www.gambarognoturismo.ch

🔴 Die Skyline von **Bellinzona** am Rand der Magadinoebene wird von der mächtigen Festungsanlage aus drei gut erhaltenen mittelalterlichen Burgen geprägt, den **Castelli Sasso Corbaro** und **Montebello** sowie dem **Castelgrande** mit seinem hoch aufragenden Verteidigungsturm. Sie liegen alle relativ nah beieinander, gehören zum Unesco-Welterbe und sind natürlich der strategischen Lage der Stadt hinter dem Gotthardpass geschuldet.

Route 8.3 Sonogno – Ponte dei Salti (Lavertezzo)

Fluss in der Landschaft: Unterwegs im Val Verzasca

Ganz zweifellos ist dieser Fluss ein Touristenmagnet. Aber einen Ansturm wie den im Juli 2017 hat das Verzascatal zuvor doch noch nicht erlebt. Auslöser war ein auf Facebook publiziertes Video eines italienischen Bloggers, der in seinem nur gut einminütigen Filmchen die Flusslandschaft bei Locarno als »Malediven von Mailand« präsentierte. Das ging dann – neudeutsch – *viral*. Und führte dazu, dass sich zahllose Italiener auf den Weg in das enge Schweizer Tal machten, um diesen Hotspot mit eigenen Augen beziehungsweise am eigenen Leib zu erleben. An der Doppel-Steinbogenbrücke von Lavertezzo, dem Ponte dei Salti, brach ein unbeschreiblicher Badetrubel aus. Das Objekt der Begierde hat zwar in Wahrheit nicht viel Ähnlichkeit mit den Malediven, aber mit seinem smaragdgrünen Wasser und seinen gewaltigen Felsformationen ist es zweifellos der Traum eines Wildflusses. Der seinen Namen angeblich auch seiner Farbe verdankt: *verde acqua* – grünes Wasser. Ob das nun stimmt oder nicht, ein so leuchtendes Grün hat man jedenfalls kaum je gesehen.

Der Trubel beginnt schon ein ganzes Stück vor Lavertezzo, an einem Staudamm, der *Diga Verzasca*. Kaum hat man in Gordola die Seeuferstraße verlassen, schon tut sich nach wenigen Kurven schlagartig dieses Ungetüm auf, eine kolossale Mauer, welche die am fast 3000 Meter hohen Pizzo Barone entspringende Verzasca staut und mit 220 Metern die vierthöchste der Schweiz ist. Seit James Bond das in *GoldenEye* vorgemacht hat, lassen sich jedes Jahr Tausende Bungee-Jumper von diesem Wehr in die Tiefe fallen.

Aus dem Stausee, dem Lago di Vogorno, gelangen je nach Bedarf bis zu 50 Kubikmeter Wasser pro Sekunde zu den Turbinen in einem etwas tiefer in den Fels gesprengten Kraftwerk. Von dort fließt es durch einen knapp 2 Kilometer langen Tunnel und schließlich bei Tenero in den Lago Maggiore. Das zwischen 1960 und 1965 erbaute Speicherwasserkraftwerk erzeugt im Jahr durchschnittlich 230 Millionen Kilowattstunden, was dem jährlichen Stromverbrauch einer Schweizer Kleinstadt, genauer gesagt von rund von 50 000 Haushalten entspricht. Mit zwei Hochwasserentlastungen fängt man die enormen saisonalen Schwankungen der unbändigen Verzasca auf. Seinen Namen hat der Vogorno-Stausee übrigens von einem Dorf, das man damals überflutet hat und von dem, wenn der Wasserstand sehr niedrig ist, noch Reste zum Vorschein kommen.

Ungebremste Wasserkraft

Dass die Verzasca erst hier unten am Ende des Tals gestaut wird, nur 2 Kilometer entfernt vom Lago Maggiore, und nicht etwa weiter oben, näher an der Quelle, ist ein Segen. Denn solange sie auf dem weiten Weg durch das Tal noch auf den Damm zufließt, ist ihre Kraft durch nichts gebremst. Ihre ungezähmten Fluten toben, sprudeln und versprühen weiße Gischt, dass man sich einfach nicht sattsehen kann. Und nicht satthören: Wo immer man sich in Flussnähe befindet, begleitet einen Wassermusik, mal rauschend, mal leise rieselnd, dann wieder laut plätschernd. Hier und da bilden sich Wirbel, und Wellen klatschen gegen Felsen. Die Fluten haben über die Jahrtausende eine gewaltige Felslandschaft geschaffen und die Steinmassen poliert. In der Sonne leuchten die Kolosse, Brocken und Kiesel in allen möglichen Farben: Braun und Ocker, Weiß, Grau oder Schwarz und auch mal Rot, viele gemasert mit Mustern und Linien, manche parallel, andere kreuz und quer – ein Naturkunstwerk. Und man findet immer wieder mit kaltem Gebirgswasser gefüllte Wannen und Becken, in die man an heißen Tagen gern hineinsteigt,

Entlang der Verzasca – auf einem Wasser- und Kunstweg

Verzasca – die grüne Farbe macht den Fluss berühmt

um zu schwimmen oder zu tauchen und sich hinterher auf den warmen, glatten Steinen auszustrecken. Hier und da weitet sich das Flussbett, und die Verzasca wird etwas gemächlicher – eine Ruhe, die allerdings täuschen kann. Denn allzu schnell ändert sich das, wenn ein Starkregen oder ein Gewitter heruntergeht, der Wasserpegel steigt und die Strömung zunimmt. Dann wird aus der Verzasca für den unachtsamen Sommerfrischler schnell eine gefährliche Naturgewalt.

Wo die schwarze Verzascaziege zu Hause ist

Wenn sich an heißen Sommertagen die Autos im Tal stauen und sich die zahlreichen Schaulustigen die Badeplätze am malerischen Ponte dei Salti streitig machen, ist nur schwer vorstellbar, wie abgelegen und auch wie abweisend das Tal und die hier Ansässigen einst waren. »Das Volk daselbst ist wild wie seine Natur, und Kopfspalten ist die gewöhnliche Art, Streitigkeiten beizulegen«, notierte die dänische Schriftstellerin Friederike

Kunstinstallationen im Wechsel mit Trittsteinen

Brun auf einer Reise, die sie 1795 auf dem Weg zum Lago Maggiore auch ins Val Verzasca führte. Vor der harten und kargen Existenz flohen im 19. Jahrhundert viele aus dem Tal, vor allem die Männer. Als Saisonarbeiter trieb es sie in norditalienische und mitteleuropäische Industriezentren, während die Frauen zurückblieben und Schwerstarbeit auf Wiesen und Feldern leisteten, als »zweifüssige weibliche Lasstthiere«, wie Friederike Brun das ausdrückte.

Zu den Herausforderungen des Tals mit dem Wildfluss gehörte einst auch, so abwegig sich das zunächst anhört, der Wassermangel. Die Gründe dafür sind vielfältig und hängen mit der Morphologie der stellenweise steil abfallenden und felsigen Talabhänge zusammen, wo es keine Mulden gibt, in denen sich Regenwasser sammeln kann. Hervorragend angepasst an die kargen Bedingungen ist ein elegantes Wesen, das bis heute auf den Berghängen zu Hause ist und einen leckeren Käse liefert: die schwarze Verzascaziege. Zuweilen läuft einem beim Wan-

Auf dem Verzasca-Weg: Und unten rauscht das Wasser

dern plötzlich eines dieser robusten und sehr genügsamen Tiere über den Weg – und macht das Glück im herrlichen Verzascatal vollkommen.

Weg zum Wasser 8.3

Von Sonogno zum Ponte dei Salti in Lavertezzo

Start ist am Kirchplatz von **Sonogno**. Der Weg führt am Sportplatz vorbei und auf die Brücke über den Bach Redortà, wo man schon ein erstes Bad nehmen oder picknicken kann. Danach läuft man ein Stück durch schattigen Wald, bis man die Verzasca erreicht. Nun geht es auf der rechten Seite talabwärts am Fluss entlang durch lichten Birken- und Lärchenwald, Ginster- und Moorwiesen bis **Frasco**. Hinter Frasco überquert man den Fluss und die Talstraße und setzt den Weg am linken Ufer fort. Auf der anderen Uferseite liegt das Dorf **Gerra** (über eine Hängebrücke erreichbar). Man wandert jedoch auf der linken Seite weiter, quert einige kleine Seitenbäche und nach einem kurzen Anstieg ab dem Weiler **Alnasca** ein Stück Wiese. Hinter **Brione** führt eine Brücke wieder auf die andere Uferseite nach **Ganne** und von dort zum Ziel, dem Dorf **Lavertezzo**. Auf dieser Strecke überschneidet sich der Weg mit dem ▼*Sentiero per l'Arte*, dem Weg der Kunst. In Lavertezzo endet die Wanderung am **Ponte dei Salti**. Im Sommer kann ein Bad in der Verzasca am Sandstrand bei der Brücke die Wanderung genüsslich abschließen.

Steckbrief und Service

Der spektakuläre Weg führt durch eine traumhaft schöne Stein- und Wasserlandschaft, immer nah am Fluss, Bäche und lichten Wald querend, vorbei an Wiesen und Rustici und durch Dörfer. Er ist stets komfortabel zu gehen, mit nur wenigen kleineren Steigungen, gut ausgeschildert und ohne technische Schwierigkeiten. Die Wanderung kann daher auch gut mit Kindern unternommen werden. Unterwegs bieten sich immer wieder Picknickgelegenheiten und Badestellen. Der *Sentierone* beginnt schon in Tenero am Lago Maggiore und hat insgesamt eine Länge von 30 Kilometern. Man kann nur das vorgeschlagene Teilstück (auch in umgekehrter Richtung, von der Höhendifferenz her macht das keinen sehr großen Unterschied), aber natürlich auch andere Strecken oder den gesamten Weg wandern. Der Fluss kann je nach Wetterlage gefährlich werden, man sollte daher allen Hinweisen folgen, beim Baden vorsichtig sein und Strömungen beachten.

Strecke: 14 km

Wanderzeit: 4 h

An- und Rückreise: Von der Seeuferstraße biegt man in Gordola ins Val Verzasca ab, passiert den Stausee, fährt am Fluss entlang bis Sonogno und parkt dort gebührenpflichtig am Dorfrand. Die Tagesparkkarte (Verzasca Parking Card) kostet 10 Franken. *Bus:* Nach Sonogno kommt man mit dem Postauto (Linie 321) ab Locarno Bahnhof (70 min), der sechsmal am Tag von Locarno über Tenero und Gordola ins Verzascatal fährt. Von Gambarogno nimmt man den Bus nach Cadenazzo Bahnhof und dort den Zug nach Tenero, dann die Linie 321. Im Tal selbst besteht an den kleinen Orten entlang der Strecke immer die Möglichkeit, mit dem Postauto zum Ausgangspunkt zurückzukehren (Haltestellen: Lavertezzo, Motta, Ganne, Brione, Alnasca, Gerra, Frasco Ponte, Frasco, Sonogno). Das Postauto fährt das ganze Jahr über alle ein bis zwei Stunden und benötigt von Lavertezzo nach Sonogno ungefähr 30 Minuten Fahrzeit, www.postauto.ch.

Wanderkarten: Outdooractive Val Verzasca, 1:35 000, hg. im Auftrag von Ascona-Locarno Turismo (kostenlos in den Tourismusbüros erhältlich). Hallwag Nr. 20, Locarno, Val Verzasca, 1:50 000. Kümmerly & Frey Nr. 44, Locarno, Maggia, Verzasca, 1:40 000. Kompass Nr. 90, Lago Maggiore, Lago di Varese, 1:50 000.

Einkehren/Übernachten
Unterwegs: in **Sonogno** *Grotto Efra* und *Grotto Redorta*. In **Gerra:** *Pensione e Ristorante Froda*. In **Lavertezzo:** *Albergo Vittoria,* außerdem an der Badestelle das *Grotto al Ponte*.
In der Umgebung: Unterkunft über das kleine Dorf verstreut im pittoresken Ort **Corippo** am Ende des Stausees: *Albergo diffuso,* mit schöner Osteria, www.fondazionecorippo.ch/de/albergo-diffuso.

Baden: Die Verzasca ist an vielen Stellen entlang des Wanderwegs ein Badeparadies, zum Beispiel am großen Steinstrand von Brione – aber das Schwimmen im Fluss ist überall mit Vorsicht zu genießen! Bei Gerra kann man einen Abstecher zur Cascata Val di Mött mit einem kleinen Badebecken machen.

Tipp: Im sehenswerten, in einem minimalistischen Betongebäude untergebrachten Regionalmuseum **Museo Val Verzasca** in Sonogno geht es um die Traditionen und den einstigen Alltag im Val Verzasca (Er piazza 4, geöffnet vom Mitte April bis Ende Oktober).

Tourismusbüro: Tourist Office Tenero e Valle Verzasca in Tenero, Via ai Giardini, www.verzasca.it. Dort gibt es auch Wanderkarten.

Rund um Gambarogno

Bevor man sich in Sonogno auf den Wanderweg nach Lavertezzo begibt, kann man einen Spaziergang (1,5 km) am Bach Redortà entlang zur **Cascata della Froda** machen, dem mit 100 Meter Fallhöhe spektakulärsten Wasserfall des Tals. Hat man das Grotto Efra passiert, kommt er schon in Sicht. Steigt man dann ein kurzes Stück weiter hinauf, erblickt man auch die riesige Wanne, in die sich der Wasserfall stürzt.

Hinter Brione erregen skurrile Fels- und Betonbemalungen, kreative Holzschnitzereien und bunte, an die Bäume genagelte Kunstwerke die Aufmerksamkeit der Wanderer. Sie sind Teil des **Sentiero per l'Arte**, der über 4,5 Kilometer zwischen Brione und Lavertezzo verläuft und sich dort mit dem *Sentierone* überschneidet. Der Weg stellt insgesamt 20 Werke von Künstlern aus der Schweiz, Italien und Deutschland aus. Mitten in der Natur präsentieren sich die Skulpturen aus Stein, Holz, Blech oder auch Keramik bunt und vielfältig. Bewusst ist eingeplant, dass sie sich im Lauf der Zeit und durch das Wetter verändern, vielleicht sogar bis hin zur Zerstörung.

Von Frasco hoch zum Lago d'Efra

Ausgangspunkt ist Frasco (885 m), das sowohl mit dem Postauto als auch mit dem Auto erreichbar ist. Die Wanderung beginnt bei der Kirche und führt über die asphaltierte Straße durch Scimarmota, wo ein Waldweg startet, der auf der rechten Seite des Efra-Baches hoch bis zu den Monti Montada (1218 m) führt und weiter zur **Alpe dell'Efra** (1686 m). Dann ist man noch etwa eine halbe Stunde auf aussichtsreicher Strecke weiter in Richtung Süden bis zum **Lago d'Efra** (1836 m) unterwegs. Gleicher Hin- und Rückweg.

Einkehr: In der vom See eine halbe Stunde entfernten, nicht bewirtschafteten *Capanna Efra* (2039 m) kann man übernachten (Hinweg bis zum Lago d'Efra: 6,5 km, 4 h).

Antikes Wassergewinnungssystem: Rundweg von Lavertezzo zu Maiensäßen

Wie man einst dem Wassermangel auf den Maiensäßen am Hang zwischen Lavertezzo und Motta abhalf, ist das Thema dieses Rundgangs, der bei der Pfarrkirche von Lavertezzo beginnt und über **Revöira** und **Cà Dént** führt. Man trifft auf einige Elemente des **ausgeklügelten Systems von Becken und Brunnen,** mit denen man das wenige verfügbare Wasser auffing. Man leitete außerdem das Regenwasser von den Dächern in große, aus Gneisblöcken herausgeschlagene Tröge, die dann dem Vieh als Tränke dienten. Hinter Revöira führt der Weg wieder hinunter zum Fluss nach Motta, und dort geht es ein kurzes Stück auf der Straße zunächst talaufwärts und auf einer Fußgängerbrücke über die Verzasca, schließlich talabwärts auf dem *Sentierone* zurück nach Lavertezzo (8 km, 3 h).

Klare Verhältnisse

Outdoor im und unter Wasser

Lago Maggiore – ein Top-Revier für Taucher

Transparentes Wasser und eine gute Weitsicht bis zu 50 Meter: Der Lago Maggiore und seine Zuflüsse im Verzasca-, Maggia- und Cannobina-Tal gelten als Hotspot für Outdoor-Begeisterte. Wasserratten mit Flossen, Schnorcheln und Sauerstoffflaschen lassen sich hier in den Tiefen treiben. So beispielsweise vor Caldè, wo ausgehöhltes Kalkgestein steil in die Tiefe stürzt. Am Schweizer Ufer, in San Nazzaro, wartet ein von Bojen markiertes Revier mit fantastischen Unterwasserszenen auf. In 18 Meter Tiefe wuseln im Cockpit eines abgestürzten und versunkenen Helikopters Fischschwärme zwischen Algen herum. Ein paar Schwimmzüge weiter reckt eine alte Cessna ihre Tragflügel aus dem Sediment. Dann die Steilwände vor Brissago, wo die Taucher an den Uferfelsen Flora und Fauna erkunden. Und vor Magadino liegen gar künstliche Riffe auf Grund. In diesen *Reef Balls*, mächtigen durchlöcherten Betonbällen, haben sich alle möglichen Fische und Pflanzen angesiedelt. Viele Tauchschulen rund um den See stellen Tauchausrüstung zur Verfügung, bieten Kurse unterschiedlicher Schwierigkeitsgrade an und geben weitere Informationen für die spektakulären Ausflugsziele unter Wasser.

In den Malediven der Alpen

Die Verzasca soll einer der hundert schönsten Tauchplätze der Welt sein, behaupten Insider. *Verde acqua* – grünes Wasser: Der Fluss verdankt seinen

Namen wohl der wunderbaren Färbung seines Wassers, das sich in tiefen Gumpen sammelt und in mitreißender Strömung durch kleine Canyons schießt. Imposante marmorierte Steinformationen rahmen den Fluss, weshalb viele Taucher auch ihre Unterwasserkamera dabeihaben. Gegen den Hauptstrom anzukommen, ist eine sportliche Herausforderung: Der Fluss drückt die Tauchmaske fest auf das Gesicht, er reißt und zerrt an der Ausrüstung. Wie gut, dass es Steine zum Festhalten gibt. Die Forellen haben es besser und bieten dem Wasser mühelos die Stirn; ein Flossenschlag genügt, und schon sind sie wieder 2 Meter voraus. In die umgekehrte Richtung ist das Vorankommen kinderleicht. Die Strömung lädt zum Spielen ein. Rauf, runter, nach links und nach rechts. Mit kleinen Bewegungen der Arme und Beine ist alles möglich. Dann wird der Fluss enger – und schneller. Wie durch eine Düse geschossen, geht es in einen breiten Pool.

Nicht nur die Verzasca, auch die Maggia mit ihrem klaren Quellwasser ist ein Top-Tauchrevier für Freediver, zum Beispiel die Wolfsschlucht bei Bignasco. Forellen tummeln sich hier in Flusskesseln, Wasserfälle stürzen schäumend in Tosebecken. Aber Vorsicht – schon mancher Taucher hat seine Expedition in den wilden Flüssen mit dem Leben bezahlt. Die Tauchschule im Val Verzasca stellt daher ein Brevier zum Strömungstauchen zur Verfügung. Ohne Vorbereitung und Informationen über Wetter und Wasserstand, Wirbel und riskante Engstellen kann ein Taucherlebnis im Fluss sehr gefährlich werden.

Beim Canyoning geht es noch viel aufregender zu. Mit Neoprenanzug, Schutzhelm, Klettergurt, Seil und Karabinern durch Wasserfälle steigen, vom Felsen in Becken springen, dann weiter durch einen reißenden Flusslauf treiben, über Klippen kraxeln und durch Strömungen gleiten: Der Lago Maggiore und seine Täler sind ein Paradies für adrenalinhungrige Outdoor-Fans. Die etwa 65 Schluchten bieten unterschiedliche Schwierigkeitsgrade für alle, die Angstlust am und im Wasser suchen.

Lago d'Orta

Rund um Orta und Pella

Unterwegs rund um Orta San Giulio, zum Pescone-Wasserfall und am See entlang zum Lido di Gozzano und nach Omegna

Route 9.1 bis 9.4 Am Lago d'Orta

Romantisch und spirituell: Am Lago d'Orta

Eine leichte Brise weht über den tiefblauen See, in dessen Mitte sich kompakt die kleine Isola San Giulio aus dem Wasser erhebt. »Ritmo, ritmo, ritmo«, schallt es aus einem Megafon, und da nähern sich auch schon drei schnittige Kajaks. Mit elegantem Schwung tauchen die Sportler ihre Paddel in den See, gleiten erstaunlich schnell über das Wasser. Außer den Geräuschen der Ruderer ist an diesem lauen Frühsommertag vom Uferweg aus, der idyllisch rund um die Halbinsel von Orta San Giulio führt, kaum ein Laut zu vernehmen. Hier und da sind Angler in Ruderbooten unterwegs, auch ganze Entenclans streunen quakend umher. Ganz im Norden sind die Gipfel einer ersten Alpenkette noch mit Schnee bedeckt, während rundum die sanfte Hügellandschaft mit eingesprengten Dörfern und Palazzi in sattem Grün leuchtet. Es ist eine Bilderbuchlandschaft, die Ruhe und pure Harmonie verströmt und von fast keiner Bausünde verschandelt wird. 13 Kilometer lang, 143 Meter tief, maximal zweieinhalb Kilometer breit: Der Lago d'Orta ist ein kleiner See, aber viele meinen, er sei das schönste der oberitalienischen Gewässer, jedenfalls das romantischste. Was man erst auf den zweiten Blick wahrnimmt: Hinter der schmucken Kulisse versteckt sich rundum ein ganzer Cluster von Metallbetrieben, die dazu beigetragen haben, dass der See lange Zeit der schmutzigste in Norditalien war, und mehr als das: einer der sauersten auf der ganzen Welt. Tempi passati. Dank einer spektakulären Rettungsaktion ist der Lago d'Orta heute ein glasklarer See, dessen Wasser man bedenkenlos trinken kann.

Isola San Giulio – Juwel mitten im Ortasee

Fare bella figura

Der unbestrittene Höhepunkt ist das Städtchen Orta San Giulio auf einer grünen Halbinsel am Ostufer. Zusammen mit den beiden anderen, ebenfalls direkt am See gelegenen größeren Orten, dem fast etwas ländlich anmutenden Pella mit einer netten Hafenzeile auf der gegenüberliegenden Seeseite und dem lebendigen Omegna mit seinem verblichenen Industriecharme an der Nordspitze, ergibt das einen attraktiven Dreiklang. Nach Omegna zieht es die Touristen nicht nur zum Donnerstagsmarkt, dem größten am See, sondern auch zum Outlet von Alessi: Designklassiker wie der Wasserkocher mit dem verspielten Vogel oder der Korkenzieher mit dem ausgeschnittenen Gesicht sind alle made in Omegna. Aber Orta, die »Perle des Sees«, wie es in den Tourismusprospekten gern heißt, ist zweifellos der Magnet, der die meisten Gäste anzieht, vor allem wenn die Sonne das Ganze ins rechte Licht setzt. Reihenweise kommen dann die *pullmans*, die Reisebusse, angefahren und besetzen den relativ knapp bemessenen und teuren Parkraum über dem autofreien historischen Zentrum. Unten am Seeufer stehen die Kapitäne der Taxiboote, warten plaudernd und rauchend auf Kundschaft, die sie für ein paar Euro zur Insel bringen wollen. Die wunderbare, zum See hin offene und von alten Palazzi in Pastellfarben gesäumte Piazza Motta ist der Mittelpunkt. Hier wuseln die Touristen, grellbuntes Eis in der einen Hand und Kinder oder Hunde an der anderen. Auf den Holzstegen haben sich Männer und Frauen mit zu großen Sonnenbrillen ausgestreckt, mal in Bücher vertieft, mal ineinander versenkt. Nicht nur Schweizer, Franzosen und Deutsche kommen hierher, auch die Italiener unternehmen gern einen Sonntagsausflug an den See, flanieren ausgiebig durch die Altstadtgassen und machen *bella figura*. Und gekrönt wird das Ganze mit einem Schiffsausflug auf die vorgelagerte Isola San Giulio. Dass der Lago d'Orta nicht nur ein besonders schöner See, sondern einer mit einer geradezu auratischen Ausstrahlung ist, verdankt er auch den heiligen Orten, die ihn umgeben, der Isola San Giulio im Wasser, dem Sacro Monte oberhalb von Orta und dem gewagt auf einem

Corconio am melancholischen Lago d'Orta

Mit dem Fährschiff auf die Isola San Giulio

Felssporn westlich von Pella sitzenden Santuario Madonna del Sasso auf der anderen Seeseite.

Ora et labora

Jetzt haben sich wieder zwei voll besetze Boote auf den Weg zur Isola San Giulio gemacht, Kinder stehen lachend an der Reling und winken den an Land Zurückgebliebenen zu. Dass man auch anders, nicht mit dem Boot, sondern wie durch ein Wunder auf die Insel kommt, hat im 4. Jahrhundert ihr Namenspatron, der heilige Julius, vorgemacht. San Giulio legte der Legende nach seinen Mantel auf das Wasser und kam so trockenen Fußes hinüber auf das nur von Schlangen bevölkerte Eiland. Ein Marmorrelief in der Basilika auf der Insel zeigt die Szene, wie der Heilige mit seinem Pilgerstab die Reptilien vertreibt – der Gründungsmythos der Insel, auf der heute ein paar Sommerhäuser, vor allem aber ein Kloster mit einer Basilika steht. Erst vor einigen Jahrzehnten von einer tatkräftigen Äbtissin gegründet,

Auf dem Wasserweg rund um die Halbinsel

leben hier inzwischen 80 Nonnen in Klausur, Benediktinerinnen, die ein Schweigegelübde ablegt haben und dem Ordensmotto *ora et labora* verpflichtet sind.

Katholisches Kino

Das Pendant zum Kloster auf der Insel ist der Sacro Monte, der Heilige Berg auf einem Hügel über dem Städtchen. In einem lichten Wald sind hier im 16. und 17. Jahrhundert zwanzig Kapellen entstanden, die in plastischen Bildern das Leben Franz von Assisis erzählen. Das Ganze ähnelt einer Guckkastenbühne, denn der Blick ins Innere der Kapellen fällt durch Gucklöcher auf lebensgroße, bunt bemalte Terrakottafiguren, Menschen und Tiere, sowie Fresken, die sich zu Szenen aus dem Leben Franz von Assisis zusammenfügen. Katholisches großes Kino, das man sich im Zuge der Gegenreformation ausgedacht hat, um abtrünnige Seelen mit diesen aufwendig inszenierten Erzählungen rechtzeitig einzufangen. Heute berührt die Landschaftskunst des Sacro Monte auch die Ungläubigen, wenn man sich im Schatten der alten Bäume von Kapelle zu Kapelle bewegt, sich stets neue Perspektiven öffnen und der Blick immer wieder überraschend auf den See unten fällt.

Weg zum Wasser 9.1

Auf dem *Anello Azzurro* rund um Orta San Giulio

Die Rundwanderung startet in **Corconio** (367 m) oberhalb des Sees und von Orta San Giulio. Es geht zunächst quer durch das ziemlich verlassene, aber ausgesprochen schöne winzige Dorf. An der Piazza della Fontana vor der Kirche kann man sich an einem Wasserbecken erfrischen. Dann nimmt man vor oder hinter der Kirche die »Passeggiata per Orta« (braunes Schild) und kommt in die Via alla Chiesa, überquert die Bahnlinie, um leicht ansteigend und mit Blick auf den See und den Monte Rosa auf Legro zuzulaufen. Die Strecke ist Teil des *Anello Azzurro,* der um den gesamten See herumführt. Schließlich mündet der Weg in eine kleine Asphaltstraße, und es geht nun leicht bergab, unten liegt die Halbinsel von Orta. Man passiert die ersten Häuser von **Legro** und den Agriturismo Cucchiaio di Legno, dann einen Sportplatz. Dort geht es nicht weiter geradeaus (zum Bahnhof), sondern nach links unter der Bahnstrecke hindurch, bis die Fahrstraße erreicht ist. Läuft man diese noch ein kleines Stück hinunter, erreicht man den Kreisel, an dem die Uferstraße ankommt und wo es auf die Halbinsel von Orta San Giulio geht. Links liegt das eindrucksvolle Gebäude der **Villa Crespi,** ein einst im maurischen Stil errichteter Landsitz eines Tuchfabrikanten, heute ein Luxushotel und Restaurant.

Man läuft auf der Straße ein Stück auf Orta zu. Dann führt hinter den Parkplätzen für die Touristenbusse ein Pfad rechts hinunter zum See auf einen herrlichen, das Ufer säumenden Plattenweg, der an Holzstegen, Booten und Badeplätzen vorbei bis nach **Orta**

An der Punta di Crabbia

(294 m) und zur zum See hin offenen **Piazza Motta** führt, wo man eine Pause einlegen oder einen Ausflug mit dem Schiff auf die Isola San Giulio machen kann. Oder einen Abstecher hoch zum Sacro Monte, dem Heiligen Berg. Danach geht es von der Piazza geradeaus, jetzt auf die andere Seite von Orta, weiter am Ufer entlang bis zu einem Badeplatz, wo der Uferweg endet. Hier läuft man die Straße links hoch und gelangt – jetzt von der anderen Seite – wieder zu dem Kreisverkehr und der Villa Crespi. Der restliche Rückweg nach **Corconio** verläuft auf derselben Strecke wie der Hinweg.

Steckbrief und Service

Der Rundweg, der zum Teil auf dem Pfad des insgesamt etwa 36 Kilometer langen *Anello Azzurro* verläuft, dem Rundweg um den Lago d'Orta, ist komfortabel und überwindet ein mäßiges Gefälle. Man durchquert zum Teil auf Waldwegen, zum Teil auf kleinen asphaltierten Straßen und auf einem großartigen Seeuferweg kleine Dörfer und gelangt zum See hinunter nach Orta San Giulio, hat also Einkehrmöglichkeiten und auch Gelegenheit, im Lago d'Orta abzutauchen. Von Orta aus kann man die Route mit einem Schiffsausflug auf die Isola San Giulio krönen. An Sonnentagen ist allerdings vor allem am Wochenende in und um Orta herum sehr viel los!

Strecke: 7 km (ohne Abstecher)

Wanderzeit: 2 h

An- und Rückreise: Man verlässt die Uferstraße Richtung Orta San Giulio (SP 229) hinter Gozzano bei der Spiaggia Miami nach rechts oben (in die Via Valle) und stellt das Auto vor dem Ortseingang von Corconio ab. Das historische Ortszentrum von Orta San Giulio darf man nicht mit dem Auto befahren. Oberhalb gibt es gebührenpflichtige Parkplätze im Freien und in einer Tiefgarage. An sonnigen Wochenenden sind beide sehr voll!

Zug: Orta San Giulio liegt an der Regionalbahnstrecke zwischen Domodossola und Novara. Der Bahnhof von Orta liegt im Ortsteil Legro (direkt beim Wanderweg).

Schiff: Die drei Linienschiffe auf dem Lago d'Orta verkehren von Ostern bis Mitte Oktober, www.navigazionelagodorta.it. In Orta kann man an der Piazza Motta das ganze Jahr über auch Taxiboote nehmen, um auf die Insel (oder auch andere Orte am See) zu kommen. Die Fahrt zur Insel hin und zurück kostet 4,50 Euro, www.navigazioneorta.it.

Wanderkarten: Geo4Map Nr. 117, Mottarone, 1:25 000. Kompass Nr. 97, Varallo, Verbania, Lago d'Orta, 1:50 000.

Einkehren/Übernachten

Unterwegs: im Ortsteil **Legro** von Orta San Giulio: *Agriturismo Cucchiaio di Legno*. In **Orta San Giulio**: schlicht und nett auf der Piazza: *Piccolo Bar*. Café mit Innenhof: *Idea Dolce*, Via Olina, und zum Wein mit Imbiss: *Enoteca Re di Coppe* an der Piazza Motta. In der Umgebung: in **Miasino** das *Ristorante Antico Agnello* bei der Villa Nigra. In **Vacciago** auf einer Terrasse über dem See: *Ristorante La Darbia*. Unterkunft in **Orta**: *Al Dom*. Ein paar Kilometer entfernt von Orta im schönen Ameno: B&B *Villa Pastori*.

Strand: In Orta gibt es überall am Uferweg Bademöglichkeiten.

Markt: Mittwochs findet auf der Piazza Motta in Orta ein kleiner Markt statt.

Tipp: Ergänzend zum *Anello Azzurro* gibt es seit Kurzem auch die **Grand Tour del Lago d'Orta.** Es handelt sich ebenfalls um eine Ringwanderung auf den Hügeln des Cusio, die 115 Kilometer Wander-, Kultur-, Gastronomie- und Weinpfade in fünf Etappen zusammenfasst. Sie führt durch

20 Gemeinden – von Borgomanero durch das Agogna-Tal nach Ameno und Miasino, von dort nach Ornavasso, dann hinunter nach Omegna und San Maurizio, hinauf nach Maggiora und wieder zurück nach Borgomanero – und überwindet insgesamt mehr als 3000 Höhenmeter.

Tourismusbüro: Orta San Giulio, Via Panoramica 1, bei der Villa Crespi, www.lagodorta.piemonte.it, www.distrettolaghi.it.

Informationen *Anello Azzurro:* www.trekking-etc.it/etc/trekking/it/trekking/anello-azzurro/descrizione/trek.html

Zum Lido! Am **Lido di Gozzano** in der südlichen Beuge des Lago d'Orta lädt ein richtiges italienisches Schwimmbad zum Baden ein, mit Sandstrand, Sonnenschirmen und Liegen im Verleih und sogar mit einem Sprungturm. Der Eintritt kostet 6 Euro, und im Restaurant gleich hinter dem Strand kann man sich mit Pizza und anderem stärken.

Informationen und Reservierung: www.lidodigozzano.it

Eine ambitionierte Kunstsammlung hat der kleine Ort **Vacciago** oberhalb von Orta San Giulio mit der **Fondazione Calderara** zu bieten. In einem alten Dorfhaus in der Via Bardelli 9, in dem der Maler Antonio Calderara bis zu seinem Tod im Jahr 1978 gelebt hat, sind nicht nur seine eigenen Werke zu sehen, sondern auch die von mehr als 130 internationalen Künstlern aus Calderaras Sammlung der Moderne, vor allem der Avantgarde aus den 1950er- und 1960er Jahren.

Informationen: www.fondazionecalderara.it

Blickfang Wasser: Zum Convento di Monte Mesma

Das Pendant zum Frauenkloster auf der Isola San Giulio ist das dem Ort Ameno zugehörige Franziskanerkloster auf dem Monte Mesma. Von Bolzano Novarese führt ein Wanderweg durch den Wald nach oben auf den Gipfel, wo sich auf 576 Meter Höhe ein Panoramablick auf den See und das Monte-Rosa-Massiv im Westen öffnet (3 km, 1 h). Auch von Lortallo geht ein Weg hoch zum Kloster. Eine Besichtigung des Convento di Monte Mesma ist auf Anfrage möglich, und wer mag, kann in dem Kloster auch eine längere Auszeit nehmen.

Informationen: www.conventomontemesma.it, für Besichtigungen Tel. +39 0322 99 81 08 oder info@conventomontemesma.it

↑ Auch der Pescone füllt den Lago d'Orta

Weg zum Wasser 9.2

Rundwanderung von Crabbia zum Pescone-Wasserfall und zurück

Die Rundwanderung startet in **Crabbia,** einem Ortsteil von Pettenasco, am Hang über dem See. Man durchquert den Ort, rechts liegt die Chiesa di San Martino, links der Circolo, und folgt dem Wegweiser nach Agrano auf die Via ai Monti. Der Weg ist zuerst noch asphaltiert, wird dann schmaler und führt zum Teil leicht ansteigend mit schöner Seesicht durch lichten Mischwald bis nach **Agrano.** Man geht in den Ort hinein und auf die Chiesa di San Maiole zu, lässt die Abzweigung zur Alpe Selviana links liegen und stößt auf die Piazza Giuseppina Venzano. Dort geht es direkt hinter der Chiesa di San Maiole der Ausschilderung »Cascata« folgend links ab. Man läuft nun die Via Giulio Isotta entlang, passiert an der Dorfstraße einen kleinen Lebensmittelmarkt und kommt in die Via Dante. Links liegt ein altes Waschhaus, und man nähert sich immer geradeaus langsam dem Ortsrand. Der Weg ist jetzt schmaler und führt an einem eingefassten Bachlauf entlang und über eine kleine Brücke; man hört schon den Wasserfall. An der folgenden Gabelung nimmt man den kurzen Pfad rechts hinunter zur **Cascata del Pescone.**

Hat man genug von dem Wasserschauspiel und eventuell im großen Tosebecken ein Bad genommen, kehrt man über den gleichen Pfad zurück, bis man wieder die Gabelung erreicht, wo man nun geradeaus in das nahe **Pescone** läuft. Dort trifft man auf die Verkehrsstraße (Via per Armeno), in die man nach rechts einbiegt und schon nach gut 100 Metern auf einem nach links abgehenden Weg, der Via Pisola, wieder verlässt. Man folgt nun dem relativ breiten Feldweg, bis es nach etwa 5 Minuten hinter einer Rechtskurve dem Schild nach Pratolungo folgend scharf nach links abgeht. Der Weg führt jetzt in den Wald, links fließt der Pescone. Man quert einen kleinen Bach und eine schöne Wiese, immer noch in Richtung **Pratolungo.** Dort angekommen, führt die Route durch das Dorf, vorbei an einem Waschhaus und dem Hotel Madonna

Wasserfall bei Agrano – ein einmaliger Spaß

della Neve. Dahinter zweigt die Route nach Crabbia rechts ab. Auch der Monte Barro ist in diese Richtung ausgeschildert, aber nicht das Ziel. Der asphaltierte Weg steigt nun stetig an, bis man an der Stelle, wo die Asphaltierung endet, links Richtung Crabbia abbiegt (geradeaus geht es hier weiter zum Monte Barro). Nach einer nochmaligen Steigung – links sieht man den See mit der Insel – geht es stetig bergab auf Crabbia zu. Linker Hand erstreckt sich eine große Wiese mit einem verfallenen Steinhaus; ein guter Picknickplatz, bevor der Weg in **Crabbia** bei der Chiesa San Martino endet.

Steckbrief und Service

Eine sehr abwechslungsreiche, nicht besonders anstrengende Rundroute, die keine großen Höhenunterschiede aufweist. Sie verläuft zunächst oberhalb des Sees, dann durch ein Dorf und zu einem Wasserfall, in dessen Becken man eintauchen kann, und wieder durch viel Grün zurück. Im Winter hat sie besonders im ersten Teil einen zusätzlichen Reiz, weil man wegen des entlaubten Waldes auf der ersten Strecke bis Agrano mehr vom See sieht. Da die Route stark vom Wasser geprägt ist, mit vielen kleinen Bächen, dem Pescone und seinem Wasserfall, ist die Wanderung besonders attraktiv, wenn es in den Tagen zuvor geregnet hat.

Strecke: 8 km

Wanderzeit: 3 h

An- und Rückreise: Auf der Uferstraße (SP 229) von Orta San Giulio kommend, biegt man hinter dem Ort Pettenasco und der Punta di Crabbia nach rechts oben in die Via Crabbia ein und erreicht in Kürze Crabbia; rechts im Ort kann man parken.

Zug: Der nächste Bahnhof, an dem der Regionalzug zwischen Domodossola und Borgomanero hält, ist in Pettenasco.

Wanderkarten: Geo4Map Nr. 117, Mottarone, 1:25 000. Kompass Nr. 97, Varallo, Verbania, Lago d'Orta, 1:50 000.

Einkehren/Übernachten
Unterwegs in **Agrano** im *Circolo*, Via per Armeno 12.
Am Start und Ziel in **Crabbia**: *Osteria San Martino*, Vicolo Chiuso 8, www.osteriasanmartino.it. Möglicher Abstecher vom Wanderweg (ca. 20 min), ausgehend von Agrano, zum *Agriturismo Alpe Selviana*, www.alpeselviana.com.

Strand: Im Tosebecken des Pescone-Wasserfalls kann man wunderbar schwimmen.

Tourismusbüro: Pro Loco Pettenasco Nostra, www.prolocopettenasconostra.it.

🔵 **Zum Lido!** Der **Pescone** entspringt an den Hängen des Mottarone und mündet bei **Pettenasco** in den Lago d'Orta. Dort lädt ein **öffentlicher Sandstrand** zum Baden ein. Das Wasser ist hier auch im Sommer deutlich kälter – ein Tipp für heiße Tage.

🔴 In einer alten Drechslerwerkstatt der Familie Maulini, die diese Tätigkeit im historischen Ortskern von Pettenasco von 1886 bis 1970 ausübte, dokumentiert ein Museum, das **Museo dell'Arte della Tornitura del Legno,** den handwerklichen Umgang mit Holz, insbesondere das Drechseln. Das Museum in **Pettenasco**, Via Vittorio Veneto 10, ist allerdings nur im Sommer geöffnet.

Informationen: www.museotorniturapettenasco.it

Monte Rosa und Vier-Seen-Panorama: Von Coiromonte zum Monte Falò

Eine komfortable und aussichtsreiche Wanderung an den Hängen in der Umgebung des **Mottarone** – am schönsten bei klarer Sicht, wenn man den schneebedeckten gewaltigen Monte Rosa erblickt! Es geht gut ausgeschildert zunächst durch Wald, dann über Almwiesen in nur mäßiger Steigung zu den **Tre Montagnette,** frei stehenden Bergkegeln des **Monte Falò.** Zum Startpunkt fährt man vom Seeufer aus über die SP 39 bis Sovazza, von da links ab nach Coiromonte, wo man das Auto beim Agriturismo Al Carbon (mit Käseverkauf) parkt. Dort ist der langsam ansteigende Weg mit »Monte Falò e Tre Montagnette« ausgeschildert. Kaum hat man etwas an Höhe gewonnen, öffnet sich ein fantastischer Ausblick auf das Monte-Rosa-Massiv. Nach einer flachen Traverse – immer noch mit Monte-Rosa-Sicht – ist eine Abzweigung nach rechts zu den Tre Montagnette erreicht. Diese wählt man und kann schon nach wenigen Metern rechter Hand auf die erste Kuppe hochlaufen. Oder man geht zunächst noch geradeaus weiter und umkreist die hinterste Kuppe auf einem sicheren Panoramahöhenweg. Fantastische Seeblicke sind bei gutem Wetter garantiert, auf den Lago Maggiore, den Lago di Varese und di Monate, dann auch auf den Lago d'Orta und das Dorf Coiromonte. Zurück kommt man auf demselben Weg (hin und zurück 2 h 30).

Einkehr: in Coiromonte *Ristorante Pizzeria Café Riva del Tempo,* Via Bersani (etwas esoterisch, aber originell).

Weg zum Wasser 9.3

Auf dem *Anello Azzurro* von Lagna am See entlang zum Lido di Gozzano

Vom Parkplatz in **Lagna,** einem Ortsteil von San Maurizio, nimmt man den Asphaltweg, der nach einem kurzen geraden Stück nach links abbiegt und hinunter zum See führt. Jetzt geht es immer am See entlang, mit Panoramaausblicken auf die Isola San Giulio und die Gebirgskette im Norden des Sees. Man passiert einen großen Strand, einen beliebten Badeplatz der Einheimischen im Sommer, sowie einzelne schöne Häuser und das Ristorante da Venanzio mit Terrasse auf der Seeseite. Vor dem Ristorante Venanzio führt rechts eine Abzweigung über einen grob gepflasterten Weg hinauf zur **Fontana di San Giulio,** die man – wer diesen Abstecher machen will – in wenigen Minuten erreicht. Ein kleiner Platz im Wald mit einer schönen Steinkapelle und ein paar Picknickbänken lädt zum Verweilen ein. Das Wasser, das früher aus dem sogenannten Wunderbrunnen sprudelte, soll die Macht gehabt haben, in Zeiten der Dürre für Regen zu sorgen, wenn man es auf den Feldern verteilte, und außerdem die Felder auch von Heuschrecken und anderen Insekten zu befreien. Leider ist der Wasserlauf seit geraumer Zeit meist trockengefallen.

Zurück am See unten ist die Straße nun über ein ganzes Stück hinweg asphaltiert, aber sehr wenig befahren. Man passiert die pittoreske Häuseransammlung von **Pascolo** und setzt den Weg geradeaus fort, jetzt ein paar Meter oberhalb des Sees. Schließlich endet die Asphaltstraße, und ein Kiesweg führt links hinunter wieder direkt an den See und durch lichten Wald auf den Lido di Gozzano zu. Am Wegrand gibt es immer wieder Picknickplätze und Gelegenheiten zum Eintauchen in den See, außerdem eine Informationstafel zur Geschichte des Sees und seiner Wiedergeburt, der *rinascita del lago*. Man passiert auch die einstige Wasserpumpstation der oberhalb, in Gozzano, liegenden und seit Jahren stillgelegten Bemberg-Fabrik, die mit ihrer Kunstseidenproduktion in den 1920er Jahren der erste Auslöser der verheerenden See-

Isola San Giulio – ein magischer Zauber

verschmutzung war. Kurz vor dem **Lido di Gozzano** kommt eine Schranke, der Weg macht eine Linkskurve und führt weiter zum Ziel. Zurück nimmt man dieselbe Route.

Hinweis: Nach rechts führt hinter der Schranke vor dem Lido di Gozzano eine Abzweigung zur Via Francisca, die nimmt, wer den Weg auf dem *Anello Azzurro* noch fortsetzen will. Dann verlässt man allerdings den See und wandert hinter dem Torre di Buccione nach Orta San Giulio (zusätzlich 8 km, 2 h 30).

Verrostete Pumpanlagen für giftiges Abwasser – heute eine besondere Kulturlandschaft

Unterwegs zum Lido di Gozzano

Steckbrief und Service

Die Wanderung verläuft auf dem *Anello Azzurro*. Diese Ringwanderweg führt über etwa 36 Kilometer rund um den See, zum Teil auch auf Höhenwegen und über Asphaltstrecken. Er ist insgesamt gut ausgeschildert, gepflegt und überwiegend komfortabel, dennoch sollte man trittsicher sein. Der *Anello Azzurro* wird nicht nur von Wanderern, sondern auch von Mountainbikern genutzt. Der hier vorgestellte Teil des *Anello Azzurro* führt stets flach am Seeufer entlang, mit vielen Bade-, Picknick- und Einkehrmöglichkeiten und grandiosen Ausblicken von Süden aus auf den gesamten See.

Strecke: 4,5 km
Zeit: 1 h 15

An- und Abreise: Um von Pella aus zum Startpunkt in Lagna zu kommen, biegt man von der Straße nach San Maurizio, der SP 48, etwa auf halber Höhe links nach Lagna ab. Bei den ersten Häusern geht es gleich wieder nach rechts, und man gelangt am Ende der Straße zu einem kleinen Parkplatz, wo man das Auto abstellen kann. An Sommerwochenenden ist die Einfahrt nach Lagna gesperrt. Dann fährt man auf der SP 48 noch ein kleines Stück weiter und biegt dort, wo rechts an der Straße eine Armaturenfabrik liegt, nach links auf den großen Parkplatz ab und beginnt die Wanderung dort (ausgeschildert Richtung »Spiaggia«, der schmale Weg führt an einem Anglerteich vorbei).
Schiff: Die Linienschiffe (Ostern bis Mitte Oktober) fahren, von Orta bzw. Omegna kommend, auch Lagna an, allerdings selten, www.navigazionelagodorta.it.

Wanderkarten: Geo4Map Nr. 117, Mottarone, 1:25 000. Kompass Nr. 97, Varallo, Verbania, Lago d'Orta, 1:50 000.

Einkehren/Übernachten
Unterwegs: *Ristorante Da Venanzio* mit Terrasse am See.
In **Lagna**: B&B *Osteria San Giulio* (nur Unterkunft), am Lido di Gozzano: Schwimmbad mit *Ristorante Pizzeria Lido di Gozzano*.

Strand: Unterwegs gibt es auf der Route immer wieder Bademöglichkeiten und einen langen Strand bei Lagna sowie ein Schwimmbad am Lido di Gozzano.

Tourismusbüro
Info Lago d'Orta: www.infolagodorta.com
Comune di Orta San Giulio:
www.comune.ortasangiulio.no.it.

Informationen: www.visitpiemonte.com/de/esperienze-outdoor/percorsi/anello-azzurro-del-lago-dorta;
www.trekking-etc.it/etc/trekking/it/trekking/anello-azzurro/descrizione/trek.html

Blickfang Wasser: Hoch zum Torre di Buccione

Der **Torre di Buccione** am Südende des Sees bei Gozzano ist der letzte Rest des ehemaligen **Castello di Buccione,** einer Befestigungsanlage aus dem 12. bis 14. Jahrhundert – ein strategischer Ort, von dem aus der See und die ganze Umgebung überwacht werden konnten. Eine große Glocke im Innern des Turms schlug gegebenenfalls Alarm. Den 23 Meter hohen Turm kann man nicht besichtigen, aber man hat auch so einen fantastischen Blick über den Lago d'Orta und zum Monte-Rosa-Massiv. Man erreicht den Turm mit einem Abstecher vom Ortasee-Rundweg, dem *Anello Azzurro,* und zwar zwischen Gozzano und Lortallo in einem etwa 15-minütigen Aufstieg.

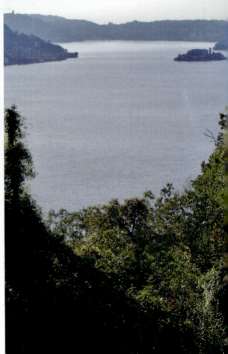

Anello Azzurro – spektakuläre Ausblicke

Weg zum Wasser 9.4

Von Ronco auf dem *Anello Azzurro* am See entlang nach Omegna

In **Ronco Inferiore,** einem pittoresken Ortsteil von Pella, nimmt man den neben dem Friedhof (oberhalb des Parkplatzes) ansteigenden Weg nach **Ronco Superiore.** Die ersten verstreuten Häuser erreicht man nach einem etwa zehnminütigen Anstieg durch lichten Kastanienwald. Dann wird es flach, und hinter einem Doppelhaus gelangt man bei einer Kapelle zu einer Weggabelung. Die Abzweigung hinauf nach Colma lässt man links liegen und geht stattdessen weiter geradeaus auf dem ausgeschilderten *Anello Azzurro*, bis man – hinter einem Neubau im Wald rechts – erneut an eine Abzweigung kommt, wo es rechts hinunter etwas unwegsam nach Oira geht. Man überquert den Bach Qualba (der sich weiter unten mit einem Wasserfall in den See ergießt) über eine

Holzbrücke und stößt auf die Fahrstraße, die nun rechts hinunter nach **Oira** führt. Ihr folgt man ein Stück in den Ortskern (wer will, macht noch einen Abstecher ganz hinunter zum Seeufer, wo man gut baden kann) und durchquert das Dorf auf der Via Bosco.

Der Weg führt hinter einem Wohnhaus oberhalb des Sees wieder in den Wald hinein, dann hinunter zum Seeufer. Erneut überquert man Bäche und kommt an attraktiven Badestellen vorbei. Schließlich steigt die Route etwas an, und Omegna kommt in Sicht. Man überquert noch eine Holzbrücke, steigt wieder bergab zum See, wo sich eine kleine Centrale idroelletrica befindet – noch ein schöner Platz zum Schwimmen! Nun geht es am Seeufer weiter, über eine kleine Brücke und an der nagelneuen Zipline des Lago d'Orta vorbei. Jetzt ist der Weg asphaltiert, und man erreicht den ersten Ortsteil von Omegna, **Bagnella.** Dort gibt es eine Picknickzone rechts zum Seeufer hin. Vorbei am Sportzentrum und immer am Ufer entlang gelangt man ins Zentrum von **Omegna** und zur Schiffsanlegestelle.

Zurück läuft man dieselbe Strecke oder nimmt, wenn der Fahrplan passt, das Schiff.

Steckbrief und Service

Die Wanderung ist Teil des *Anello Azzurro*, der Ringroute um den ganzen See herum. Sie wird nicht nur von Wanderern, sondern auch von – wenigen – Mountainbikern genutzt. Die Route verläuft auf Waldwegen zum Teil direkt am See, zum Teil oberhalb des Sees, mit schönen Ausblicken (vor allem im Winter, wenn das Laub gefallen ist) und vielen Bademöglichkeiten. Sie ist gut markiert und gepflegt, ohne allzu große Höhenunterschiede. Die Zwischenstrecke hinunter nach Oira ist etwas abschüssig, dafür sollte man trittsicher sein. Wenn man zeitlich gut plant, kann man mit dem Schiff von Omegna zurückkehren. Die Wanderung lässt sich auch in umgekehrter Richtung unternehmen, dann kann man das Schiff zurück von Ronco nach Omegna nehmen (wiederum wenn der Fahrplan passt).

Hinweis: Man kann die Etappen 9.3 und 9.4 auf dem *Anello Azzurro* natürlich miteinander verbinden. Das fehlende Stück zwischen Ronco und Lagna verläuft dann über die Fahrstraße am Seeufer entlang, zwischen Pella und Lagna weitgehend auf dem Bürgersteig. Auch Kombinationen mit dem Schiff sind möglich, zum Beispiel durch die Bootsverbindung zwischen Lagna und Pella.

Strecke: 8 km
Zeit: 2 h 30

An- und Rückreise: Von Pella führt die Uferstraße (Via M. Buonarroti) in den Ortsteil Ronco. Sie endet dort nach etwa 3 Kilometern bei einem Parkplatz (Achtung, im Juli und August viel Betrieb).
Zug: Man kann die Wanderung auch umgekehrt unternehmen, sie also in Omegna, wo es eine Bahnstation des auf der Ostseite des Sees verkehrenden Regionalzugs gibt, starten und dann von Ronco mit dem Schiff dorthin zurückkehren (Fahrplan beachten). In Omegna hält der zwischen Domodossola und Borgomanero verkehrende Regionalzug, mit Halt am Lago d'Orta in Pettenasco, Orta (Legro), und Gozzano.
Schiff: Nach Ronco kommt man von Ostern bis Mitte Oktober auch mit dem Schiff von Orta San Giulio, www.navigazionelagodorta.it.

Auf engen alten Steinwegen am See entlang Richtung Omegna

Wanderkarten: Geo4Map Nr. 117, Mottarone, 1:25 000. Kompass Nr. 97, Varallo, Verbania, Lago d'Orta, 1:50 000.

Einkehren/Übernachten
Unterwegs: in **Oira** *Ristorante La Tavernella* mit Garten, in **Omegna** in der Bar *Ristorante Canottieri* direkt am Seeufer, www.canottieri-omegna.it. Frische Pasta gibt es beim *Pastificio Viganò* nah am Hafen zu kaufen. In der Umgebung: in **Pella** *Bar I Due di Picche* an der Schiffsanlegestelle. Gutes Restaurant: *Trattoria Antica Cartiera*, www.anticacartiera.com. Das beste Eis am See gibt es in der Gelateria *Antica Torre* am Hafen in Pella. Bei **Boleto:** *Agriturismo Il Barchetto*, Via Alpe Barchetto 1, Madonna del Sasso, www.visitaltopiemonte.com/dove-dormire/agriturismo-il-barchetto-p675381. Unterkunft in **Omegna:** B&B *Chocolat au Lac*, www.bnbchocolat.it/de/au-lac. In **Alzo di Pella:** *La Seca – Antico Albergo Alzese*. Und edel und teuer in **Pella:** *Casa Fantini*.

Markt: Donnerstag ist großer Markt in Omegna – eine der Touristenattraktionen am See!

Strand: Unterwegs gibt es immer wieder schöne Badegelegenheiten.

Tipp: Eine Fahrt aus 60 Metern Höhe auf den See zu mit der Zipline, www.lagodortazipline.it.

Tourismusbüro: in Omegna: Pro Loco im Palazzo della Città, Piazza XXIV Aprile 17, www.infolagodorta.com.

 Blickfang Wasser:
Zum Croce di Egro

Das Kreuz von Egro ist einer der markanten Aussichtspunkte über dem Lago d'Orta, nachts weithin leuchtend in der Höhe über dem See. Auf einer in Pella startenden Dreiecksrundtour (11 km, 3 h 30) über **Colma, Grassona** und **Egro** und wieder zurück nach Pella kann man einen Abstecher dorthin machen. Wenn man in Pella startet, läuft man zunächst über die 3 Kilometer lange Fahrstraße am Seeufer entlang nach Ronco und steigt wie in der oben beschriebenen Wanderung vom Parkplatz nach Ronco Superiore auf, wandert dann aber nicht weiter auf dem *Anello Azzurro*, sondern nimmt an der Kapelle die Abzweigung nach oben, also nach Colma. Von da geht es nach Grassona und nach Egro, wo man den Abstecher zum **Croce di Egro** macht. Dann Rückkehr nach Pella. Man kann die Wanderung natürlich auch in Ronco beginnen.

Einkehr: unterwegs im *Circolo* von Grassona, Via per Arolo 3.

Der Lago d'Orta und der Ort **San Maurizio d'Opaglio** im Süden des Sees sind die Metropolen des Wasserhahns. Die Armaturenfabriken haben nach dem Zweiten Weltkrieg der Region zu großem Wohlstand verholfen – aber nicht zur Wasserqualität des Sees beigetragen. Von dieser Technik- und Kulturgeschichte erzählt das **Museo del Rubinetto e della sua Tecnologia** in San Maurizio d'Opaglio. Es ist von April bis November an Wochenenden nachmittags geöffnet.
Informationen: www.museodelrubinetto.it

Oberhalb von Pella erhebt sich gewagt auf einem über dem See hängenden Granitvorsprung in gut 600 Meter Höhe die **Wallfahrtskirche Madonna del Sasso**. Die im 18. Jahrhundert errichtete Kirche trägt den Stein *(sasso)* im Namen, seit im Jahr 1752 die Heilige Jungfrau das Leben von 350 in Steinbrüchen auf der Höhe arbeitenden Steinmetzen wie durch ein Wunder vor herabstürzenden Felsbrocken gerettet haben soll. Von oben, dem sogenannten **Balcone del Cusio,** hat man einen ganz besonderen Rundblick auf den Lago d'Orta und die Gebirgskulisse rundum. Aber auch der industrielle Charakter der Region mit den vielen Metallbetrieben ist aus der Höhe unübersehbar.

Lago d'Orta

H_2Orta: Ich war richtig sauer

Vom Essigwasser zum Badeparadies

Trauriger Rekord – einst der sauerste See der Welt

Es ist eine Frage der Perspektive, die Umweltgeschichte des Lago d'Orta als Drama oder Lehrstück, als Kriminalstory oder große Heldengeschichte zu erzählen. Ihr weltweit beachteter Hauptdarsteller ist jedenfalls: das Wasser. Lebenselement für Flora und Fauna versus Ressource für industrielle Produktion – dieser See macht eine der ganz großen Umweltkatastrophen des 20. Jahrhunderts durch. Ein trauriges Kapitel im spannungsvollen Verhältnis von Wirtschafts- und Umweltinteressen, aber zum guten Ende eine Erfolgsgeschichte, die zuversichtlich stimmt. Wir schaffen das – der Lago d'Orta strahlt diese Botschaft bis heute aus.

Wie alles anfing? Im September 1926 konsultierte die Firmenleitung des deutschen Textilunternehmens Bemberg aus Wuppertal-Barmen einen der bedeutendsten Schweizer Wasserforscher. Professor Hans Bachmann sollte dem Management Informationen über die Eigenschaften eines norditalienischen Sees zur Verfügung stellen. Es ging um den Lago d'Orta. Noch im Jahr 1923 hatte ein Artikel im *Bulletin der Italienischen Geografischen Gesellschaft* über das alpennahe Gewässer festgestellt: »Es handelt sich um eine der angenehmsten Bergregionen Norditaliens, die durch zahlreiche Wirtschaftszweige floriert, von denen der wichtigste derjenige der Urlauber ist, die in den besten Monaten zunehmend die Ufer des Sees und die fruchtbaren Täler bevölkern.« Bemberg plante dort die Neuansiedlung eines Werks, um in großem Stil in die Produktion von Kunstfasern einzusteigen. Das Wasser sollte dabei eine Schlüsselrolle spielen. Es kam der Firma nicht ungelegen, dass in der verarmten Region viele Menschen als günstige Arbeitskräfte zur Verfügung standen und dass es nur niedrige oder keine Umweltstandards gab: ideale Bedingungen also für eine Industrieansiedlung.

Ein Wasserwissenschaftler wundert sich

Damals lagen so gut wie keine wissenschaftlichen Studien zum Charakter des Sees und seiner Wasserqualität vor. Daher nahm Professor Bachmann eigene Proben, deren Analysen eindeutig waren: Das Gewässer war gesund, verfügte über reichhaltige und diverse Plankton- und Fischpopulationen und lag in einer völlig unbelasteten Umgebung. Zwei Jahre später – die Produktion war inzwischen angelaufen – ließ die Bemberg-Direktion Professor Bachmann erneut Proben des Seewassers zukommen. Der Wasserwissenschaftler war gelinde gesagt erstaunt. Die ihm überlassenen Wasserproben seien frei von jeglichen Planktonorganismen, schrieb er im Oktober 1928 an die Chefetage von Bemberg. In seinen Laborexperimenten habe außerdem eine fünfprozentige Zugabe von Bemberg-Abwasser zu gravierenden Veränderungen, eine zehnprozentige Zugabe zum völligen Verschwinden der Organismen geführt. Was denn da los sei? Tatsächlich war der See binnen zwei Jahren zu einem *lago morto* geworden, einem toten See, den der italienische Literaturnobelpreisträger Eugenio Mortale in einem seiner Gedichte als einen Ort charakterisiert, »an dem nicht einmal ein Aal zu überleben versucht«. Und die italienische Limnologin Rina Monti stellt in einer Publikation fest: »Der See, der für seinen Fischreichtum, insbesondere für seine schönen Lachsforellen berühmt war, ist heute steril und verödet.«

Mit 15 000 Tonnen Kalkstaub zurück ins Leben

Cupro heißt Kupfer

Die Geschichte dahinter: Internationale Modemacher fanden für die Innenfutter ihrer Mäntel und Jacketts immer größeres Gefallen an der Kunstseide aus dem Hause Bemberg, und das Unternehmen fuhr seit 1927 die Produktion am Lago d'Orta hoch. Im Städtchen Gozzano hoch über dem See war das Unternehmen zu einer kleinen Stadt angewachsen. 2500 Mitarbeiter kümmerten sich nicht nur um die Produktion, sondern wohnten zum Teil in Siedlungen auf dem Werksgelände, vergnügten sich in firmeneigenen Kulturclubs und Sportvereinen und schickten ihre Kinder in die Schule vor Ort. Noch heute geben die Industrieruinen in Gozzano einen Eindruck von den Dimensionen dieses Unternehmens. Das bei der Herstellung seiner Fasern die sogenannte Cupro-Ammonium-Methode einsetzte und dafür viel Seewasser benötigte. Cupro heißt Kupfer – hätte da nicht irgendjemand früher stutzig werden müssen? Trotz vorhandener Absetzbecken auf dem Firmengelände landeten Unmengen gelöster Metall- und Ammoniumpartikel im See. Für die Flora und Fauna hochgiftig, übersäuerten sie den gesamten See.

Zur besseren Einordnung: Eine Skala von 1 bis 14 zeigt den pH-Wert und damit die sauren oder basischen Eigenschaften eines Stoffes an. Substanzen über 7 werden als basisch eingestuft, Wasser hat einen (neutralen) pH-Wert von 7, Substanzen mit einem pH-Wert unter 7 gelten als sauer. In den 1930er Jahren wurden im See pH-Werte von 3,8 gemessen. Das Wasser war quasi zu Essig geworden, Leben von Fischen und Planktonorganismen nicht mehr möglich. Zehn Jahre zuvor war die Fischerei am Lago d'Orta noch ein bedeutender Wirtschaftszweig gewesen. Wo einst Seesaiblinge, Hechte, Schleien, Barsche und Felchen sich wie Fische im Wasser fühlten, hieß es nun auch für Besucher des biologisch toten Gewässers: Baden verboten! Zwei Jahre nach Produktionsbeginn hatte die Bemberg alles Leben im Lago d'Orta ausgelöscht.

Toter See XXL

Zeitensprung in die Nachkriegszeit. Der Wirtschaftaufschwung in Norditalien greift auch nach dem Lago d'Orta, wo die Metallindustrie eine lange Tradition hat. In der damals 7000 Einwohner zählenden Stadt Omegna am Nordufer des Sees sind 85 Prozent der arbeitsfähigen Bevölkerung in Lohn und Brot und stellten Mixer und Kaffeemühlen, Töpfe und Pfannen her. Unter den Küchengeräten aus Omegna wird die Moka, der Espressobrüher von Bialetti, zu einem Designklassiker und einem Alltagsutensil in beinahe jedem italienischen Haushalt. Die Kultmarke Alessi hat bis heute ihren Firmensitz in der Stadt.

Zeitgleich breitet sich auf der Westseite des Lago d'Orta ein einzigartiger Industriecluster aus. Ein Netzwerk von metallverarbeitenden Kleinunternehmen beginnt mit der Produktion von Wasserhähnen, Duschköpfen, Reglern und Dichtungen. Wasserarmaturen in den Baumärkten Europas kommen nun überwiegend vom Ortasee. In den elektrogalvanischen Produktionsprozessen fallen große Mengen von Kupfer, Nickel, Zink und Chrom an, welche die Hersteller mangels billiger Alternativen ungereinigt ins Wasser entlassen. Wieder wird der See zum Endlager. Erst Jahrzehnte später werden die Unternehmen gesetzlich gezwungen, firmeneigene Kläranlagen und Absetzbecken einzurichten. Und so setzt ein toxischer Kaskadeneffekt ein, der dem Lago d'Orta und den in seinem Wasser verbliebenen Organismen den Rest gibt. Die Rückstände aus der Kunstfaserherstellung und den metallverarbeitenden Unternehmen gehen eine tödliche Verbindung ein. Denn der durch die nach wie vor stattfindenden Bemberg-Einlassungen verursachte niedrige pH-Wert des Seewassers wirkt wie ein Katalysator und verstärkt die Löslichkeit und Giftigkeit der durch die Armaturenfabrikation eingebrachten Metalle. Der Lago d'Orta stellt einen tragischen Rekord auf: Er wird zum sauersten Binnengewässer weltweit. *Un lago morto XXL.*

Jede Menge Kalk

In den Jahren 1989 und 1990 fassen Wissenschaftler des heutigen CNR, des damals noch Istituto Italiano di Idrobiologia genannten Forschungsinstituts in Verbania-Pallanza, einen verwegenen Plan. Aus Studien, die an Gewässern in Nordamerika und Skandinavien gemacht wurden, wissen sie: Saures Wasser lässt sich neutralisieren, indem man gemahlenen Kalk, Kalziumkarbonat, einbringt. Könnte das

Auf der Suche nach Wassertieren fürs Labor

auch am Lago d'Orta funktionieren? Noch nie hatte sich allerdings jemand an einen See mit solchen Dimensionen gewagt. Immerhin misst er eine Länge von gut 13 Kilometern, ist maximal zweieinhalb Kilometer breit und bis zu 143 Meter tief. Dennoch wollen die Forscher den Versuch wagen. Gegen erhebliche Widerstände und Zweifel erwirken sie bei der Region Piemont und den verantwortlichen Umweltbehörden der Provinz Novara die Genehmigung, ein Modellprojekt durchzuführen. Innerhalb von zwei Jahren verteilen sie 15 000 Tonnen fein gemahlenen Kalk auf der Wasseroberfläche und leiten ihn in großen Mengen in 13 Meter Tiefe. Dafür rüsten sie ein schlichtes kleines Frachtschiff mit einem Mischer, einer Pumpe und einer Sprühkanone aus. Weil der Lago d'Orta originellerweise über den kleinen Fluss Nigoglia nach Norden in den Lago Maggiore entwässert, kommt das Kalkschiff im Süden des Sees häufiger zum Einsatz. Die Strömung Richtung Omegna würde die Feinverteilung schon richten. Die Seeanwohner trauen ihren Augen nicht. Pro Ausfahrt hat der Frachter

60 Tonnen Kalziumkarbonat an Bord und entfacht Kalknebel über dem Wasser. Auch in der internationalen *scientific community* findet diese als *Liming* bezeichnete Intervention große Aufmerksamkeit. Sollte es nämlich gelingen, auf diese Weise das Wasser zu neutralisieren, das Ammonium zu binden und die Metalle auszufällen, hätte das Auswirkungen auf das Gewässermanagement weltweit.

Monate bangen Wartens folgen. Die ersten Laborwerte belegen, dass sich der pH-Wert verbessert hat. Außerdem scheint sich die komplexe Struktur von Mikroorganismen zu erholen. Weitere Untersuchungen zeigen, dass die Fische langsam zurückkommen. Das zuversichtlich stimmende Ende vom Lied: Es gelingt! Der Lago d'Orta bevölkert sich wieder mit tierischem und pflanzlichem Leben. Aus dem sauersten See des Planeten wird wieder ein Gewässer mit Trinkwasserqualität; erneut stellt der Lago d'Orta einen Weltrekord auf. Diesmal ist es ein Anlass zur Freude und zu positiven Blicken in die Zukunft. Denn das gelungene Experiment zeigt: Auch bei katastrophalen ökologischen Ausgangsbedingungen lässt sich der Schaden mit klugen wissenschaftlichen Interventionen beheben. Aus dem *lago morto* ist wieder ein lebendiges Gewässer geworden.

Muscheln als Biosensoren

Inzwischen hat der See chemisch reines Wasser, das mit natürlich sauberem H2O völlig vergleichbar ist. Die Nahrungsketten sind beinahe wieder

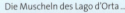
Die Muscheln des Lago d'Orta ...

vollständig geschlossen, die Fischbestände haben sich weitgehend erholt. Wenn da nicht die nach wie vor kontaminierten Sedimente des Sees wären. Die bei der Kalkungsaktion herabrieselnden Teilchen haben zwar das Wasser vollkommen entsäuert und die Metallpartikel am Grund des Sees gebunden, nur ruhen sie jetzt als toxische Masse dort unten und machen den hier normalerweise gründelnden Tieren das Leben unmöglich. Davon waren die Wissenschaftler jedenfalls überzeugt. Allerdings nur bis zum Jahr 2014. Da tauchten nämlich zufällig auf einem Unterwasservideo von Amateurtauchern Muscheln auf dem Seegrund auf. Eine Studie der Biologin Nicoletta Riccardi vom CNR fand heraus, dass sich diese Muscheln – die wohl über die Kiemen von ausgesetzten Fischen in den See gelangt waren – mit dem giftigen Seegrund arrangierten. Eine wissenschaftliche Sensation, denn eine spontane Wiederbesiedlung eines Ökosystems ist nach einer verheerenden Kontaminierung äußerst selten. Und die Muschel versprach viel: Sie gilt als Schlüsselart für verbesserte Umweltqualität. So wie Bienen in aller Stille ihre tägliche Arbeit zur Erhaltung der biologischen Vielfalt verrichten, machen Muscheln ihren Job *undercover* in der Tiefe von Gewässern. Als sogenannte Filtrierer lassen sie bis zu 10 Liter Wasser pro Tag durch ihren Organismus fließen und reinigen es, indem sie beispielsweise Metallpartikel in ihrem Gewebe und ihrer Schale anreichern.

Muscheln sind daher auch Indikatoren, was die Forscher derzeit für eine Pilotstudie nutzen. Sie verteilen Käfige mit Muschelkolonien an unter-

... sind wichtige Forschungsobjekte

schiedlichen Stellen im See und beobachten das Verhalten der Muscheln. Wenn die Muscheln ihre Atmungsorgane beispielsweise auf ungewöhnliche Art öffnen oder schließen, weiß man, dass da etwas nicht stimmt. Ein weiteres Muschelprojekt des CNR will ebenfalls die Fähigkeit der Muscheln zum biologischen Monitoring des Seewassers nutzen. Dafür haben die Wissenschaftler eine ganze Zahl Muscheln mit Mikrochips ausgestattet, die in Echtzeit Daten mit wichtigen körperlichen Parametern an die Zentrale des CNR nach Verbania-Pallanza senden. Das kann zum Beispiel Schnappatmung sein. Tritt sie bei den Muscheln auf, ist Alarm angesagt. Denn Muscheln reagieren auf Störungen in ihrem Lebensraum, indem sie ihren Schließmuskel schnell öffnen und schließen. So ist die Süßwassermuschel am Lago d'Orta nun Umweltalarmsystem und Giftstaubsauger gleichermaßen. Sollten die Pilotprojekte Erfolg haben, könnten die Muscheln vielleicht zukünftig sogar die giftigen Sedimente des Lago d'Orta säubern.

Invasive Arten

Mehr als 30 Jahre sind seit der spektakulären Kalkungsaktion vergangen. Nicht nur die erfolgreiche *Liming*-Aktion, auch der Bau von Kläranlagen in den 1980er Jahren ist dem Seewasser gut bekommen. Mittlerweile sind auch die Fische wieder zurückgekehrt. Allerdings mangelt es in den tieferen Seeetagen noch an der einstigen Artenvielfalt. Weshalb derzeit auch kein einziger professioneller Fischer am Lago d'Orta seine Netze auswirft. Das soll sich ändern. Daher hat es wiederholt Versuche gegeben, wieder Forellen und Karpfen anzusiedeln. Erfolgreich, wie immer mehr Amateurangler erzählen. Gute Chancen also für das Programm »Il Lago al Tavola«, das Restaurants in der Region dazu einlädt, Seefisch auf ihre Speisekarten zu setzen. Denn das Wasser hat sich wirklich erholt. Und auch die Muscheln in den Tiefen des Sees funken kontinuierlich an die Zentrale: Hier unten ist alles auf einem guten Weg.

Mit einer Ausnahme: dem *gambero americano*, der sich wie im Lago Maggiore auch im Lago d'Orta breitmacht und eine ernsthafte Gefahr für die Ökologie des Gewässers ist. Der Rote Amerikanische Sumpfkrebs wurde einst illegal nach Italien eingeführt und entkam während eines Hochwassers im Jahr 1991 aus den Zuchtbecken in der Po-Ebene. Die sich

Gambero americano – eine invasive Art

schnell vermehrenden Tiere fressen in Ermangelung natürlicher Feinde alles, was sie vor ihre Zangen bekommen: Fische und Kaulquappen, Pflanzen und Algen, Insekten und Abfall. Pro Quadratmeter Seegrund soll im Lago d'Orta ein Krebsexemplar zu Hause sein. Weil diese Invasoren Höhlen und Nischen in die steil abfallenden Ufer graben, können sie zudem an den Wasserrandzonen Erosion verursachen.

Die Firma Bemberg hat im März 2009 ihre Fabriktore geschlossen. Mit der Kunstseide aus Gozzano war auf dem Weltmarkt kein Geld mehr zu verdienen. Dennoch kam das Unternehmen nicht ganz aus den Schlagzeilen heraus. Da die Industrieruinen auf einer mit Arsenrückständen und anderen Chemikalien verseuchten Fläche von 340 000 Quadratmetern auf dem Immobilienmarkt kaum loszuwerden waren, beschloss die Gemeinde Gozzano, das Objekt zu versteigern. Den Zuschlag bekam 2019 ein völlig unbekanntes, neu gegründetes Unternehmen aus Novara. Für 203 000 Euro wechselte das Anwesen seinen Besitzer. Was aus der ehemaligen Bemberg werden soll, ist unklar.

Bei Omegna

Ins Tal der Strona

Route 10 Entlang der Strona: Forno – Campello Monti

Ein Schmankerl zum guten Schluss: Von Omegna ins Tal der wilden Strona

War das wirklich einer? Oder hat die Fantasie den drei Wanderern, die im Winter 2012 im verschneiten Val Strona unterwegs waren, einen Streich gespielt? Unwahrscheinlich wäre das nicht in diesem der Welt entrückten geheimnisvollen Tal, wo man durchaus versucht ist, Legenden zu glauben, und einem auch Aberglaube auf einmal weniger irrational scheint. Aber immerhin haben die drei Italiener mit ihrem Handy ein Foto gemacht, und es gibt keinen Zweifel, was darauf zu sehen ist: ein Braunbär. Auch die folgende Untersuchung der Spuren im Schnee bestätigte: Nach dem Luchs und dem Wolf ist auch der Bär zurück im Tal. Und vielleicht ist das ja doch gar nicht so überraschend in dieser abgeschiedenen, vom Tourismus fast unberührten Ecke nordwestlich des Lago d'Orta.

Tal der Löffel

Die wilde Strona entspringt in einem klaren, kleinen See am Fuß des Monte Capezzone – mit knapp 2500 Metern der höchste Gipfel in dieser Region – und mündet in den Fluss Toce, der wiederum in den Lago Maggiore fließt. Sie hat sich tief in die Flanken der Berge rundum eingegraben, plätschert durch das dicht bewachsene Tal, umspült große Felsbrocken, bildet hier und da kristallklare Gumpen. Vom keine 20 Kilometer entfernten Omegna am Lago d'Orta erreicht man das Strona-Tal über eine schmale kurvige Straße und hat nach einer halben Stunde das Dorf Forno erreicht. Der Name verweist auf die Brennöfen,

Am und über dem Wasser der Strona …

in denen hier im Mittelalter Metalle, vor allem Zinn, geschmolzen wurden, für Töpfe und Teller, Krüge und Karaffen, aber auch für Kruzifixe und Weihwasserbecken. Und Zinnsoldaten.

Der zweite traditionelle Erwerbszweig war die Holzverarbeitung, was naheliegend war, denn die Drehbänke betrieb man mit Wasserkraft. Lange lag das Gewerbe in den Händen einer ursprünglich spanischen Einwandererfamilie, die im abgelegenen Strona-Tal wegen in Genua begangener Straftaten Zuflucht vor polizeilicher Verfolgung gesucht haben soll. Noch in den Achtzigerjahren des letzten Jahrhunderts stellten unzählige kleine Familienbetriebe 80 Prozent aller italienischen Holzlöffel her, und bis heute kommt der Pinocchio häufig aus dem Val Strona, mit seiner langen Holznase und bunt bemalt in allen möglichen Formen und Größen, als Kugelschreiber, Flaschenöffner oder Schlüsselanhänger – keine billige Massenware, sondern liebevoll hergestellte Handarbeit.

...Richtung Campello Monti

Ein Walserdorf mit Flair

Weiter oben, in einer Höhe von 1300 Metern und ganz am Ende des Tals, wird es noch einmal überraschend malerisch. Campello Monti ist ein Walserdorf, das mit seinen pastellfarbenen, schiefergedeckten Steinhäusern, die sich an einen steilen Berghang schmiegen, durchaus nach Wohlstand aussieht. Nicht von ungefähr. Denn die alten und neuen Besitzer sind oft Ausgewanderte, frühe Facharbeiter, die einst im Ausland zu Wohlstand gekommen und ins Dorf zurückgekehrt sind. Campello Monti lebt mit dem Wasser, der rauschenden Strona, mit Brunnen überall im Ort, und es hat fast mediterranes Flair, zumindest unter blauem Sommerhimmel. Aber wenn dann der Winter einbricht, wird es sechs lange Monate zu einem Geisterdorf, verlassen von allen Bewohnern und isoliert unter einer Schneedecke.

Ein Reichtum des Dorfes und des ganzen Tals war auch der Forstbestand, den man schonte und achtete, weil er vor Lawi-

nen schützte. Neben dem Geld aus dem Holzverkauf und den Überweisungen der Wanderarbeiter verdankt Campello Monti seinen einstigen relativen Wohlstand vermutlich auch dem Bergbau. Denn eine weitere überraschende Tatsache ist, dass sich hier von 1865 bis in die 1940er Jahre eine große Mine für den Abbau von Nickel befand – ein billiges Metall, das aus Erz gewonnen und vor allem zur Herstellung von rostfreiem Stahl benötigt wird. Nach dem Zweiten Weltkrieg wurde die Mine in Campello Monti geschlossen, da sie nicht mehr konkurrenzfähig war. Aber noch immer sind die Abraumhalden talaufwärts hinter dem Ort zu sehen, und auch im Wasser hat der Abbau bis heute einen erhöhten Nickelgehalt hinterlassen.

Unterirdisch ist auch eine andere Attraktion des Tals: die *Grotta delle streghe*, die Hexengrotte in Sambughetto mit ihren gewundenen Tunneln, kleinen Wasserfällen und Schluchten. Bei einer 1869 gestarteten Expedition hat man in ihr prähistorische Tierreste entdeckt, Knochen von Wölfen, Hirschen, Löwen, Leoparden, Schakalen und sogar vom berüchtigten Höhlenbär. Ob sich jetzt auch der Braunbär dort wieder häuslich eingerichtet hat?

Weg zum Wasser 10

Entlang der Strona von Forno nach Campello Monti

Die Wanderung verläuft weitgehend auf der *Strà Vegia*, dem alten Saumpfad, der vor dem Bau der Straße Omegna mit dem Walserdorf Campello Monti verband. Man lässt das Auto auf dem Parkplatz von **Forno** stehen und geht auf der Straße wieder ein kleines Stück talabwärts zurück, bis rechts ein Schild den schmalen, seitlich hinaufführenden Pfad nach Piana di Forno und Campello Monti ausweist. Er führt in den Ortsteil **Preia,** rechts vorbei an der Kirche, hinter der dann erneut Campello Monti und die *Strada*

Mal mild, mal wild – der Gebirgsfluss Strona

Die Strona: ein vitaler Fluss ...

Vegia ausgeschildert sind. Man stößt auf eine kleine Geröllhalde, die man überqueren muss, was aber unkompliziert geht (sie ist im Übrigen mit orangefarbenen Farbmarkierungen auf einzelnen Steinen versehen). Dahinter gelangt man zu den Häusern des Ortsteils **Cerani.** Auf dem schönen Wiesenpfad oberhalb der Strona geht es geradeaus weiter, bis man zu einer Kapelle und einer Abzweigung kommt, an der man links ein paar Meter bergab zur 💧**Passerella Aerea** gelangt, dem Panoramagitterweg über der Strona.

Wer mag, macht diesen kurzen Abstecher zu der schwindelerregenden Passerella, der eigentliche Weg führt hier aber weiter geradeaus und verläuft nun leicht ansteigend bis zum Ortsteil **Scarpione.** Es sind ein paar Steine zu queren, dann weist eine Abzweigung nach rechts oben in Richtung **Piana di Forno.** Durch das Dorf nimmt man die Via Valsesia, vorbei an einem Waschhaus und einem Spielplatz. Am Ende muss man einen kleinen Bach, den Rio Tapone, überqueren, dann geht es hoch über der Strona im Laubwald weiter. Man sieht und hört den Fluss, links auch einen Wasserfall, quert eine Wiese, bis man schließlich zu einer Brücke

... zwischen steilen Hängen

über die Strona kommt und auf der anderen Uferseite zu einem traumhaften Picknick- und Badeplatz am Fluss.

Von da zieht der Weg – jetzt auf der linken Seite der Strona – den Hang hinauf. Oben steht ein altes großes Haus, der Ortsteil heißt **Valdo.** Weiter geht es durch offene Wiesenlandschaft, immer noch ansteigend. Man quert nochmals einen Bach, kommt wieder in den Wald, rechts Wasserfälle. Vor einem liegt jetzt das kleine, bewohnte **Ronco,** dahinter sieht man schon **Campello Monti.** Über eine letzte Brücke geht es hinein in den Ort. Zurück nimmt man denselben Weg oder die wenig befahrene schmale Fahrstraße nach Forno (5 km).

Steckbrief und Service

Die Wanderung in einer voralpinen Berglandschaft mit rustikalen Dörfern führt größtenteils durch Wald, stets mäßig bergan und immer entlang oder oberhalb der Strona, die oft in Sichtweite ist, durch ein Tal voll herber Schönheit. Die Strecke ist unkompliziert, man muss aber am Anfang auf einem sehr kurzen Stück eine Geröllhalde durchqueren; insgesamt sollte man in jedem Fall trittsicher sein. Auf der Strecke überwindet man rund 400 Höhenmeter. Unterwegs gibt es Bademöglichkeiten im Fluss. Zurück geht man denselben Weg oder nimmt die nur ganz wenig befahrene Straße.

Strecke: 5 km (einfacher Weg)

Wanderzeit: 2 h

An- und Rückreise: Mit dem Auto fährt man, von Omegna (SP 52a) kommend, eine gute halbe Stunde auf einer zum Teil sehr schmalen Straße bis Forno und parkt dort auf dem Parkplatz vor dem Dorf. Die enge Straße führt noch weiter bis in das letzte Dorf des Tals, Campello Monti, ist aber im Winter geschlossen.
Bus: Der VCO-Bus der Linie 18 fährt von Omegna nach Forno und zurück, www.vcotrasporti.it.

Wanderkarten: Geo4Map Nr. 16, Val Strona, 1:25 000. Kompass Nr. 97, Varallo, Verbania, Lago d'Orta, 1:50 000.

Einkehren/Übernachten
Unterwegs: in **Forno** *Albergo Leone*, Piazza IV Novembre 9, www.albergodelleone.it.
In **Campello Monti**: *Albergo Nigritella*, Via P. Zamponi 4, und *Alla Vetta del Capezzone*.

Baden: Eine besonders schöne Badestelle bietet die Strona im letzten Drittel der Wanderung, dort, wo man den Fluss überquert.

Tourismusbüro: Infopoint Omegna, www.visitomegna.it/it/poi/luoghi/la-valle-strona.

🔵 Nur für Schwindelfreie! Im ersten Teil des Weges hinter Forno führt bei **Cerani** ein 200 Meter langer, frei schwebender Gitterweg, die **Passerella Aerea**, entlang der Felswand hoch über der Strona (wegen des Gitterbodens nichts für Hunde!). Auf dem Wanderweg Richtung Campello Monti geht es dorthin bei einer Kapelle hinter Cerani links ab.

🔴 In **Fornero** kann man in der **Pinocchio-Werkstatt** der Familie von Maestro Geppetto den Handwerkern an den Drehbänken über die Schultern schauen und die Herstellung einer kleinen Puppe hautnah erleben. Die Familie betreibt nämlich nicht nur einen Verkaufsladen, sondern auch eine offene Werkstatt. Filiale Piana di Fornero, Via Consorzio 3.
Informationen: www.mastrogeppetto.net

🟠 In die Grande Traversata schnuppern

Die Wanderung nach Campello Monti ist ein Einstieg in die GTA – die **Grande Traversata delle Alpi.** Diese führt von Campello Monti über die Boccheta di Rimella (1924 m) weiter ins Val Sesia nach Rimella. Es ist ein Anstieg zu bewältigen, aber die attraktive Wanderung stellt keine besonderen Anforderungen, trittsicher sollte man allerdings sein (9 km, 3–4 h).

Einkehr: *Ristorante Fontana* in Rimella (auch Unterkunft).

Nützliche Informationen und Kontakte

Tourismus

Italien
Distretto Turistico dei Laghi Maggiore, d'Orta, di Mergozzo (Tourismusagentur des Piemont für den Lago Maggiore, Lago d'Orta, Lago di Mergozzo und die Ossola-Täler),
Corso Italia 26, 28838 Stresa,
www.distrettolaghi.it/de

Agenzia del Turismo della Provincia di Varese (Tourismusagentur Lombardei), Piazza Libertà 1, 21100 Varese,
www.vareseturismo.it,
www.vareselandoftourism.com

Schweiz
Ticino Turismo, Via Canonico Ghiringhelli 7, 6501 Bellinzona, www.ticino.ch

Ente Turistico Lago Maggiore, Via B. Luini 3, 6600 Locarno, www.ascona-locarno.com

Internet
www.lago-maggiore.de
www.derlagomaggiore.de
www.lagomaggiore.net
www.reiseführer-lagomaggiore.de
www.lago-maggiore-urlaub.de
www.schweizmobil.ch/de/wanderland.html

App: Lago Maggiore App

Wandern
App: hikeTicino, Wettervorhersagen und Informationen zu Wanderwegen und Unterkünften im Tessin

www.piemont-trekking.de (Angebote für Wandertouren rund um das Val Grande mit Tim Shaw)

Feiertage

Italien
1. Januar, 6. Januar, Ostermontag (Karfreitag ist kein Feiertag!), 25. April, 1. Mai, 2. Juni, 15. August, 1. November, 8. Dezember, 25. und 26. Dezember

Tessin
1. Januar, 6. Januar, 19. März, Ostermontag (Karfreitag ist kein Feiertag!), 1. Mai, Christi Himmelfahrt, Pfingstmontag, Fronleichnam, 29. Juni, 1. August, 15. August, 1. November, 8. Dezember, 25. und 26. Dezember

Mediterranes Flair am Lago Maggiore

Wetter

Italien
www.meteo.it

Schweiz
www.meteoschweiz.ch
www.3bmeteo.com

Verkehr

Schweiz

Bus: www.postauto.ch, www.fartiamo.ch

Zug: www.sbb.ch

Centovallibahn: www.vigezzina.com

Lago Maggiore Express: mit dem Schiff von Stresa nach Locarno, dann mit dem Zug nach Domodossola und von da zurück mit dem Zug nach Stresa
www.lagomaggioreexpress.com

Schiffsverkehr Schweiz:
www.lakelocarno.com

Taxi: Eco Taxi Locarno, www.ecotaxi.ch

Italien
Busverkehr Westufer: www.vcotrasporti.it

S. A. F. unterhält die Strecken Verbania–Stresa–Arona–Mailand, Stresa–Gignese und Verbania–Miazzina–Intragna
www.safduemila.com

Busverkehr Ostufer: CTPI
www.ctpi.it/IT/LineeExtraUrbane

Busverkehr Lago d'Orta: Autoservizi Comazzi, www.comazzibus.com

Schiffsverkehr Lago Maggiore:
www.navigazionelaghi.it
www.navlaghi.it
www.navigazionelagomaggiore.it
(Borromäische Inseln)

App: Dreamlake

Taxiboote auf dem Lago Maggiore:
www.lagomaggioreboat.it/de/dienstleistungen/taxi-boot-service

Einzige Autofähre zwischen Intra und Laveno: fährt alle 20 bis 30 min,
www.navigazionelaghi.it

Schiffsverkehr Lago d'Orta (Linienschiffe):
www.navigazionelagodorta.it

Wasser-Regen-Stimmung am Lago d'Orta

Zug: Die Eisenbahnstrecken Mailand–Arona–Stresa–Verbania–Domodossola–Simplon–Brig und außerdem Novara–Ort–Omegna–Domodossola und Mailand–Laveno werden betrieben durch die Zuggesellschaft Trenord, www.trenord.it

Taxi: Luino: Taxi da Piazza,
Tel. +39 0332 53 22 22
Stresa: www.stresataxi.net
Verbania: www.taxiverbania.com

Telefon

Vorwahl Schweiz: +41

Vorwahl Italien: +39 (bitte beachten, dass in Italien im Festnetz die 0 bei der Ortsvorwahl mitgewählt wird)

Notruf: Schweiz und EU-weit: 112

Nützliche Informationen und Kontakte

Lesetipps

Thomas Bachmann, *Vallemaggia. Wandern in einem spektakulären Tessiner Tal*, Rotpunktverlag, Zürich 2021

Heiner Boehnke, Johannes Beck (Hg.), *Europa erlesen – Lago Maggiore*, Wieser Verlag, Klagenfurt 2011

Iwona Eberle, *Wild und frisch: Tessin. Die schönsten Badeplätze an Seen, Flüssen und Wasserfällen*, Salamander Verlag, Zürich 2022

Eberhard Fohrer, Marcus X. Schmid, *Wanderführer Lago Maggiore*, Michael Müller Verlag, Erlangen 2020

Beat Hächler (Hg.), *Das Klappern der Zoccoli. Literarische Wanderungen im Tessin*, Rotpunktverlag, Zürich 2000

Bernhard Herold, Tim Shaw, *Nationalpark Val Grande. Unterwegs in der Wildnis zwischen Domodossola und Lago Maggiore*, Rotpunktverlag, Zürich 2020

Iris Kürschner, Gerhard Stummvoll, *Wanderführer Lago Maggiore*, Kompass Verlag, Innsbruck 2021

Jonny Rieger, *Ein Balkon über dem Lago Maggiore*, Fischer Taschenbuch Verlag, Frankfurt/Main 2015

Jochen Schmidt, Claus-Günter Frank, Hildegard Karrer-Wolf, *Wanderführer Lago Maggiore*, Rother Bergverlag, Oberhaching 2022

Andrea Strauß, Andreas Strauß, *Wanderführer Tessin*, Rother Bergverlag, Oberhaching 2021

Marco Volken, *Tessiner Streifzüge. Wandern und entdecken zu jeder Jahreszeit*, Rotpunktverlag, Zürich 2022

Quellen- und Rechercheliteratur

Diese Quellen haben uns bei der Bewältigung der komplexen Wasserthemen rund um den Lago Maggiore sehr geholfen:

Martin Arnold, Urs Fitze, *Gewässerperlen*, AT Verlag, Aarau und München, 2018

Iwona Eberle, *Wild und frisch: Tessin. Die schönsten Badeplätze an Seen, Flüssen und Wasserfällen*, Salamander Verlag, Zürich 2022

Ulrich Magin, *Seeungeheuer in den Seen Oberitaliens*, Zeitschrift für Anomalistik, Band 4, 2004

Monti di Revöira, Der informierte Arzt, Ausgabe 12, Ärzteverlag medinfo AG, 2013

Am Anfang war das Wasser, Schweizer Energie Stiftung, www.energiestiftung.ch

Faktenblatt Wasser, Eawag aquatic research, 2013

Wasserpegel Lago Maggiore, SRF, März 2019

Ursachenanalyse der Hochwasser 1987, Hydrologische Mitteilungen LHG, Bundesamt für Umwelt BAFU, Bern 1991

Energieregime in der Schweiz, Schlussbericht, Eidgenössisches Department für Umwelt, Verkehr, Energie und Kommunikation, Bern 2016

Wasser. Aus Politik und Zeitgeschichte, 12, Bundeszentrale für politische Bildung, Bonn 2021

Klimawandel, eine Faktenliste, climate20 press conference, Bonn 2017, www.un.org/sustainabledevelopment

Wassermanagement und Wasserknappheit in den Alpen, Alp-Water-Scarce-Konsortium – Istituto Nazionale di Statistica, Utilizzo e Qualita della Risorsa Idrica in Italia, 2019

Wasserkraftwerke Maggiatal, OFIMA, www.ofima.ch

Klimawandel im Alpenraum, Deutscher Alpenverein, München 2015, www.alpenverein.de

Alcide Calderoni, *Die Italienisch-Schweizerische Fischereikommission*, CNR Pallanza, www.vb.cnr.it/research/aquatic-ecology

Der Lago Maggiore, Bundesamt für Umwelt BAFU, Bern 2016

Steven Schneider, *Elektrisiert. Geschichte einer Schweiz unter Strom*, Verlag Hier und Jetzt, Zürich 2017

De Bernardi, A. Calderoni et al., *Environmental problems in Italian lakes*, 1996, www.vb.irsa.cnr.it

Energiepotenziale in Tessiner Wasserversorgungen, Aqua & Gas, Nr. 11, 2018

Stille Tage am See, Deutschlandfunk, 2012

Ein See für mich allein, Zeit-online, 2012

Das Tessin. Zwischen Lago Maggiore und Gotthard, in: Geschichte & Entdeckungen, 8. März 2020, SWR

Dank

Für dieses Buch haben wir mit vielen Personen Interviews geführt. Ohne die Hilfe unserer Gesprächspartner hätten wir die vielfältigen Aspekte der Wege zum Wasser nicht verstehen und zusammentragen können.

Unser besonderer Dank gilt:

den Wissenschaftlerinnen und Wissenschaftlern des Istituto di Ricerca sulle Acque (CNR) in Pallanza: Piero Guilizzoni, Marina Manca, Alcide Calderoni, Pietro Volta, Nicoletta Riccardi, Gianluca Corno, Andrea Lami, Gabriele Tartari, Silvia Galafassi, Angela Boggero, Marzia Ciampittiello

Viola Mauri-Martinelli, Schweizer Bundesamt für Umwelt

Fabio Regazzi, Schweizer Nationalrat

den Berufsfischern Giorgio Brovelli aus Lesa und Walter Branca aus Vira

Silvia Lorenzini und Jennifer Colombo, Organisation Distretto Laghi

Tom Reist, HADES, Universität Bern, Hydrologischer Atlas der Schweiz

Paola Spagnolatti und Sandro Peduzzi, Dipartimento del territorio, Ufficio dei corsi d'acqua, Bellinzona

Emanuela Elia, Fischereikommission CIPAIS

Jutta Ulrich, Manuela Nicoletti, Yunkes Kendo und Yanika Gisler, Ticino Turismo

Claudio Tramarin, Navigli Reloading, Mailand

Tansi und Paolo Sivelli, Vele d'Epoca Verbano, Laveno

Carla Colombo und Alessandra Frongia, Consorzio Est Ticino Villoresi

Andrea Papina, Verzasca SA, Officina Idroelettrica

Daniele Magni, Regione Lombardia, Direzione Generale Ambiente & Clima

See und Berge – eine besondere Spannung

Archivio Storico delle Acque e delle Terre Irrigue, Novara

Alessandro Zacchera, Compagnia del Lago, Premosello

Mattia Dellagana, Regionalmuseum des Centovalli und Pedemonte, Intragna

Diana Agostinelli, vareseguida.com

Bildnachweis

Das Coverfoto und alle weiteren Fotos sind von Christoph Potting außer:

Seite 2 und 3: Turismo Ticino

Seite 90 und 91: Rolf Beckmann, Frankfurt am Main

Seite 108, 111, 112–114, 117: Istituto di Ricerca sulle Acque, CNR Pallanza

Seite 258: Turismo Ticino, Bellinzona